LES BAS-FONDS DU CAIRE

Collection dirigée par Sabine Wespieser et Hubert Nyssen

Les manuscrits du *Roman de Baïbars* ont été collectés par M. Chafîq Imâm, ancien directeur du musée des Arts et Traditions populaires de Damas (palais Azem). Ses conseils nous ont été d'un grand secours pour l'établissement du texte et sa compréhension. Qu'il trouve ici le témoignage de notre reconnaissance.

Première publication :
Sindbad, 1986

ISBN 2-7427-1770-6

ROMAN DE BAÏBARS

Baïbars régna sur Le Caire et Damas au XIIIe siècle.

C'est la vie de ce sultan mamelouk, célèbre pour avoir arrêté l'invasion mongole et enlevé aux Croisés leurs principales forteresses, qui constitue l'argument historique du *Roman de Baïbars*, l'un des principaux cycles narratifs populaires.

Le Baïbars de papier diffère bien sûr considérablement de son modèle : beau comme un dieu, fils de roi et guerrier redoutable, il séduit "les cœurs des femmes et des hommes" et recrute volontiers ses "braves" parmi les grandes gueules des quartiers populaires qu'il amène à s'amender.

L'histoire du manuscrit n'est pas moins exceptionnelle que celle de son héros : il a été reconstitué par l'ancien conservateur du musée des Arts et traditions populaires de Damas, qui avait passé des années à collecter les livrets, à une époque où disparaissaient les derniers conteurs.

A la recherche d'un éditeur, les deux grammairiens et traducteurs auraient abandonné, sans l'aide d'André Miquel qui proposa le *Roman de Baïbars* à Pierre Bernard, fondateur de Sindbad. Celui-ci acheta les quatre cents fascicules, et le travail d'édition commença, avec la parution du premier volume chez Sindbad en 1985.

Babel entreprend aujourd'hui de rééditer cette saga épique et picaresque, dont la totalité compte près de soixante volumes…

A suivre !

LES BAS-FONDS DU CAIRE

Baïbars continue de monter en grade : chef de guet, secrétaire aux placets… et il a la faveur du roi. Mais des ennemis le menacent dans l'ombre, dont l'infernal moine Jaouane. Avec l'aide de Fleur des truands, il s'attaque à la corruption, aux faux aveugles et aux vrais malfrats, aux fumeurs de haschisch et aux proxénètes, aux caïds et aux parrains.

ROMAN DE BAÏBARS / 3

LES BAS-FONDS DU CAIRE

roman traduit de l'arabe et annoté
par Georges Bohas et Jean-Patrick Guillaume
avec la collaboration de Valérie Creusot

présenté par Jean-Patrick Guillaume

BABEL

BABEL / SINDBAD

SINDBAD
est dirigé par Farouk Mardam-Bey

PRÉSENTATION

LE ROMAN DE BAÏBARS

Il existe de très nombreuses versions du *Roman de Baïbars*, dont l'immense majorité est manuscrite. Selon une habitude déjà en usage chez les conteurs, on les répartit en trois grands groupes, suivant leur origine : la tradition du Caire, celle de Damas et celle d'Alep, dont chacune a ses caractéristiques propres. Aucune de ces versions n'est *a priori* plus "authentique" que les autres – même si les versions imprimées semblent avoir été quelque peu réécrites, notamment sur le plan de la langue – mais toutes, au contraire, constituent une façon parmi d'autres de raconter l'histoire.

Cette multiplicité et cette diversité (soulignons qu'il n'y a pas deux manuscrits strictement identiques) tiennent à la façon particulière dont cette œuvre a été élaborée et transmise. Depuis ses plus lointaines origines, en effet, le *Roman de Baïbars* a été pris en charge par un "groupe socioprofessionnel" particulier, celui des conteurs publics. Ceux-ci en ont façonné la matière au moyen de techniques qui leur étaient propres et qui correspondaient aux conditions dans lesquelles ils exerçaient leur profession. Dans la présentation du premier volume de cette série, *Les Enfances de Baïbars*, j'ai essayé de parler plus en détail de ce métier jadis si florissant dans les villes du Moyen-Orient arabe, et aujourd'hui à peu près disparu, et de présenter les principaux cycles narratifs qui constituaient leur fonds.

Ces cycles, dans leur ensemble, représentent un type de littérature tout à fait particulier, mi-écrit, mi-oral. Plus exactement, la mise par écrit n'y est pas une fin en soi, comme elle l'est dans le cadre culturel auquel nous sommes accoutumés, mais plutôt un moyen, une médiation. Que le conteur lise un texte, ou qu'il s'en serve simplement comme d'aide-mémoire, tout en laissant libre cours à son imagination pour enjoliver les détails, c'est en définitive oralement qu'il délivrera sa prestation, devant un public dont les réactions, toujours passionnées et souvent houleuses, l'inciteront (parfois sous la menace physique, cela s'est vu, paraît-il) à modifier son récit en cours de route, à donner plus de relief à tel personnage (et même à le ressusciter au besoin !), à transformer l'issue de tel épisode, voire à introduire dans la trame du récit, sous une forme plus ou moins déguisée, tel incident de la chronique locale. Certaines de ces modifications – les plus réussies, celles qui plaisaient le mieux au public – étaient alors intégrées à la tradition, et enregistrées dans les versions écrites, qui servaient alors de point de départ à de nouvelles récitations, et ainsi de suite. Ainsi, à partir d'un canevas unique se sont développées, au cours du temps, des versions souvent très différentes.

La version que nous traduisons ici est fournie par un manuscrit aleppin datant vraisemblablement de la première moitié du siècle dernier, et dont nous devons la découverte au flair et à la patience de M. Chafîq Imâm, qui fut longtemps conservateur du musée des Arts et Traditions populaires de Damas. Constituée de trois cents fascicules d'environ soixante folios chacun – dont plusieurs n'ont malheureusement pas pu être retrouvés –, elle représente ce qu'on appelle en termes de métier une "version longue" du *Roman*, et même une des plus longues existant actuellement. D'une manière générale, ces versions développées sont celles qui correspondent le plus fidèlement à ce que racontaient effectivement les conteurs ; les versions "moyennes" ou "courtes", qui couvrent exactement la même matière narrative que les versions longues, ne sont que des aide-mémoire que l'on ne peut goûter, et même parfois comprendre, que si l'on connaît déjà la version développée ; contrairement à ce que l'on pourrait croire, ce n'était donc que par le biais d'une de ces versions longues que l'on pouvait espérer faire apprécier l'œuvre au public français.

Même les versions longues, cela dit, sont d'intérêt inégal. Certaines – pour ne pas dire la plupart – sont franchement médiocres, sans jamais toutefois atteindre l'ennui mortel que dégage la version imprimée du Caire, qui a longtemps justifié le mépris où l'œuvre a été tenue par la communauté orientaliste. De toutes celles qu'il nous a été donné de consulter, aucune, en tout cas, ne peut se comparer pour la qualité littéraire à celle que nous présentons ici. Œuvre d'un conteur de génie, extraordinairement habile à jouer de toutes les ressources aussi bien de la langue populaire (généralement bannie de l'usage écrit) que de la langue savante, pratiquant avec bonheur le mélange des genres et des tons, du comique le plus énorme à la ferveur la plus intense, sachant conserver à travers l'écriture toute la saveur et la vivacité de la "parole parlée", ce texte se situe réellement parmi les grandes réussites de la littérature populaire de tous les lieux et tous les temps.

Peut-être, d'ailleurs, était-ce à Alep qu'un tel chef-d'œuvre devait être produit ; c'est dans cette ville industrieuse et remuante, dont les habitants ont, dans tout le Moyen-Orient, une réputation de cabochards contestataires à la verve caustique et au parler haut et cru, que pouvait être racontée comme elle le méritait cette épopée de truands mystiques et de commerçants besogneux, où les saints et les mauvais garçons unissent leurs forces et leurs compétences au service de la "Communauté de Muhammad".

Un dernier mot : le manuscrit que nous traduisons est, je l'ai dit, incomplet, et contient des lacunes allant de quelques lignes à quelques fascicules. Nous pensions au départ y suppléer en remplaçant les parties manquantes par les passages équivalents d'autres versions. En fait, la solution n'eût pas été bonne, d'abord parce que les versions sont souvent trop divergentes pour que l'on puisse restituer, en les combinant, un récit homogène, et surtout parce que le ton adopté par chacune n'est pas le même, et que nous tenions à garder au texte sa saveur particulière. Nous nous sommes donc bornés à fournir au lecteur le minimum de renseignements nécessaires pour suivre le développement de l'intrigue principale, sous forme de petits textes de liaison, en italique et entre crochets. Au demeurant, le texte est tout à fait prévu pour parer à ce genre d'éventualité : le conteur savait très bien que, même parmi ses auditeurs les plus acharnés, il s'en trouverait pour manquer, de temps en temps, une ou plusieurs séances, et il s'est arrangé en conséquence pour donner, à chaque épisode, quelques indications qui suffisent, en général, à le situer dans l'ensemble du récit.

UN PEU D'HISTOIRE

Bien que le *Roman de Baïbars* soit essentiellement une œuvre de fiction ou, plus exactement, d'imagination, il n'en repose pas moins sur un substrat historique réel ; considérablement embelli, enrichi et romancé par des générations de conteurs publics, celui-ci n'en apparaît pas moins, de façon plus ou moins visible, dans de nombreux endroits du récit. Je me suis efforcé, dans la présentation des *Enfances de Baïbars*, le premier volume de cette série, de donner quelques indications sur la vie du personnage et sur son époque, aussi me bornerai-je ici à l'essentiel.

D'ethnie turco-mongole, le Baïbars "historique" est né (suppose-t-on) en 1223, dans les steppes du Kiptchak, au nord de la mer Noire. Comme beaucoup de ses congénères, il fut acheté, encore enfant, pour le compte d'Al-Malik Al-Sâlih (le bon roi El-Sâleh du *Roman*), descendant et héritier de Saladin, qui régnait alors sur l'Egypte et la Syrie.

A cette époque, en effet, les "esclaves militaires" (mamelouks) jouaient un rôle de premier plan dans l'armée de la plupart des pays musulmans. Recrutés hors des territoires de l'Islam, et notamment parmi les peuples nomades des steppes asiatiques et européennes, ils étaient soumis à une longue période d'entraînement militaire et de formation intellectuelle et religieuse au terme de laquelle, convertis à l'islam, ils étaient affranchis par leur souverain, à qui ils fournissaient des troupes d'une grande valeur, et surtout d'un loyalisme beaucoup plus sûr, en général, que celui d'une aristocratie "libre", dont les intérêts immédiats s'opposaient fréquemment à ceux du pouvoir central. Jouissant de la confiance du roi, les mamelouks pouvaient donc, s'ils s'avéraient capables, atteindre à de très hauts rangs dans la hiérarchie militaire.

C'est précisément ce qui arriva à Baïbars ; distingué par Al-Malik Al-Sâlih, il devint l'un de ses hommes de confiance, puis, à la faveur de la crise de succession ouverte par sa mort, en 1249, l'un des chefs de file du coup d'Etat par lequel les chefs mamelouks s'emparèrent du pouvoir pour leur propre compte, fondant ainsi le sultanat mamelouk, qui devait durer jusqu'à la conquête de l'Egypte par les Ottomans, au XVIe siècle. Au cours de cette période agitée, il se distingua dans deux batailles particulièrement importantes par leur retentissement psychologique : à Mansourah (1250), où saint Louis fut vaincu et fait prisonnier et, plus encore, à Ayn Jalout (1260), où fut définitivement arrêtée l'invasion mongole qui, au cours des années précédentes, avait ravagé l'Iran et la Mésopotamie, saccageant notamment Bagdad, le vieux cœur historique du monde musulman (1258).

Au lendemain de la victoire, Baïbars s'empara du pouvoir, après avoir assassiné son prédécesseur – ce qui, à l'époque, était la démarche la plus normale à suivre en pareil cas. Son règne, qui devait durer jusqu'en 1277, année de sa mort, fut marqué par la poursuite de la guerre contre les Mongols mais surtout par l'expulsion définitive des croisés (ou des Francs, comme on les appelait en Orient), qui tenaient encore une portion importante de la côte syrienne, d'Antioche à Jaffa, et de nombreuses places fortes, tel le Crac des Chevaliers, qui tomba en 1271.

Parallèlement à cette tâche de reconquête, Baïbars s'attacha à construire un Etat fort et centralisé, réduisant les petites principautés indépendantes de Syrie ; la mise au pas des ismaéliens (ou Assassins, ou Hachichins), en elle-même un épisode mineur de son œuvre, mérite d'être mentionnée à ce propos, dans la mesure où – considérablement enjolivée – elle occupe une place importante dans le *Roman*.

Joignant à la bravoure une perspicacité sans faille, régnant avec justice, menant une vie pieuse et austère, il devint rapidement, dans l'imagination populaire, le modèle du "bon roi", défenseur de l'islam contre les "infidèles", mais aussi, et plus encore peut-être, protecteur des petites gens contre la rapacité et les ambitions des grands.

PETIT GUIDE A L'USAGE DE CEUX QUI N'ONT PAS LU LES PRÉCÉDENTS VOLUMES

La structure particulière du *Roman de Baïbars*, qui s'apparente, jusqu'à un certain point, à nos romans-feuilletons, est conçue pour permettre au lecteur – ou, plutôt, à l'auditeur, puisqu'il s'agit essentiellement d'une œuvre orale – d'entrer dans le récit à n'importe quel moment, sans qu'il ait à se sentir exagérément frustré – ou perdu – d'avoir manqué les épisodes précédents. (Voir les deux premiers volumes du *Roman* : *Les Enfances de Baïbars* et *Fleur des truands*.) Il suffit, pour comprendre ce qui se passe, d'avoir une idée générale des principaux personnages, mais aussi de l'univers dans lequel se déroule l'action.

Cet univers, en apparence, ressemble en tous points au nôtre, à quelques différences culturelles près. La trajectoire des personnages qui y évoluent semble gouvernée par la même combinaison de hasards, de contraintes et de choix qui fait la trame de notre existence. Et c'est bien ainsi que la plupart d'entre eux, la plupart du temps, perçoivent les choses.

Et pourtant, il y a des moments, rares et fugitifs, où ils prennent conscience, confusément, que tout cela n'est qu'apparence. Qu'ils ne sont, en réalité, que les pions d'une gigantesque partie d'échecs que, depuis des temps immémoriaux, un Joueur cosmique joue contre lui-même. Ou, pour dire les choses autrement, qu'ils ne font que remplir un rôle dans une pièce interminable dont le scénario a été écrit auparavant dans ses moindres détails.

Ce scénario est conservé dans un univers second qui double, mystérieusement, l'univers visible : le Monde du Secret où, hors du temps et de l'espace tels que nous les connaissons, la destinée de toutes les créatures du monde, passées, présentes et à venir, apparaît, non pas comme une succession mais comme simultanéité.

Le Monde du Secret est, bien entendu, inaccessible à la grande masse des personnages du *Roman* ; tout au plus savent-ils, abstraitement et confusément, qu'un tel monde existe et qu'il est, en un sens, plus réel que la réalité apparente dans laquelle ils se meuvent. Et pourtant, ces deux univers, ou plutôt ces deux plans de l'univers, ne sont pas absolument étanches. De temps en temps, des signes – toujours ambigus et difficiles à déchiffrer – passent de l'un à l'autre : songes prémonitoires, livres de prophétie à demi indéchiffrables, écrits dans la nuit des temps, lieux souterrains où apparaissent, sous forme de représentations figuratives, quelques scènes de l'avenir ou du passé.

Il y a aussi des personnages à qui le Joueur d'Echecs (Dieu, pour l'appeler par son nom) a accordé, pour des raisons qui lui sont propres, le pouvoir de passer d'un monde à l'autre ; ce sont les "Hommes de Dieu", les *walis* dont la hiérarchie secrète, dominée par le *Qutb*, le "Pôle" mystique autour duquel tourne le monde, l'Homme Parfait de la tradition gnostique, gouverne le monde à son insu. Connaissant en partie du moins les choses à venir, capables de sonder les cœurs des hommes et de percer à jour leurs intentions secrètes, ils sont néanmoins tenus au silence ; et leurs actions, souvent déroutantes et incompréhensibles, obéissent à une logique qu'ils sont seuls à connaître. Au demeurant, bien qu'ils soient, en un certain sens, des saints, ils ne sont pas nécessairement des personnages "édifiants" au sens platement moralisateur du terme. Deux personnages du *Roman*, au stade où nous en sommes, appartiennent à cette catégorie ; l'un est roi, l'autre truand.

Mais, avant de présenter ces deux curieux personnages, il nous faut dire un mot du héros principal. Baïbars est encore, pour le moment, un tout jeune homme (le conteur ne précise pas son âge, mais il ne doit pas avoir plus de vingt ans), mais il a déjà derrière lui une vie bien remplie. Héritier dépossédé d'un lointain royaume d'Asie centrale, vagabond famélique, esclave maltraité, il est devenu depuis peu le fils adoptif d'une riche et respectable dame de la meilleure société damascène et le protégé du beau-frère de celle-ci, le vizir Najm El-Dîn, un vieillard digne et affable qui l'a conduit au Caire pour le présenter au roi (accessoirement, Baïbars est aussi un esclave du roi, mais c'est plutôt une concession du conteur à la réalité historique). Pour l'instant, Baïbars vit encore chez son protecteur, ce qui met parfois à rude épreuve la patience et l'affection de ce dernier. D'une part, en effet, sa nature chevaleresque l'entraîne sans cesse dans d'incroyables algarades qui finissent généralement devant les tribunaux ; et d'autre part il a pris l'habitude non seulement de se lier avec tous les mauvais garçons qu'il rencontre, mais encore de les ramener à la maison. Heureusement, comme il est un jeune homme parfaitement bien élevé, instruit (c'est même – curieusement – un juriste particulièrement retors), pieux et d'une moralité irréprochable, on lui passe bien des choses. Le roi, qui l'a pris en affection, lui a même confié, dernièrement, quelques fonctions subalternes ; c'est un début dans la vie, mais il a encore du chemin à parcourir si – comme viennent le rappeler, régulièrement, les messages du Monde du Secret – il doit un jour monter sur le trône.

Et d'ailleurs, le Monde du Secret a délégué, auprès de lui, l'un de ses plus extraordinaires représentants, Otmân, alias Fleur des Truands, palefrenier de son état, ancien truand sept fois condamné à mort (mais personne n'a jamais osé exécuter la sentence). Plus ou moins repenti, il est devenu le frère d'adoption de Baïbars, le compagnon de toutes ses aventures. A première vue, il paraît difficile de prendre pour un Homme de Dieu cet énergumène braillard, entêté et bagarreur, qui semble toujours agir en dépit du bon sens, manque totalement d'usages (il appelle le roi "mon frelot" et traite le grand vizir d'"andouille") et joint dans une égale hostilité les dignitaires mamelouks et les religieux officiels (ou, pour parler comme lui, les "enlukés" et les "enturbannés") en la personne de leurs représentants au conseil royal. Et pourtant, lui qui semble, les trois quarts du temps, complètement ahuri, voire franchement simplet, a parfois des éclairs de lucidité, des coups de génie qui ne peuvent venir que du Monde du Secret, par l'intercession de sa Dame, Sitt Zeynab, une descendante du Prophète à laquelle il voue une vénération particulière. Et puis, ses actions les plus saugrenues ne cachent-elles pas, au fond, un enseignement secret (dans l'optique du conteur et de son public, qui, évidemment, n'est plus obligatoirement la nôtre) ; ainsi lorsqu'il s'entête à vouloir rendre la justice, prononçant sans sourciller les sentences les plus extravagantes, n'est-ce pas pour indiquer que la justice humaine, soumise aux limitations inhérentes à notre condition – quand elle ne l'est pas, tout simplement, aux appétits des puissants –, n'est elle-même qu'une parodie infiniment dérisoire de la justice divine ? Et puis, si Otmân est bien, comme l'indique discrètement le roi à plusieurs reprises (et il est bien placé pour le savoir), un cheikh, un maître spirituel, il faut dire aussi que son apostolat exige des méthodes peu orthodoxes : ses ouailles, ce sont les palefreniers, les truands, les clochards, bref tous les exclus de la société, qu'il est chargé de ramener dans le droit chemin et d'associer à l'œuvre de justice de Baïbars. Nous verrons, dans ce volume, comment il s'y prend…

Faisant pendant à Otmân, le tourbillonnant-frénétique, le roi El-Sâleh représente un autre type de saint, le contemplatif-extatique. Cela n'empêche pas les deux compères de s'entendre comme larrons en foire, et d'échanger à chaque rencontre quelques plaisanteries à usage interne qui passent complètement au-dessus de la tête de l'assistance (quelques-uns, sans doute, doivent bien se douter de quelque chose mais de toute façon quand on n'est pas dans le Secret, il est préférable de s'en remettre à Dieu et de ne pas chercher à comprendre). C'est, en apparence, un doux vieillard plein d'une exquise bonhomie, toujours perdu dans ses oraisons et légèrement décalé par rapport à la réalité. Mais il sait aussi, quand il le faut, se montrer majestueux et terrible, comme il sied à un roi. Il est, par ailleurs, le seul à savoir d'avance tout ce qui va se passer ; aussi occupe-t-il, dans le *Roman*, un rôle central, encore que largement occulte, qui est de veiller à ce que la ligne directrice du récit ne s'égare pas dans les méandres des épisodes secondaires. Rôle essentiellement conservateur : il s'agit pour lui d'empêcher Otmân et quelques agités du même acabit de précipiter les choses, de faire arriver les événements avant le terme qui leur est fixé. Il agit peu, du moins pas directement, sauf dans les cas graves ; c'est, en revanche, un extraordinaire manipulateur, cachant une ironie subtile sous ses airs naïfs.

Au côté du roi, le vizir Châhîn incarne, avec compétence et distinction, l'antique "culture de gouvernement" orientale qui, bien plus vieille que l'Islam, plonge ses racines dans l'Iran ancien et, au-delà, dans Babylone et Sumer. Conseiller plein de sagesse et de pondération, d'une courtoisie raffinée, administrateur efficace mais point trop dur aux petites gens, il s'acquitte avec loyauté et conscience du rôle difficile qui lui est imparti dans le *Roman* : assurer coûte que coûte la continuité de l'Etat à travers les nombreux interrègnes qu'il connaîtra sous peu. Quitte à anticiper, signalons qu'il est destiné à survivre à tous les autres personnages du *Roman* : c'est par sa mort que celui-ci s'achève.

Châhîn est vizir du côté droit, chargé des affaires civiles : selon une tradition d'origine vraisemblablement mongole (elle se retrouve en Chine à la même époque), il a un homologue du côté gauche, chargé des affaires militaires, Aïbak le Turkmène. C'est l'antithèse absolue de Châhîn, une espèce de traîneur de sabre bête et arrogant, baragouinant un affreux jargon de caserne entrelardé d'expressions turques. Au demeurant d'un courage hautement hypothétique, d'une honnêteté nulle et d'une rapacité phénoménale. Faut-il ajouter que, depuis le début, il poursuit Baïbars d'une haine aussi mesquine qu'imbécile, et qu'il a déjà monté contre lui plus d'une machination qui lui est piteusement retombée sur le nez ?

De toutes ces machinations, d'ailleurs, l'âme véritable était le cadi Salâh El-Dîn, le grand-juge du conseil royal, un bien étrange et inquiétant personnage. Dans son rôle officiel, c'est un rigoriste inflexible, toujours prêt – le turban en bataille, la barbe frémissante d'indignation, l'index tendu – à réclamer, "pour l'honneur de la religion", la tête de l'accusé (surtout quand l'accusé est Baïbars) ; quitte, si la sentence n'est pas rendue comme il le voudrait, à fomenter carrément des émeutes – toujours au nom de la morale et de la religion. Et pourtant, ce religieux de choc a d'étranges accointances, et ce sont d'étranges missives que son famulus, le cheikh Mansour, va porter en des contrées lointaines... Et d'ailleurs pourquoi Otmân, chaque fois qu'il le rencontre, éprouve-t-il le besoin de grommeler des allusions obscures à la "peau d'gland" et à l'"aubergine mal décalottée" ? Et quelles sont les relations, assurément inavouables, qui le lient à Jaouane, l'Ennemi sans visage, le prêtre maudit qui, tapi au fond de quelque monastère, trame contre Baïbars, dont il a juré la perte, d'effroyables complots ?

JEAN-PATRICK GUILLAUME

LES BAS-FONDS DU CAIRE

Une passion qui tourne mal

Comme le conseil ne siégeait pas ce jour-là, Baïbars était resté assis à l'entrée du palais, en compagnie de l'*osta*[1] Otmân. Il vit soudain arriver deux femmes, une vieille et une jeune, qui sortaient du harem du vizir Najm El-Dîn. La vieille, défaite, en haillons, se lamentait en pleurant à chaudes larmes : "Ah, Seigneur, si toutes les portes se ferment, la tienne, au moins, reste ouverte !" et elle récitait ces vers :

La bonté du Seigneur a des chemins secrets
garde-toi de vouloir comprendre ses décrets
plus d'un cœur au matin noyé dans la détresse
a retrouvé le soir la joie et l'allégresse
garde confiance en Dieu au jour de ton malheur
et prie sur le Prophète il est l'Intercesseur.

— Qu'y a-t-il, ma petite mère ? demanda Baïbars qui l'avait prise en pitié.

— Laisse-moi tranquille, mon garçon. Ne va pas interroger les tombeaux sur les malheurs qu'ils cèlent. N'as-tu pas entendu dire que "Dieu se fâche contre ceux qui omettent de Lui demander secours, les hommes contre ceux qui leur en demandent" ? Ce que nous n'avons pas obtenu des grands seigneurs, comment l'obtiendrions-nous des marmots ?

— Ma mère, on ne sait jamais, bien souvent le salut arrive de manière inattendue. N'as-tu pas entendu dire qu'il ne faut pas mépriser l'aide d'un plus petit que soi : même la mouche peut piquer l'œil du lion.

— Laisse tomber, soldat, dit Otmân, et toi, la rombière, va-t'en par la grâce de Dieu !

— Pas si vite, laisse-nous voir ce qu'elle veut, dit Baïbars, qui pensait qu'elle avait à se plaindre de Najm El-Dîn. Même si elle doit m'injurier, il se peut bien que Dieu fasse de nous les instruments de son salut. Allons, raconte-moi un peu. Si tu as eu des malheurs, eh bien ! c'est tout simple, j'arrangerai ça ; si tu es tombée dans la gêne, je t'en sortirai, avec la permission de Dieu. Si tu ne me connais pas, je me présente : on m'appelle l'émir Baïbars El-Boundouqdâri[2], je suis le protégé de Najm El-Dîn et j'ai toute sa confiance.

— Eh, soldat, dit Otmân, ces mendiants, tu leur donnerais toute l'Egypte que ça leur suffirait pas.

— Tais-toi donc ! Allons, ma petite mère, dis-moi, je te prie, pourquoi pleures-tu et de quoi te plains-tu ?

— Excuse-moi, répondit-elle, en comprenant qu'elle parlait à l'émir Baïbars, c'est la pauvreté et la gêne qui m'ont abêtie ! Comme dit le poète :

Le nouveau ruiné est toujours vergogneux
à tous ceux qui l'entourent il montre un front hargneux.

Je ne savais pas qui tu étais. Celui qui n'a jamais vu la pleine lune, comment la reconnaîtrait-il ?

— Il n'y a pas de mal, parle !

— Bien, par le Prophète, je vais tout te raconter.

Il la fit entrer et s'assit sur la banquette de l'*iwân*[3]. Otmân, lui, resta debout, un peu à l'écart, et la vieille se mit à raconter son histoire, que voici : son mari, Saylakhân, était un émir kurde ayyoubide[4]. Bien qu'il siégeât au conseil d'en-dehors[5], il était tombé dans la plus extrême pauvreté, ayant à sa charge une nombreuse famille. Un jour, sa femme était allée au hammam, accompagnée de ses quatre filles. L'aînée s'appelait Jamîleh Khânom. Elle était belle comme le clair de lune. Le destin voulut qu'au moment où elles sortaient du hammam, un émir passa par là. C'était un Turkmène, féru de beauté. Il s'appelait Mahmoud et on le surnommait Taylakhân. Il occupait un haut rang dans le grand conseil royal, presque égal à celui d'Aïbak.

La fille sortait donc du hammam. Comme de coutume, elle ne se couvrit le visage qu'en passant la porte. Au moment où elle relevait sa mantille pour rabattre son voile, l'émir Taylakhân l'aperçut un instant, beauté sans pareille et qu'on ne saurait décrire – louanges au Roi qui l'a créée ! –, visage resplendissant comme une escarboucle, joues empourprées… telle une houri descendue du paradis.

Taylakhân ne l'avait pas plus tôt aperçue qu'il se prit pour elle de la plus violente des passions.

“Ah, ah, s’écria-t-il, que l’amour est cruel !” Il voulut savoir qui était cette belle, connaître le nom de son père, pour lui demander sa main, dût-il y laisser toute sa fortune. Les femmes, la mère et ses filles, passèrent leur chemin. Pour savoir où elles habitaient, et de quelle famille elles étaient, Taylakhân les fit suivre par l’un de ses hommes et s’en retourna à son palais, tourmenté par l’amour et rongé par le feu de la passion. Son homme revint et lui apprit que la belle était fille de l’émir Saylakhân, le Kurde, ce qui ne fit qu’aggraver son mal, car on connaît l’hostilité séculaire qui règne entre les Kurdes et les Turkmènes. Bien rares sont les mariages entre ces deux peuples : les Kurdes ne donnent leurs filles qu’à des Kurdes. Tout perplexe et dolent, il alla confier son secret à sa vieille nourrice qui vivait dans son palais. “Mon petit, lui dit-elle, si tu veux l’épouser, il ne faudra pas regarder à la dépense pour te gagner d’abord le cœur de son père, en le couvrant de cadeaux et de présents. Tu sais bien que c’est par des cadeaux qu’on fait naître l’affection et par des offenses qu’on fait naître la haine. Ce n’est qu’ensuite que tu pourras lui demander la main de sa fille : à ce moment-là, tu l’auras tellement comblé de présents qu’il n’osera pas te la refuser. – Tu as bien raison, voilà ce qu’il faut faire.” Il envoya un serviteur au palais de Saylakhân pour lui demander de passer le voir.

“Mon fils, reprit la femme, mon mari vint me raconter l’affaire et me demander conseil. «Femme, dit-il, l’émir Taylakhân m’a envoyé chercher. – Et alors, quel mal y a-t-il ? Toute demande mérite réponse. Va toujours voir, peut-être veut-il te rendre service ; il aura appris que tu es dans une situation difficile. Après tout, la bonté doit rester dans la Communauté de Muhammad jusqu'au Jugement dernier.»

Il se rendit donc au palais de Taylakhân. Celui-ci se précipita à sa rencontre et fit mine de lui baiser la main. Mon mari était en effet un homme âgé et l'autre, qui n'avait que quarante ans, était encore relativement jeune. Pourtant, mon mari refusa, se déclarant indigne d'un tel honneur. L'autre le fit alors asseoir à son côté et lui adressa son salut le plus chaleureux : «Bienvenu, père, par Dieu, je t'aime beaucoup et veux te mettre à place de mon père. Pourquoi toi pas viens ici, moi ferons pour toi avantage[6]. – Dieu te donne longue vie, je suis ton esclave, je suis à tes ordres. – *Olân*, cria l'autre à ses serviteurs, amenez le café !»

On amena donc le café, qu'ils burent en passant un bon moment. Vint le temps du dîner, puis des rafraîchissements, et une agréable conversation suivit. Quand mon mari voulut se retirer, Taylakhân lui fit remettre cent pièces d'or et un habit neuf, ajoutant : «Mon père, me faire plaisir tous les soirs tu venons ici dîner *barabar*[7].» Quand il m'eut raconté cette aventure, mon mari ajouta : «Je ne vois pas pourquoi il s'est conduit si amicalement à mon égard, car les Turcs et les Turkmènes ne nous aiment pas beaucoup. – Quoi qu'il en soit, ne t'inquiète pas, on verra bien. Toutefois, ne va pas dépenser cet argent. Laisse chez moi tout ce qu'il te donne, jusqu'à ce qu'on voie comment tout cela va finir.»

Je pris les cent pièces d'or et les déposai dans un coffre. Ces relations amicales durèrent une année si bien que la somme totale atteignit les vingt bourses. «Mon ami, dis-je alors à mon mari, s'il n'avait pas quelque chose de très important à te demander, il ne t'aurait pas donné une si grosse somme. Il doit y avoir anguille sous roche. Ce soir, demande-lui ce qu'il veut, et voyons ce qu'il a derrière la tête.»

Il se rendit donc chez lui ce soir-là et, comme d'habitude, il fut bien reçu. On dressa la table, ils dînèrent, burent le café, et devisèrent joyeusement. «Mon fils, dit Saylakhân, les bienfaits dont tu m'as comblé dépassent l'entendement. S'il y avait quelque chose que je puisse faire pour te remercier, tu me ferais beaucoup d'honneur, et je m'y emploierais avec le plus grand plaisir. – Papa, si c'est pas toi qui demandes, même si il vient chez moi toute ta vie, je t'aurais pas raconté. Maintenant, toi il demande et je parle à toi, *efendem Sulaïm*. Je vois à ton excellence une fille qui être Jamîleh Khânom. Je viens désirant demander la main pour te faire mon père, maître de mes biens, ensemble.»

Cette demande ne fut pas du goût de mon mari, car on sait bien que les Turkmènes honnissent les Kurdes et que les deux peuples ne peuvent s'entendre, mais il n'osa pas répondre sur-le-champ et se contenta de dire : «*Efendem*, si cela ne tenait qu'à moi, ce serait bien volontiers, mais je ne puis te l'accorder avant d'avoir consulté sa mère.»

Ah, mon fils, dit celle-ci à Baïbars, quand mon mari me demanda mon avis sur cette proposition de mariage, je lui répondis : «As-tu déjà entendu dire qu'une Kurde ait épousé un Turkmène ? Veux-tu que nous devenions la honte de la tribu ? Veux-tu nous déshonorer devant tout le monde ? Et tu crois que ton cousin Izz El-Dîn El-Hilli va accepter un tel mariage et que le roi va y consentir ? [En fait, le roi n'était pas personnellement opposé à ce mariage, mais il craignait qu'il suscitât des troubles.] – Mais comment faire ? – Qu'il épouse donc une fille de sa race, et toi, rends-lui son argent, il est toujours là, personne n'y a touché.»

Le lendemain, mon mari prit l'argent et partit le rendre à l'émir, prétextant pour s'excuser que sa femme avait demandé l'avis d'Izz El-Dîn El-Hilli et que ce dernier avait refusé. «Comme il te plaira, mon père, répondit-il, si tu ne veux pas me donner ta fille, eh bien ! tant pis.» De retour, il me raconta ce qui s'était passé. Nous ne nous doutions pas de ce qui allait arriver : imagine-toi que sous l'emprise de la colère, il perdit tout sens de la mesure. «Tant d'arrogance chez ce pouilleux ! s'écria-t-il. Je lui demande sa fille en mariage, je daigne le prendre pour beau-père, alors que je suis d'un rang bien supérieur au sien, et il a l'insolence de ne pas m'accepter pour gendre !»

Le jour suivant, il partit au tribunal de Bâb El-Nasr porter plainte contre mon mari auprès du cadi Nâsser El-Dîn *efendi*, prétendant qu'il lui devait dix mille piastres. Le cadi fit convoquer mon mari au tribunal et procéda à l'interrogatoire. S'il avait reconnu avoir reçu les dix mille piastres et déclaré les avoir restituées, son adversaire aurait eu beau jeu de nier la restitution, et le cadi lui aurait alors demandé des témoins. Il nia donc publiquement. Puis, à la demande du juge, Taylakhân présenta ses témoins, des gens que mon mari ne connaissait ni d'Eve ni d'Adam, et qui témoignèrent contre lui. Le cadi lui enjoignit donc de verser la somme, mais lui jura qu'il ne payerait pas un *fils*[8], puisque la réclamation n'était pas fondée. Le cadi le fit alors incarcérer à la prison du tribunal.

Quand je fus informée du jugement qui avait été rendu, je partis avec ma fille solliciter l'intervention des grands et des dignitaires du royaume ; je me jetai à leurs pieds, les suppliant de faire lever la sentence, mais chacun répondit que mon mari devait verser la somme et que son élargissement ne serait possible qu'après remboursement de sa dette. Il n'y en a pas un que je ne sois allée supplier, mais pas un ne m'a écoutée, et pas un ne m'a donné une réponse favorable. Nous avons vendu tout ce que nous possédions et, n'étaient les généreux, ce serait la fin pour les miséreux. Que veux-tu que je te dise ? Une pauvre femme comme moi, avec mes quatre filles et mon mari en prison, qu'il faut entretenir… Tant et si bien que nous voilà dans ce triste état, et hier nous nous sommes couchées sans manger. Dis-moi, n'ai-je pas raison de pleurer, alors que voici déjà un an que mon mari est en prison ?"

— Pourquoi ne vas-tu pas te plaindre auprès du sultan ? demanda Baïbars.

— J'ai présenté plus de vingt placets, qui sont tous restés sans réponse.

Encore plus ému, Baïbars lui donna dix pièces d'or et lui dit : "Petite mère, ne t'inquiète pas. Demain j'irai faire appel pour toi auprès du cadi. Je plaiderai ta cause contre ton adversaire et il faudra bien – s'il plaît à Dieu – remettre ton mari en liberté." Elle se retira en prononçant des invocations en faveur de Baïbars.

La colère de Baïbars

Au cours de son séjour en Egypte, Baïbars s'était lié d'amitié avec quelques membres de la bonne société du Caire, dont le cadi en question. Il lui vint à l'idée de lui écrire. Il confia sa lettre à Otmân et lui ordonna d'aller au tribunal de Bâb El-Nasr la remettre en main propre au cadi.

— S'il te confie le prisonnier, amène-le, sinon, ne dis rien à personne, et pas d'esclandre ! Par le Dieu très-grand, si tu t'attaques à qui que ce soit, je t'extermine.

— Hé, soldat, faut pas t'grouiller d'jurer comme ça ! Une supposition que les gus du cadi veuillent me déquiller…

— Personne ne te dira rien, et si quelqu'un te cherche noise, tu prendras tes jambes à ton cou et tu reviendras chez moi.

— Bien, dit Otmân en prenant le billet et en tendant la main vers son bâton.

— Pas question ! Tu ne prendras pas d'arme.

Otmân partit donc pour le tribunal.

— Salaud à vue[9], grand guignol, cadi Nâsser El-Dîn. Mon pote, c'est le soldat Nénars qui m'envoie pour te dire de ligoter ce pierpa et de tirer le prisonnier du placard, qu'à c't'heure y parte avec moi.

Le cadi prit le billet. Il y était écrit :

“De l'émir Baïbars à son père, Son Excellence le cadi Nâsser El-Dîn *efendi zâdeh*[10]. Que Dieu te donne longue vie !

L'épouse de l'émir Saylakhân est venue me voir et m'a appris que la plainte portée contre lui par l'émir Taylakhân était dépourvue de fondement. Connaissant l'amitié cordiale qui nous lie, elle m'a demandé d'intervenir auprès de toi. Pour tout dire, tu m'obligerais si, dans ta grande bonté, tu le libérais et me l'envoyais avec Otmân. Cela me permettrait d'examiner cette affaire et d'en connaître tous les tenants et aboutissants. Si la plainte est fondée, je paierai à sa place, pour l'amour de Dieu, et si elle ne l'est pas, je tenterai de trouver une solution.

En tout état de cause, ce soir même je te le renverrai à la prison. Salut !"

Le cadi était l'ami et l'obligé de l'émir Taylakhân. Celui-ci, qui, au demeurant, était plus âgé que Baïbars, jouissait d'appuis solides, possédait une grosse fortune et était l'un des plus hauts dignitaires du royaume. Aussi le cadi laissa-t-il tomber à terre la lettre de Baïbars, disant sur un ton arrogant : "A ce qui semble, parce que le voilà *chaouich alam*[11], l'émir Baïbars s'imagine que je suis à ses ordres et que je vais lui envoyer le prisonnier pour qu'il fasse casser le jugement." Cela souleva l'indignation d'Otmân qui s'écria :

— Eh mec, pourquoi qu't'as fait ça ? Espèce de maquereau, tu crains donc pas le bon Dieu que tu laisses tomber le pierpa du soldat Nénars ?

— Fiche-moi le camp, insolent sans vergogne !

— Ben v'là aut' chose ! Pourquoi qu'tu causes comme ça, eh malpoli ! Dis donc, mon gars, c'est à l'*osta* Otmân que t'as affaire. Renseigne-toi, mon pote, les guignolins, j'les connais tous, et toi aussi, et ton vioc avec. Allez, vieille noix, dételle le taulard comme le soldat t'a dit, ou alors j'te dévisse le colbac et j'te fais voler les mirettes.

Le cadi frisait la crise d'apoplexie. "Emparez-vous de cette fripouille ! dit-il à ses aides. La bastonnade !" Ils se précipitèrent pour l'arrêter. "Ah mes salauds, par le Prophète, j'ai pas mon gourdin ni rien d'autre. Peste du soldat qui s'est grouillé de jurer. Autrement j'vous aurais montré c'que vous valez.” Il s’échappa et courut jusqu’auprès de Baïbars.

— Pourquoi cours-tu si vite ?

— L’ami, c’est les aut’ cocus, la bande au cadi, y voulaient m’déquiller. L’cadi a pris le pierpa, y l’a ligoté, y l’a jeté par terre, y t’a injurié, toi, ton père, ton grand-père et le grand-père à ton grand-père. “Attrapez Otmân”, qu’y gueulait. Si j’m’étais pas calté, j’étais cuit.

— Tu n’as frappé personne, au moins ?

— Ah ben non, par le Secret de la Dame, j’ai frappé personne.

— Bon, tant pis, c’est moi qui ai manqué aux usages.

Il se leva, sauta en selle et, accompagné d’Otmân, gagna le tribunal. Quand il se trouva face à face avec le cadi, celui-ci n’osa rien dire : la réputation de générosité, de courage et d’honneur que Baïbars s’était acquise – surtout depuis qu’il était devenu *chaouich alam* et que le regard bienveillant du roi s’était porté sur lui – lui conférait prestige et autorité. Aussi le cadi se rendit-il à sa rencontre et l’accueillit-il avec égards.

— Bienvenue, mon fils, quel bon vent t’amène ?

— Mon père, pourquoi as-tu déchiré le billet que je t’avais fait remettre par Otmân et tenu les propos que tu sais ?

— Mon fils, veuille m’excuser. J’étais de mauvaise humeur et ton palefrenier Otmân m’a poussé à bout avec ses grossièretés. De plus, si j’ai condamné un inculpé à la prison, faut-il que je le libère après que la sentence légale a été prononcée et que son adversaire a obtenu son emprisonnement, alors que cet adversaire est l'un des vizirs du conseil ? Il va sûrement l'apprendre, porter plainte contre moi auprès du juge des armées[12] et m'accuser de corruption. Que pourrai-je alors faire ?

— Mon père, cet homme est victime d'une injustice et l'accusation portée contre lui n'est pas fondée ; à cette heure, sa femme et ses filles sont réduites à la mendicité.

Et Baïbars se mit à lui réciter tous les propos que le Prophète a tenus sur les abus de pouvoir et les dénis de justice.

— Baïbars, écoute-moi, je te prie.

— Qu'y a-t-il ?

— Ce n'est pas à moi qu'incombe la faute, mais aux témoins.

— Eh bien, je souhaite que l'affaire soit jugée à nouveau pour voir qui a raison. En ai-je le droit ou non ?

— Mon fils, si le condamné te donne procuration, tu as le droit de demander un nouveau jugement.

— Eh bien alors, je te prie de convoquer les deux parties pour reprendre le procès.

— Bien volontiers, dit le cadi qui voulait éviter de froisser Baïbars.

Il rédigea une citation à comparaître et envoya son huissier la porter à l'émir Taylakhân, puis il demanda à Baïbars de se rendre à la prison pour obtenir la procuration. Saylakhân lui confia sa défense, s'en remettant totalement à son avis. Cela dit, on ne le laissa pas sortir de prison.

L'huissier du cadi entra au palais de Taylakhân et lui présenta la lettre. "Seigneur, Son Excellence le cadi te prie de te rendre au tribunal, car Saylakhân a demandé une nouvelle confrontation.
– Marche devant, j'arrive. Par Dieu, je ferai ce qu'il faut pour que ce chien meure en prison."

L'huissier revint rendre compte de sa mission au cadi. Peu après, Taylakhân monta en selle et, accompagné de ses mamelouks, partit pour le tribunal. Il se présenta devant le cadi, d'un air important et avantageux, tant il était bouffi d'orgueil. Le cadi et toute l'assistance se levèrent ; Baïbars les imita. L'émir alla s'asseoir à côté du cadi et Baïbars prit place de l'autre côté. Toute l'assemblée le salua, on lui amena le café.

— De quoi se plaint ce Saylakhân ? demanda-t-il après l'avoir bu. Croit-il pouvoir s'en tirer sans verser les pièces d'or ? Et même si le roi El-Sâleh intervenait en sa faveur…

— Seigneur, son fondé de pouvoir réclame que l'affaire soit rejugée.

— Qui est-ce ?

— L'émir Baïbars.

— Pourquoi ? D'où tient-il le pouvoir de renverser la sentence et de traîner un homme comme moi devant les tribunaux ?

— Le voici.

— C'est toi qui veux entendre ma déposition ?

— Oui.

— Va-t'en sans discuter davantage, cela ne te concerne pas.

— Ça ne fait rien, c'est la Loi qui m'ordonne d'écouter ta déposition pour examiner le cas de ce pauvre diable. Si tu es dans ton droit, je verserai les dix mille piastres à sa place, pour l'amour de Dieu. Si tu es condamné et s'il est prouvé que tu l'as lésé, je porterai l'affaire auprès du conseil d'en-haut et tu devras changer de ton.

— Mais vas-tu te taire à la fin, ça commence à bien faire tes fanfaronnades !

— Non, intervint le cadi, ce qu'il te dit là, c'est le droit de Dieu ; c'est ce que dit la Loi.

— Je dois verser dix mille piastres en garantie ?

— Eh oui, si tu veux maintenir ta plainte et plaider ta cause.

— Je maintiens ma plainte.

— Et moi, dit Baïbars, je veux renverser le jugement.

La sentence fut donc annulée. "Présente tes preuves, demanda Baïbars. Je veux entendre la déposition de tes témoins. – Comme tu voudras", répondit-il, et il s'en fut les chercher. Baïbars se doutait qu'il ramènerait de faux témoins, ce qui l'aurait mis en mauvaise posture. Aussi, une fois Taylakhân parti, il sortit à son tour et tomba sur Otmân qui se tenait debout à la porte du tribunal.

“Tu tombes à pic, aujourd’hui ! – Eh, qu’est-ce qui se passe, soldat ?” Baïbars le mit au courant de la marche du procès, de l’histoire des témoins et de la crainte qu’il avait de les voir porter un faux témoignage.

— T’en fais pas l’ami, c’est-y pas Le Caire ? C’est-y pas ma génisse, la fille à ma vache ? C’est la marmite et moi j’suis la louche.

— Ne bouge pas d’ici et tâche d’avoir à l’œil les témoins qu’il va amener.

— Rentre, soldat, occupe-toi de ton procès et n’aie pas peur, l’*osta* Otmân reste ici près de la porte.

Baïbars revint s’asseoir à sa place. L’émir Taylakhân entra quelque temps après, s’assit lui aussi et, sans bouger de sa place, interpella Baïbars :

— Alors, mon mignon, qu’est-ce que tu attends, les témoins sont arrivés, tu portes plainte, oui ou non ?

— Trêve de grossièretés ! s’écria Baïbars. C’est là une affaire qui relève de la Loi de Dieu. Je ne commencerai pas tant que tu ne te seras pas levé, car nous devons être debout tous les deux.

— C’est bien la vérité, fit observer le cadi.

Taylakhân, la rage au cœur, au bord de l’apoplexie, dut bien se lever et se mettre à côté de l’émir Baïbars. “Faites entrer les témoins”, proclama le cadi. Les huissiers appelèrent les témoins à grands cris.

Pendant ce temps, Otmân se tenait près de la porte du tribunal ; il reconnut les témoins du premier coup d'œil… C'étaient des clochards, fumeurs de haschisch[13] qui, d'habitude, étaient toujours vêtus, en tout et pour tout, d'un cache-misère, et allaient les pieds nus. Or, ce jour-là, ils portaient de somptueux habits, de grands turbans, d'amples manteaux de drap. Ils étaient gras et prospères comme de riches marchands !

— Bienvenue au Hâjj Mustafa et au Hâjj Awad ! Eh ben, mes connards, on connaît la mort subite, mais le bonheur subit ? Vous v'là joliment fringués. Alors, on a laissé tomber la fumette ? On a largué la came ? Où c'est-y qu'vous avez trouvé ces fringues, ces turbans et tout le tralala ?

— Pitié, Otmân !

— N'ayez pas peur et dites-moi la vérité, ou je vous dévisse le colbac.

— D'accord, par le Prophète. C'est ce type qui nous les a donnés, le vizir qui vient d'entrer.

— Eh, j'le connais, c'est ce cocu de Taylakhân, par le Prophète. Et si c'est lui qui vous les a donnés, y vous a demandé quoi en échange ?

— Oh, trois fois rien ! Il y a un an de ça, il nous a fait venir ici au tribunal. Il nous a donné dix jaunets et des vêtements comme ceux-ci et puis il nous a dit de témoigner pour lui, et nous, on a dit ce qu'il nous avait dit de dire. Aujourd'hui, il nous a fait venir et il nous a encore donné à chacun dix jaunets et ces vêtements pour qu'on fasse pareil.

— C'est bon, les gars, vous savez de quoi y s'agit ?

— Non.

— Là-dedans, y a mon soldat, Nénars, c'est lui l'accusateur. A c't'heure on vous a réunis pour témoigner comment ?

— Ben c'te question ! On va témoigner comme la dernière fois.

— Vous allez mentir devant l'bon Dieu, connards ?

— Ben, et les jaunets, Otmân ? L'kif, ça coûte chéro.

— Ouais ! Et qu'est-ce que vous aimez mieux : vivre ou mourir ?

— Vaut ben mieux être vivant que mort.

— C'est bon, les gars, on a mis les fers au feu, vous m'avez compris ?

En ce temps-là, en effet, ceux qui étaient convaincus de faux témoignage subissaient une peine infamante particulièrement sévère. Ils étaient marqués au front d'un fer chauffé à blanc sur lequel était inscrit en creux : "*Voilà le châtiment des faux témoins, qui ne craignent pas Celui qui fait sortir les morts du tombeau.*" Dieu nous préserve d'un tel supplice ! Le front du condamné devenait alors noir comme du charbon, sauf à l'endroit de l'inscription qui demeurait blanc, exactement comme pour un sceau gravé en creux… Jusqu'à la fin de ses jours il était marqué sur son front : "Cet homme est un faux témoin." Ensuite, coiffé d'une panse de mouton, il était attaché sur le dos d'un bœuf, et on le promenait dans le pays sept jours de suite. Plus personne ne lui faisait confiance, plus personne ne le prenait en pitié et, jusqu'à sa mort, il demeurait comme un chien errant.

Aussi les fumeurs de haschisch furent-ils terrorisés quand Otmân leur parla de marque et de fer rouge.

— Pitié, supplièrent-ils, par le Prophète, ô Fleur des Truands du Caire ! Qu'est-ce que tu veux qu'on fasse ?

— Les gars, les frusques et le fric, vous pouvez les garder, y sont à vous, j'vous les laisse, mais vous allez dire la vérité, c'est ça qui plaît au bon Dieu.

— Comment ça ?

— A c't'heure, quand vous serez devant le soldat, vous direz que c'était tout des blagues. Et vous en faites pas pour le reste !

— Mais, Otmân, on a peur de la marque !

— Ben v'là aut' chose ! Fleur des Truands du Caire est avec vous et vous avez la pétoche ? L'premier qui vous dit un mot j'y dévisse le colbac.

— C'est bon.

On les appela et, terrorisés par Otmân, ils avouèrent la vérité et revinrent sur leur précédent témoignage. Le cadi faillit en attraper la jaunisse ! "Canailles, s'écria-t-il, comment avez-vous osé faire une chose pareille ?" Mais Baïbars s'en prit directement à Taylakhân : "Tu ne crains donc pas Dieu ? lui demanda-t-il. Comment as-tu osé maintenir injustement cet homme en prison, pour la seule raison qu'il n'a pas voulu te donner sa fille en mariage ! Et toi, le juge, fais-le sortir de prison sur-le-champ, sinon ça va aller très mal. – *Olân*, petit pédé, dit

Taylakhân, c'est toi qui commandes ici ? C'est un déni de justice ! Et qui nous dit que ce n'est pas ton palefrenier Otmân qui a suborné les témoins, eh, tapette !"

Il tira son poignard et se jeta sur Baïbars, mais celui-ci fut le plus rapide, et, d'un coup de *lett*[14], l'étendit à terre ; sur quoi il courut à la prison, défonça la porte et libéra le prisonnier. Quand les gens du prétoire virent ce qu'avait fait Baïbars et comme il avait étendu Taylakhân, ils prirent le parti de ce dernier, et se retournèrent contre Baïbars et Otmân. "Criminel, cria le cadi, qui es-tu pour oser t'en prendre au vizir Taylakhân, fracturer la porte de la prison, et libérer le prisonnier sans qu'il se soit acquitté de sa dette ? C'est vous qui avez suborné les témoins pour qu'ils reviennent sur leur témoignage !"

Il courut sus à Baïbars qui prévint son attaque en lui assénant, sans trop appuyer, un coup de *lett* qui le renversa cul par-dessus tête. "Pour l'honneur de Dieu, hurla-t-il. Tu as osé porter la main sur moi, Baïbars ? Tu mourras aujourd'hui même. – Ça tombe bien, mes connards, cria Otmân, car c'est moi Fleur des Truands. Vous voulez déquiller le soldat ?" Et il s'avança en faisant tournoyer son gourdin ; à cette vue, le cadi, le vizir Taylakhân et tout le tribunal prirent leurs jambes à leur cou et cherchèrent leur salut dans la fuite.

C'était sous le coup de la colère provoquée par Taylakhân et par les propos du cadi que Baïbars avait fracturé la porte de la prison. Il se rendit compte qu'il était dans son tort et, prenant avec Otmân, les témoins et Saylakhân, il gagna le palais du vizir Najm El-Dîn et s'y réfugia en attendant la suite des événements.

Le triomphe de Baïbars

Après le départ de Baïbars, le cadi fit fermer le tribunal et, en compagnie de Taylakhân et de ses hommes, alla en référer au cadi des armées ; celui-ci, le cheikh Mohammad Ibn Daqiq El-Id[15], occupait en effet le rang le plus élevé parmi les juges du Caire. Toutefois, devant la gravité de la situation, il décida de consulter le cadi Salâh El-Dîn, qui, en sa qualité de juge du conseil royal, avait le pas sur lui. On partit le chercher et il arriva sur sa mule, accompagné de son famulus Mansour. Lorsqu'il entra, toute l'assistance se leva ; il alla s'asseoir à la place d'honneur, à côté du cadi des armées, et prit la parole :

— Je vois qu'en ce jour tout le pays est en émoi. Que se passe-t-il et pourquoi cet attroupement ?

— Aujourd'hui, répondit le cadi, Baïbars s'est présenté à mon tribunal et s'est livré à plusieurs actions criminelles. Il a porté une accusation non fondée et attentatoire au bon droit de l'émir Taylakhân. Ensuite, quand les témoins se sont présentés, son palefrenier Otmân les a subornés pour qu'ils portent un faux témoignage. Après quoi Baïbars s'est livré à des voies de fait sur la personne de Taylakhân – un vizir – et l'a cruellement frappé ; il a défoncé la porte de la prison, libéré le prisonnier et, alors que je m'apprêtais à reprendre l'interrogatoire des témoins, il m'a frappé à mon tour, m'infligeant un outrage public et proclamant ma sentence nulle et non avenue, au plus grand mépris de la Loi. Enfin, Otmân s'est jeté sur nous, brandissant son gourdin et proférant des menaces, et il a saccagé les livres et les registres du tribunal. Nous nous sommes enfuis en courant comme des forcenés [le cadi en remettait tant qu'il pouvait, tellement il était monté contre Baïbars] jusque chez le juge des armées, Son Excellence, notre seigneur et maître le cheikh Mohammad *efendi* ; celui-ci nous a dit que c'était par ta seigneurie en personne que cette affaire devait être instruite. Voilà pourquoi nous sommes ici.

— Sus, pour l'honneur de Dieu ! s'écria le cadi. Il y a blasphème et profanation de la Loi. Comment ! Baïbars a proclamé que la Loi était nulle, il a frappé le vizir et le cadi, et fracturé la porte de la prison ! Des menées aussi criminelles méritent un châtiment exemplaire : en agissant comme il l'a fait, Baïbars s'est proclamé lui-même hérétique et apostat[16], car il a ouvertement enfreint la Loi, outragé les juges chargés de l'appliquer et méprisé l'autorité du Commandeur des croyants.

Il réclama donc contre lui la peine coranique, afin qu'il soit déclaré apostat et que sa mise à mort devienne une obligation pour la Communauté. Aussitôt, il envoya fermer les tribunaux et les mosquées, et convoqua les hommes de religion et les descendants du Prophète. Bref, il envenima si bien l'affaire qu'elle finit par prendre vraiment mauvaise tournure : la ville, au bord de l'émeute, bourdonnait comme une carcasse d'animal mort. Ah quelle journée ! Dieu nous préserve d'en connaître une pareille !

Cependant, le cheikh Mohammad Ibn Daqiq El-Id était scandalisé par la tournure que prenaient les événements. Il avait un rang élevé parmi les hommes de Dieu. C'était l'un de ces saints personnages qui percent les secrets que cèlent les apparences et à qui il suffit de lever les yeux au ciel pour que leurs vœux s'accomplissent ; mais pouvait-il régler cette affaire autrement que par des voies légales ?

— Taylakhân, dit-il, il faut envoyer sur-le-champ chercher ce Baïbars, que vous accusez des pires forfaits, et reprendre le procès devant moi, afin que j'examine le différend qui t'oppose à Saylakhân et que vous fassiez à nouveau venir vos témoins ; mais à une condition : que vous renonciez à toute manœuvre frauduleuse l'un contre l'autre. Une fois que cette affaire sera réglée, le cadi portera sa plainte contre Baïbars, ce qui constitue une affaire différente, et nous le condamnerons cette fois-ci conformément à la Loi.

— A tes ordres, répondirent les autres qui ne pouvaient, évidemment, s'opposer à un tel avis.

— En ce cas, envoyez donc chercher Baïbars.

— Eh, que dis-tu là, notre maître ? intervint le cadi en se tortillant sur son siège. Qui donc aurait l'audace d'aller chercher ce Baïbars, un homme qui a osé attaquer le tribunal, frapper les représentants de la Loi et fracturer la porte de la prison ? Surtout s'il est accompagné d'Otmân, la plus fieffée canaille de tout Le Caire. Celui qui ira le chercher mettra sa vie en péril.

— Et alors, que faire ?

— C'est un renégat, c'est tous ensemble qu'il faut aller le chercher, en criant : "Vengeons l'honneur de Dieu ! Où est celui qui a porté atteinte à la religion ?" Toute la Communauté de Muhammad nous suivra, elle qui n'a jamais été unanime dans l'erreur, et nous l'exécuterons sur place.

— Si nous procédons ainsi, dit le cheikh Mohammad, j'ai bien peur que le roi nous accuse de soulever la populace.

— Cela n'est pas de son ressort. Nous sommes les juges et c'est à nous qu'il appartient de défendre la Loi sainte. Les rois ont pouvoir sur les humains, mais les hommes de religion ont pouvoir sur les rois.

— Non, cela ne sera pas ! C'est en me fondant sur des faits avérés que je rendrai mon jugement. Pour commencer, je vais lui envoyer une convocation à se présenter devant nous pour y être jugé. S'il vient, nous le jugerons, s'il ne vient pas, eh bien, je sais ce que j'ai à faire.

— Mais personne n'osera aller chez lui !

— C'est ce que nous verrons.

Il écrivit un billet qu'il envoya porter à Baïbars par un jeune page qui vivait chez lui, un petit garçon d'une dizaine d'années. L'enfant se rendit à la demeure de Najm El-Dîn et remit le billet à Baïbars qui lut : "Tu es convoqué auprès du juge des armées chez qui tous les cadis sont réunis pour le procès. Mets-toi en route dès réception de cette lettre ; surtout ne tarde pas, car tu es en danger." Il porta la missive à ses lèvres, puis à son front, et se leva en disant : "J'entends et j'obéis." "Eh, dis, soldat, qu'est-ce qui se passe ?" lui demanda Otmân. Quand Baïbars l'eut mis au courant, il lui dit :

— Vas-y pas ! Le cadi peau d'gland avec sa bande, y t'ont monté un guet-apens et y vont t'bousiller.

— Non, ce n'est pas possible, je suis obligé d'y aller. De toute façon, rien ne peut m'arriver que ce que Dieu a écrit.

— Bon, ben si tu peux pas y couper, attends un peu ; j'vais rameuter les braves, les truands, les fils de Haydab, les fils de Khunfus et les fils de Rihân, et les gars de Remeileh et de Qaramidân[17]. On déboulera avec nos gourdins et si y en a un qui t'dit un mot de travers, on y éclatera la prunelle des yeux et on chiera sur ses ancêtres.

— Imbécile, on est déjà dans le pétrin et tu voudrais nous y enfoncer davantage ! Par Dieu, tu ne viendras pas.

— Eh l'ami, vas-y doucement avec tes serments ! Maintenant, t'es cuit, j'te reverrai plus. Ah, soldat, par le Prophète, c'est la catastrophe ! Que le bon

Dieu te vienne en aide. Ah, pauvre Otmân, te v'là orphelin ! dit-il en fondant en larmes.

— Ecoute, Otmân, si j'ai mérité la mort selon la Loi, eh bien tant pis, je mourrai en punition de ma faute. Mais toi, pas question que tu viennes avec moi. Tu vas encore provoquer un esclandre, chercher la bagarre, ça va dégénérer en émeute, et tout me retombera sur le dos !

Après avoir formellement interdit à Otmân de sortir, Baïbars prit avec lui Saylakhân et les témoins, et s'en fut chez le cadi des armées. Pendant ce temps, le cadi Salâh El-Dîn avait échafaudé un plan avec les juges et leurs assesseurs : chacun prendrait une trique et, quand le procès opposant Saylakhân à Taylakhân serait terminé, il s'adresserait à Baïbars et porterait son accusation contre lui. A l'instant même où il dirait : "Maraud, tu mérites la mort", ils se jetteraient tous sur lui et le bâtonneraient à mort.

Mais le cadi des armées était, évidemment, décidé à faire échouer ce projet. Aussi lorsqu'il estima, au jugé, que Baïbars ne devait plus être loin, il se leva sans prévenir. Toute l'assistance en fit autant, mais il les arrêta : "Non, non, restez assis, frères, ne vous dérangez pas, j'ai quelque chose à faire", et personne ne se hasarda à le suivre. Il sortit du palais et se mit à faire les cent pas en attendant Baïbars, qui finit par arriver, accompagné en tout et pour tout de Saylakhân et des témoins. Quand il aperçut le cheikh Mohammad, il courut lui baiser la main.

— La volonté de Dieu s'est accomplie… Puisse-t-Il te récompenser de ta peine ! Eh bien, mon fils, qu'est-ce que c'est que cette histoire ? Mon Dieu, mon Dieu, comment un garçon aussi intelligent que toi a-t-il pu commettre de telles bêtises ?

— *Efendem*, je n'ai pas dévié le moins du monde de la Loi, à Dieu ne plaise ! Mais tout le monde s'est ligué contre moi. Ecoute donc ma version des faits.

Il lui rapporta fidèlement toute l'affaire.

— Si les choses se sont vraiment passées ainsi, tu es dans ton droit, et la cause est entendue.

— Oui, c'est exactement comme ça que ça s'est passé.

— En ce cas, que Dieu te vienne en aide contre tes ennemis ! Je vais entrer le premier ; toi, tu vas rester un peu ici, le temps de réciter la *Fâtiha*[18] pour le Seigneur des envoyés, et puis, tu entreras plaider ta cause. Je ne te cache pas que ton cas est grave et que tu es en danger… mais ne crains rien, entre avec la bénédiction de Dieu. Dans les moments les plus difficiles, c'est de Lui que vient la délivrance.

Le juge des armées s'en fut alors rejoindre les autres ; toute l'assistance se leva à nouveau pendant qu'il rejoignait sa place. Le cadi Salâh El-Dîn avait parfaitement compris de quoi il retournait, mais il garda le silence, confiant dans l'issue de cette affaire : n'avait-il pas pris toutes les dispositions nécessaires pour que Baïbars ne sorte pas vivant ?

Le garçon qui avait porté la missive à Baïbars revint. "L'as-tu amené ? demanda le cheikh Mohammad. – Oui, il est là dehors. – Qu'il entre !" Baïbars entra, le cœur impavide, méprisant la mort ; il salua gracieusement l'assemblée et se tint debout, les bras poliment croisés.

— Mon fils, dit le juge des armées, qu'as-tu fait ? Pourquoi as-tu commis cette agression ? Ne sais-tu pas que la Loi est au-dessus des rois eux-mêmes ?

— *Efendem*, je n'ai agressé personne ; je supplie ta seigneurie d'écouter l'exposé du différend, afin de départager équitablement les torts.

— Expose donc ta cause.

— Je demande que mon adversaire vienne se mettre debout à côté de moi, pour qu'il y ait débat contradictoire.

— Ah, l'audacieuse canaille ! glissa le cadi Salâh El-Dîn à l'oreille du cadi des armées. Vois un peu : il ne craint pas de porter atteinte à la dignité d'un vizir, et exige qu'il se mette debout devant lui. En voilà assez, Baïbars ! Tu es un criminel, et il y a contre toi des accusations très graves : tu as frappé le cadi, proclamé que sa sentence était nulle et non avenue et tu as démoli la porte de la prison. Réglons d'abord cette affaire : ensuite tu pourras à nouveau porter plainte. [Son but était d'accabler Baïbars dès l'ouverture du procès.]

— Non, cadi Salâh, dit le juge des armées. J'ai envoyé chercher Baïbars pour instruire d'abord l'affaire de cet homme qu'on a jeté en prison et qui se dit lésé. Allons Taylakhân, mets-toi debout au côté de ton adversaire et plaidez tous deux votre cause une seconde fois. Ecoutons d'abord la déposition des témoins.

On fit entrer les témoins, les fumeurs de haschisch, qui confirmèrent que Taylakhân les avait soudoyés en leur donnant à chacun dix dinars et un habit neuf pour qu'ils témoignent contre Saylakhân et que celui-ci soit jeté en prison ; ils ajoutèrent que, cette fois encore, il les avait tirés de leur fumerie et avait tenté de les suborner de la même manière. Il apparut donc clairement que c'était Baïbars qui avait raison ; Taylakhân avait perdu la face. Baïbars reprit la parole :

— Peut-on admettre, demanda-t-il, que ce pauvre homme ait été maintenu en prison une année entière, que sa femme et ses filles aient été réduites à la mendicité et que son adversaire puisse à sa guise porter atteinte au droit des serviteurs de Dieu ?

— Vous mentez, toi et les témoins, dit Taylakhân. Je ne leur ai rien donné et ils n'ont pas porté de faux témoignages, mais c'est par peur d'Otmân qu'ils sont revenus sur leur déposition.

— Celui qui craint Dieu, dit le cadi Daqiq El-Id, témoigne de la vérité sans avoir peur de personne[19].

— Taylakhân, as-tu d'autres témoins ? demanda le cadi Salâh El-Dîn.

— Oui.

— Eh bien, fais-les venir !

Il amena deux nouveaux témoins ; mais le juge des armées leur fit subir un interrogatoire serré, leur posa mille questions, leur tendit des pièges, si bien qu'ils finirent par se couper. Dès lors, il ne restait plus qu'à trancher en faveur de Baïbars.

— Pour cette affaire, tu triomphes, Baïbars, dit le cadi Salâh El-Dîn, mais, en admettant qu'il ait fait ce qu'on lui impute, tu n'avais pas pour autant le droit de porter la main sur lui. C'est un vizir, il est d'un âge respectable et tu n'es pas digne d'être son fils, tu n'es même pas digne d'être son serviteur. En admettant qu'il ait enfreint la Loi, c'est à la Loi de le punir, il y a des tribunaux pour ça. De plus, tu affirmes nulle et non avenue la sentence du cadi qui n'avait fait que se conformer à la Loi ; par conséquent, tu es coupable de blasphème contre la Loi et d'apostasie. Et, non content de cela, tu as encore eu l'audace de fracturer la porte de la prison et de porter la main sur les fonctionnaires du tribunal. Je décide solennellement que tu dois être mis à mort ; seul un signe du Seigneur des cieux et de la terre pourrait me faire changer d'avis.

Le cadi des armées aurait bien voulu s'interposer ; mais pouvait-il s'écarter de la Loi ? Quant à Baïbars, sous cette cascade d'accusations, il demeurait interdit.

Alors toute l'assistance se leva, s'apprêtant à le faire périr sous le bâton, quand soudain une voix immense s'éleva, pareille à un coup de tonnerre : “Pour l'honneur de Dieu !” criait-elle. Et aussitôt, trois derviches firent irruption dans la pièce. Stupéfaite, l'assistance se tourna vers eux : c'étaient le roi El-Sâleh, le vizir Châhîn et le vizir Najm El-Dîn !

Comme le conseil ne siégeait pas ce jour-là, le roi n'avait pas été informé de ce qui se tramait. Les deux vizirs se trouvaient chez lui quand soudain il fut ravi en extase et s'écria : "C'est Dieu, le Seigneur des mondes, qui rétribuera les prévaricateurs ! Cela ne te réussira pas ! Hé, Hâjj Châhîn, le héros ne peut ni marcher ni parler. Dieu te maudisse, tu n'as point assez tenté de faire triompher l'injustice sur le droit[20] ? Par le Dieu très-haut, cela ne sera pas." Châhîn, qui était accoutumé aux états mystiques du roi, se borna à répondre : "Assurément, *efendem*, que Dieu te donne longue vie. – Châhîn, reprit le roi, quelque chose m'angoisse. Viens, allons faire un tour, avec la bénédiction de Dieu. Nous verrons bien quel est celui qui a porté tort à son prochain et quel est celui dont le bon droit a été bafoué. Cela vaudra mieux que de rester ici à nous tourner les pouces comme des forgerons sans charbon."

Ils gagnèrent la salle de l'Abandon à Dieu[21], se défirent de leurs habits et se déguisèrent en derviches. A peine sortis, ils se rendirent compte que la ville était en émoi. Ils virent que les portes des mosquées et des tribunaux étaient closes et que les gens palabraient de tous les côtés. "Grand Dieu, Hâjj Châhîn, qu'est-ce que cette agitation ? Qu'est-ce qui leur prend à tous ces gens ? Que s'est-il produit, par l'ordre du Dieu unique ? Va vite t'informer !" Châhîn alla aux nouvelles et vint rapporter au roi ce qui était arrivé à Baïbars. "Châhîn, mon fils Baïbars n'est pas homme à porter de fausses accusations. Allons vite voir où en est ce procès, avant qu'on le mette à mort." Ils se rendirent tous trois chez le cadi Ibn Daqiq El-Id et arrivèrent comme nous l'avons dit.

"Dieu, ô Eternel, ô Détenteur de toutes choses !" s'écria le roi en gagnant la place d'honneur. Tous se levèrent et firent acte d'allégeance tandis que le cadi souffrait mille morts, tout dépité qu'il était de voir survenir le roi. Celui-ci gagna sa place et s'assit, entouré de ses deux vizirs. "Eh bien, dit le roi, expliquez-moi un peu ce procès, que je le tire au clair. – *Efendem*, répondirent-ils, Baïbars a fait telle et telle chose." Et ils lui donnèrent leur version des événements. Le roi interrogea ensuite Baïbars qui rapporta, en toute franchise, ce qui s'était réellement passé.

— Châtiment pour les prévaricateurs, ô Seigneur des mondes ! s'écria le roi. Comment, grosses panses, affameurs du peuple ! Vous condamnez mon fils Baïbars à mort comme apostat et rebelle, alors qu'il n'a pas encore atteint l'âge d'homme ! Ah çà, mes maîtres, suis-je encore roi dans ce pays ? Il semblerait que non, à vous voir ainsi juger des procès, tenir des assemblées, ordonner, trancher et décider de tout à votre guise sans daigner m'en avertir !

— Sire, répondit le cadi Salâh El-Dîn, nous savons qu'aujourd'hui, où il y a vacance du conseil, Ta Majesté est plongée dans la lecture des livres de piété ; nous n'avons donc pas cru bon de la déranger et de troubler sa quiétude…

— Dieu rétribuera les prévaricateurs ! Ce qui se passe aujourd'hui n'arrivera pas demain. Aujourd'hui, dispersez-vous, et demain, venez tous au conseil, vous et votre troupe. Si mon fils Baïbars s'avère coupable, je lui infligerai le châtiment légal de mes propres mains.

— Sur ma tête et mon œil, j'entends et j'obéis, dirent-ils tous d'une seule voix.

Chacun partit vaquer à ses affaires. Baïbars emmena Saylakhân et les témoins au palais de Najm El-Dîn. Le cadi, qui avait été si près d'arriver à ses fins, faillit crever de rage. La bouchée avait été bien près de ses lèvres, mais le roi El-Sâleh l'avait écartée. "Dieu te fasse périr de male mort, pauvre fou, roi sans cervelle !"

Le lendemain, le roi se rendit au conseil ; les grands et les dignitaires du royaume prirent place autour de lui. Les cadis arrivèrent ainsi que le *Cheikh El-Islam*[22], le cadi des armées, Baïbars, Taylakhân et Saylakhân… et le procès reprit en présence du roi.

— C'est Dieu qui rétribuera les prévaricateurs, Lui le Seigneur des mondes ! Emir Taylakhân, t'était-il permis d'emprisonner mon cousin une année entière sans m'en informer ? C'est là un abus de pouvoir caractérisé ! Comment as-tu pu agir ainsi, au mépris de la Loi du Seigneur ? Tu dois être châtié et c'est Baïbars qui est dans son droit.

— Pour cette affaire-là, intervint le cadi, la cause est entendue. Mais peut-on tolérer que Baïbars ait porté la main sur son adversaire et sur le cadi, fracturé la porte de la prison et proclamé nulle une sentence légalement rendue, commettant ainsi un sacrilège envers la Loi ?

— Cadi, lorsque mon fils Baïbars a proclamé nulle cette sentence, il était déjà avéré que celle-ci était basée sur une accusation mensongère et fondée sur de faux témoignages. En la proclamant nulle, il ne faisait que dire la plus stricte vérité, et cela ne peut lui être reproché. Restent les voies de fait ; or, s'il a porté la main sur toi, cadi, c'est dans la mesure où, lors même que tu avais la vérité sous les yeux, tu refusais de l'admettre. Comment, en de telles conditions, pourrait-on le condamner pour apostasie ? Bien au contraire, c'est lui qui a fait apparaître la vérité ! Qu'en dis-tu, toi, cadi Mohammad Ibn Daqiq El-Id ?

— *Efendem*, l'homme de loi se fonde sur ce qu'il voit et Dieu seul connaît les secrets des cœurs. Non seulement Baïbars n'a pas commis de faute, mais il a bien agi et fait triompher le droit et la justice.

Voyant comment tournait le vent, le cadi que Baïbars avait frappé se hâta de déclarer qu'il le tenait quitte ; dès lors, il ne restait plus aucun chef d'accusation contre lui.

— Et maintenant, dit le roi, il nous faut châtier Taylakhân pour le tort qu'il a causé à mon cousin.

— *Amân*[23], *efendem !* répondit le cheikh Mohammad. Sa culpabilité est établie, et c'est à toi qu'il revient de fixer la peine qu'il mérite.

— Eh bien, je délègue mes pouvoirs à mon fils Baïbars : qu'il prenne la décision qui lui paraîtra bonne, il est libre. Allez mon garçon, prononce ta sentence.

A ces mots, les ennemis de Baïbars crurent périr de male rage. Et de fait, c'était un événement sans précédent. Imaginez un peu, un roi qui délègue son autorité à un tout jeune homme, presque un enfant, en plein conseil, et à l'encontre d'un vizir ! Aïbak surtout pestait dans sa barbe : "*Allah bela versin*[24] *!* Cadi, tu vois dans ton œil ! *Echta* le roi il aimer Baïbarsak et lui donner son succession. Tout ça à cause les yeux noirs et les joues roses il meurt de l'amour : toutes les nuits dans les bras il couche avec !" Et tous les ennemis de Baïbars de colporter ce vilain ragot.

Quant à Baïbars, il était bien embarrassé de se voir ainsi confier le soin de trancher cette affaire à la place du roi. Il s'agissait d'un personnage important du conseil, à peine inférieur à Aïbak : pouvait-il le faire jeter en prison ou le condamner à l'exil comme le premier venu ? Il s'inclina profondément et prit la parole.

— *Efendem*, le fait est que Taylakhân a lésé ton cousin et l'a fait jeter en prison au mépris du droit, mais il vaut mieux, me semble-t-il, lui pardonner, car celui qui pardonne à son ennemi alors qu'il aurait la possibilité de se venger trouvera sa récompense devant Dieu, le Moteur de toute chose. Ton cousin ne perçoit-il pas des appointements mensuels ?

— Bien sûr que si, par la gloire de Dieu, chaque mois il touche une somme fixe.

— Je prie ta haute bienveillance d'ordonner, avant tout, au *khazindar*[25] de lui verser sur l'heure son traitement, car il n'a plus un sou.

— Dieu, ô Eternel ! Mais dis-moi, Hâjj Châhîn, mon frère, pourquoi ne l'a-t-il pas perçu ?

— Pardonne-moi, *efendem*, je l'ignore, répondit ce dernier.

Il envoya chercher le *khazindar* qui avoua : "Toutes les fois que je voulais verser son traitement à la femme du prisonnier, Taylakhân s'interposait et menaçait de me faire exécuter." On fit donc le compte. Le total de son traitement mensuel sur un an se montait à dix bourses qui lui furent versées aussitôt. Baïbars reprit la parole : "Taylakhân est condamné à verser quatre fois ce montant à Saylakhân, à titre d'indemnisation pour la période passée en prison et le préjudice moral. Dès l'exécution de cette sentence, Saylakhân sera tenu d'accorder son pardon à Taylakhân attendu que pardon vaut mieux que bénéfice et que toutes choses ont été décrétées par Dieu, de toute éternité. Qu'en dis-tu Taylakhân ? – Trop volontiers je donne, de mon œil droit à mon œil gauche." Mais il lui en cuisait, car on tient à son argent comme à sa propre vie, et quarante bourses, en ce temps-là, ce n'était pas rien !

Ensuite, l'émir Baïbars s'inclina et reprit la parole : "*Efendem*, nous prions ta haute miséricorde de bien vouloir considérer tous les musulmans comme des membres égaux d'un même corps, qu'ils soient kurdes ou turkmènes, bédouins ou citadins, quel que soit leur poste dans l'armée ou le conseil. Commandeur des croyants ! Parlant au nom de Taylakhân, je viens maintenant demander à Saylakhân la main de sa fille ; puisse-t-il m'épargner l'humiliation d'un refus."

Saylakhân, le père de la jeune fille, avait pu se pénétrer de la sagesse de Baïbars ; en outre, celui-ci l'avait sorti de prison, et lui avait fait obtenir une grosse somme d'argent. Dès que Baïbars eut formulé cette demande, il courut l'embrasser sur le front en signe qu'il acceptait. Taylakhân fit de même ; il ne se tenait plus de joie. Baïbars aurait pu lui prendre toute sa fortune, il s'en serait soucié comme d'une guigne ! "*Amân efendem oghlan*, disait l'un, comme tu veux je fais, moi serviteur à toi ! – Et aussi moi, ajoutait l'autre, serviteur et obligé à toi ! Je pardonne coups de bâton et je fais confiance pour tout, toi mon maître." Et tous deux de reprendre en chœur les louanges de Baïbars : "Maintenant toujours écouter tes conseils, très bien, très sage ! *Vallahi billahi*, nous très contents ! Qu'est-ce que c'est ça, *ya ho vallah*, mais pas croire Baïbars comme ça, bon cœur, intelligent, lui bonne famille !"

Pendant ce temps, le roi El-Sâleh contemplait la scène avec un large sourire ; il ne se tenait plus de joie et nageait littéralement dans le bonheur :

— *Mâ châ Allah*[26], Baïbars ! s'écria-t-il. Prions sur le Prophète ! Regarde, cadi, comment mon fils sait rendre la justice. N'a-t-il pas réussi à satisfaire les deux parties, malgré l'hostilité qui les déchirait ? N'a-t-il pas fait paître le loup avec les brebis ? Par le Dieu tout-puissant, il est bien digne de régner sur l'Egypte. Gloire à Celui qui lui a accordé de tels dons !

— Bien sûr, ô grand roi, répondit le cadi, les tripes tordues par le dépit et la colère, j'en témoigne, c'est notre fils bienheureux.

— Que l'on rédige donc le contrat de mariage, avec les bénédictions divines !

Cela fut fait, après la cérémonie des fiançailles et le versement de la dot. Tout le monde était content de son sort à l'issue de ce procès qui avait définitivement réglé le différend entre les deux parties et les avait réconciliées. Les ennemis de Baïbars n'en furent que plus dépités.

— Baïbars, dit le roi, il reste tout de même quelque chose de bizarre dans cette affaire : lorsque tout cela est arrivé, pourquoi la femme et les filles de Saylakhân n'ont-elles pas déposé une requête au conseil ? Qu'est-ce qui les en a empêchées, pendant tout ce temps ? Par la gloire de Dieu, je n'étais quand même pas en voyage ! Comment se peut-il qu'on en soit arrivé là ?

— *Efendem*, je leur ai posé la question : apparemment elles ont rédigé et présenté dix-huit placets, qui sont tous restés sans réponse.

— Qu'on fasse donc venir le secrétaire aux placets !

Il arriva, s'inclina devant le roi. “Alors, tu as reçu ces placets, oui ou non ?” lui demanda le roi. L'autre garda un silence embarrassé. “Qu’on amène le coffre aux archives”, suggéra alors Baïbars. On y trouva toutes les requêtes présentées par la femme de Saylakhân.

— Alors, grosse panse, pourquoi as-tu dissimulé ces requêtes ? Tu ne crains donc pas Dieu ? Ou bien tu voulais laisser mon cousin mourir en prison ?

— O roi, c’est l’émir Taylakhân qui m’en empêchait. Il me terrorisait en me disant que si je transmettais les requêtes il me ferait mettre à mort.

— Est-ce que c’est une excuse, misérable ? s’écria le roi. Tu as peur des créatures comme toi, et tu ne crains pas le Créateur ? Je devrais te mettre à mort, mais je me bornerai à te couper les vivres ; pour toi, ce sera un châtiment encore pire. Qu’on le chasse ! Il a trahi, il n’existe plus pour moi.

On le chassa du conseil. “Qu’on amène un manteau d’apparat, avec les bénédictions de Dieu, dit alors le roi, et qu’on le jette sur les épaules de Baïbars !” On apporta le *qafatan aghasi*[27] et on en couvrit Baïbars. “Qu’il soit béni ! s’écria l’assistance. Quel est son titre ? Quel est son titre ? – Secrétaire aux placets.” Ils le félicitèrent.

Sur l’ordre du roi, les juges et les hommes de religion se retirèrent, bien étonnés du bonheur de Baïbars. Les faux témoins, les fumeurs de haschisch, en profitèrent pour s’éclipser discrètement ; mais Otmân les attendait à la sortie.

— Hep, les gars, v’nez voir un peu par ici ! leur dit-il.

— Pitié, Otmân !

— Pas d'rouspétance ! Envoyez les frusques de Taylakhân et aboulez le fric !

Ils se jetèrent à ses pieds et se mirent à le supplier.

— Qu'est c'que vous aimez mieux, bande de cocus ? Mourir habillés, ou rester vivants à poil ?

— Non, Otmân, vaut mieux être vivant que mort.

— Ben alors, aboulez les frusques et le flouze ou j'vous tords le colbac.

Il s'avança en faisant tournoyer son gourdin. "On te les donne, on te les donne, pour l'honneur du Prophète, ô Fleur des Truands." Ils se dévêtirent, lui donnèrent les pièces d'or, tournèrent les talons et prirent la poudre d'escampette, tout étonnés d'être encore en vie.

Quant à Baïbars, avec cette nouvelle fonction, il cumulait deux charges au conseil. Châhîn rédigea un second firman que le roi honora de son sceau et de son paraphe. Ceux qui aimaient Baïbars s'en réjouirent et ses envieux l'en jalousèrent encore davantage. Il attendit la fin de la séance du conseil et sortit vêtu de l'habit d'apparat, insigne de sa charge.

— Ah ben bravo ! lui cria Otmân en l'apercevant. Te v'là encafetané, comme qui dirait que t'es dev'nu chef de hameau[28] !

— Pourquoi ramènes-tu toujours cette histoire de chef de hameau ?

— Ben alors quoi c'est qu't'es dev'nu ?

— Secrétaire aux placets.

— Ben ça alors ! On est fier, on bombe le torse, y a pas plus fort que nous, sauf notre Seigneur. Désormais, j'piquerai plus les manteaux l'vendredi à la sortie d'la mosquée[29] !

On amena son cheval à Baïbars, qui riait encore des facéties d'Otmân : il sauta en selle et se mit en route, accompagné des mamelouks. Otmân faisait tournoyer son bâton, le mettait sur son épaule en criant : "A droite, à gauche, laissez passer le soldat Nénars, que Dieu le garde !"

Arrivé au palais de Najm El-Dîn, Baïbars s'en fut s'asseoir dans la salle de réception, tout joyeux et rempli de reconnaissance envers Dieu, l'Absoluteur souverain. Tous les nobles et les grands du royaume vinrent le féliciter, en compagnie de Najm El-Dîn, à l'exception d'Aïbak et du cadi.

Putain de justice !

Le lendemain, Baïbars n'était pas plus tôt levé qu'il vit entrer Otmân, chargé de son attirail de palefrenier : étrille, brosse, balayette ; il jeta le tout à ses pieds en s'écriant : "Salaud à vue, soldat ! récite avec moi la *Fâtiha*, dédie-la au Prophète, l'ami, et après ça, t'entendras que du bien." L'émir Baïbars récita donc la *Fâtiha* et la dédia au Seigneur des envoyés.

— Dis : "par le Très-Loué, le Très-Saint".

— Qu'est-ce que c'est encore que cette histoire ?

— Allez, allez, l'ami, dis toujours, tu pigeras après.

— Bon, comme tu veux. Par le Très-Loué, le Très-Saint.

— J'travaille pas pour des coups de poing ! J'démissionne, l'ami !

— Allons, allons, je n'attendais pas cela de ta part, Otmân, n'es-tu pas mon frère par le pacte de Dieu ?

— Ouais, j'suis ton frère, mais j'veux plus travailler pour toi, tu vas pas m'forcer ?

— Il y a sûrement une raison…

— T'arrêtes pas de prendre du galon, mais pour moi, c'est toujours du pareil au même.

— Comment ça ?

— Regarde de tes yeux, écoute de tes oreilles. Par ici mes gars !

Les truands accoururent.

— Viens, Fils de la Grande[30], dis-moi qui j'suis.

— Ben tiens, t'es l'*osta* Otmân.

— C'est tout ?

— Ben… T'es aussi le fils de la Grosse[31].

— Ben voyons. Viens, Moitié du Monde, dis-moi, qui j'suis ?

— Mais, t'es l'*osta* Otmân.

— Allez, Grosse Tête, dis-moi qui j'suis.

— Otmân.

Il passa ainsi en revue les quarante truands devant Baïbars qui se demandait bien où il voulait en venir. Chacun lui répondait qu'il était l'*osta* Otmân, le fils de la Grosse.

— D'accord, j'suis l'*osta* Otmân, ma mère c'est la Grosse, c'est toujours bonnet blanc et blanc bonnet, mais toi, t'es le soldat Nénars, t'es secrétaire aux placets, t'es *chaouich alam*, t'es chef de district de Banha El-Asal, fermier du sucre de Boulâq[32], agha de la voirie[33], et moi je reste toujours Otmân, ni plus ni moins. L'ami, c'est comme ça qu'elle avait dit la Dame, la Hassîbeh[34] ?

— Eh bien, qu'est-ce qu'elle avait dit alors ?

— Ben tiens, l'ami, y a qu'toi qui deviens une grosse légume, mais c'qu'elle avait dit, la Dame, c'est qu'on allait devenir des grosses légumes tous les deux, qu'y aurait pas plus fort que nous, excepté not' Seigneur, mézigue et tézigue.

— Oui, et alors ?

— L'ami, moi j'te connais d'puis qu't'as mis les pieds au Caire. T'avais pas le rond, c'était dupouilleux et compagnie, t'allais chez le cadi Yahya, le père de Karîm El-Dîn, boire du jus de réglisse à l'œil, t'avais rien que deux copains, les cheikhs Taqtaq et Toqetiq[35]. L'ami, rappelle-toi quand tu t'es retrouvé mamelouk chez l'boss Sâleh, qu'tu t'es fait encaserner et qu't'avais qu'du bouillon frichti. J'suis v'nu, j'ai vu qu't'allais crever de faim et alors, j'allais vendre le coton qu'ma vioque elle me filait pour t'acheter à bouffer. Toutes les fois qu'ma mère faisait l'aumône pour l'âme de mon père, j'récupérais le fric et j'te l'ramenais[36]. Et à c't'heure, t'es dev'nu une grosse légume et tu reconnais plus ton frère l'*osta* Otmân.

— Tu me fais honte devant tout le monde !

— Eh, j'te dis les choses comme elles sont, l'ami.

— Bon, finalement, à quoi veux-tu en venir avec toutes ces récriminations ?

— T'es dev'nu secrétaire aux placets, alors moi aussi, faut que j'devienne secrétaire aux placets.

— Mais c'est impossible ! Ça relève du roi, c'est une fonction officielle décernée par firman ! Je ne peux pas te la déléguer, le roi me ferait mettre à mort.

— J'comprends, j'comprends, l'ami, mais c'est pas c'que j'disais.

— Mais qu'est-ce que tu veux alors ?

— Tu me nommes secrétaire en second. Je resterai à la porte, et si quelqu'un se pointe pour déposer un placet, c'est moi qui te l'amènerai, et pis voilà.

— Bon, ça c'est facile.

Baïbars sortit son vieux manteau d'agha de la voirie, le passa à Otmân en disant : “Je te nomme secrétaire aux placets. – Dans mes bras, au poil, super, nous v'là frères à c't'heure !” disait Otmân, au comble du bonheur.

Ils passèrent une nuit calme et sereine. Au point du jour, Baïbars fit la prière de l'aube, termina par les invocations, déjeuna et rendit grâce au Créateur ; après quoi il fit seller son cheval par Otmân et ils partirent tous les deux pour la Citadelle. Baïbars entra au conseil, et Otmân revint au palais de Najm El-Dîn. Il se rendit ensuite à la mosquée de la rue de la Husseiniyyeh et entra dans la cellule du cheikh Toqetiq[37].

— Salaud à vue, mon pote !

— Que sur toi aussi soit le salut, avec la miséricorde de Dieu et Ses bénédictions ! Toutes mes salutations, *osta* Otmân !

— L'ami, j'viens te d'mander un service.

— Bien volontiers, Fleur des Truands du Caire ! Je suis à ton entière disposition, que veux-tu ?

— Donne-moi ce coffre et file-moi ton galurin !

— Mais pourquoi donc ?

— J'en ai b'soin une semaine, c'est tout, après, j'te les ramène.

Il ôta son *qawouq*[38] et le lui donna, ainsi que le coffre ; Otmân prit le tout, revint au palais et se rendit aux écuries. Il en sortit une mule boiteuse, qui se traînait sur trois pattes, et lui mit une selle égyptienne sur le dos, prit un garrot à bastonnade et un bâton et se mit à rameuter ses braves.

— Eh, les gars, c'est moi l'*osta* Otmân. A c't'heure me v'là secrétaire aux placets en second, par la grâce de Dieu, pourquoi qu'vous dites pas *"Mâ châ Allah"*, bande de cocus ?

— *Mâ châ Allah*, Otmân, que les prières soient sur le Prophète, ô Fleur des Truands du Caire !

— Vous jaspinez un peu turco ?

— Ben, pour ça, non, par Dieu !

— Bon, ben j'vais vous apprendre.

— On d'mande que ça.

— Quand j'vous dirai *tutmuch*, ça voudra dire "empoignez le bonhomme" et quand je vous dirai *chafa*[39], ça voudra dire "étendez-le et passez-le à tabac".

— Sur la tête et l'œil, répondirent-ils.

Il rassembla une natte, un tapis, un matelas, un grand pouf et le coffre qu'il confia à l'un de ses braves, puis il se coiffa du *qawouq* du cheikh ; comme il avait une toute petite tête et que le *qawouq* était très grand, il lui descendait jusqu'aux sourcils. Ensuite, il enfila le vieux cafetan, en boutonnant bien le col jusqu'en haut, de sorte qu'on ne lui voyait plus que le tour des yeux et le bout du nez. En guise de grand turban, il prit un vieux dessus-de-lit et l'enroula autour du *qawouq* : il était drôlement enturbanné ! Ainsi accoutré, il monta sur sa mule, en criant à Moitié du Monde et à Grosse Tête d'étayer le tout de leur bâton, à gauche et à droite : cela faisait un tel ballot de linge qu'il aurait risqué de le perdre à peine monté en selle.

Il dit aux truands de mettre leurs gourdins sur l'épaule et de l'escorter, vingt à droite et vingt à gauche, et sortit du palais en grande pompe, sans oublier la natte, le coffre, le matelas, le pouf, le bâton et le garrot. La mule traînait la patte, Otmân, juché sur son dos, frétillait d'aise, et l'on pouvait voir son turban osciller d'avant en arrière. Les badauds contemplaient le spectacle en se tenant les côtes. Les truands faisaient dégager la voie et le Fils de la Grande criait : "Debout, les gars ! Saluez le secrétaire aux placets !" Ils finirent par gagner le souk. Tout le monde se leva car personne n'avait jamais vu un tel équipage.

— Qui cela peut-il bien être, Hâjj Hasan ?

— A ce qui semble, Hâjj Maarouf, ce doit être le juge des poubelles.

— Stop, les gars, cria Otmân, qui l'avait entendu, amenez-moi ce gus !

Il enleva son *qawouq* et l'autre le reconnut.

— T'y disais quoi à ton voisin ?

— Pitié, *osta* Otmân !

— Eh, maquereau, t'es musulman et tu sais pas distinguer un juge des poubelles d'un secrétaire aux placets !

— Mes excuses, Otmân, je croyais que tu étais l'agha de la voirie.

— Sale con, tu m'prends pour une andouille ou pour un demeuré ? Allez, les gars, *tutmuch* !

On l'empoigna.

— *Chafa*, les braves !

Ils l'étendirent et lui infligèrent cinquante coups de bâton. Otmân lui prit cinquante *paras* en sus, et passa au souk suivant. Il y avait là un parfumeur, un vrai titi du Caire, qui s'appelait le Hâjj Abdallah. Ayant reconnu Otmân il se mit à pousser de grands cris :

— Eh, les gars, visez un peu, y a du neuf !

— Ben, qu'est-c'que t'as, Hâjj Abdallah ?

— Eh, Hâjj Mustafa ! cria-t-il à son voisin, l'épicier : Touille ta friture, v'là l'nouveau gouverneur !

A ces mots, Otmân s'arrêta net. "Amenez-moi c'type, là-bas, l'père La Muscade !" fit-il aux truands. Ils allèrent le chercher, plus mort que vif et tremblant de peur.

— Je t'en supplie, Otmân, Fleur des Truands du Caire, gémissait-il.

— Dis voir, l'ami, qu'est-ce que tu disais tout à l'heure ? Ça veut dire quoi "touille la friture" ?

— Otmân, je voulais seulement dire : "Remue ta bassine d'huile à friture."

— Tu mens, sale cocu ! Non mais, tu crois qu'Otmân y sait pas c'que ça veut dire, eh banane ! Ça veut dire : "Touille la friture, v'là les raclures[40]." Voilà c'que ça veut dire ! Alors, comme ça, tu m'traites de raclure, moi, la Fleur des Truands du Caire ? Allez, *tutmuch*.

On l'empoigna.

— *Chafa*, Fils de la Grande !

Ils l'étendirent et lui infligèrent cinquante coups de bâton. Otmân lui prit cinquante *paras*, un *ratl* de sucre et passa son chemin.

Le troisième souk était plein de gens qui semblaient désœuvrés ; apparemment les affaires n'allaient pas fort et les marchands tuaient le temps en faisant la causette. Soudain, ils virent Otmân se présenter à l'entrée du souk, avec sa mule qui clopinait d'un côté, son *qawouq* qui oscillait de l'autre, et les truands qui soutenaient le tout de chaque côté.

— Lève-toi et va saluer ! fit un marchand à son voisin. Y a l'chef de la police qui vient t'rendre visite !

— Eh, Hâjj Mustafa, répondit l'autre, j'me lèverais même pas pour Sâleh ! Y m'font suer.

Otmân avait tout entendu ; il les envoya chercher.

“Dis donc, sale maquereau, fit-il au premier, tu m’prends pour un guignol, de dire à ton voisin : «Y a l’chef de la police qui vient t’voir» ? Ah, tu veux t’payer la fiole à Fleur des Truands du Caire ! Etendez-le, les gars !”

Il reçut la bastonnade et versa l’amende ; ensuite vint le tour du second : “Dis donc, l’ami, quand ton voisin te dit : «V’là l’gouverneur qui vient t’voir», et qu’en plus tu sais que j’suis Otmân, pourquoi qu’tu t’lèves pas et qu’tu restes assis sur ton cul comme ça ? Attrapez-le, les gars !”

Ils lui infligèrent une raclée et Otmân lui prit son argent. Il continua sa tournée de souk en souk si bien qu’il eut bientôt traversé tout Le Caire. Il termina par le quartier d’El-Maghâra et la Grand-Tombe[41]. Comme il passait dans la ruelle, sa mère, la Grosse, entendit le vacarme que menaient les braves et monta sur la terrasse pour profiter du spectacle. En l’apercevant, il enleva son turban et le tint à bout de bras, laissant apparaître sa petite tête. Le voyant ainsi affublé, sa mère, la Grosse, se mit à rire.

— Eh m’man, qu’est-c’que t’as à rire ? C’est moi Otmân, ton fils. Tu m’reconnais pas ?

— Mais si que je te reconnais, mon chéri, mais ce qui m’a fait rire, c’est de voir apparaître ta petite tête quand tu as enlevé cet énorme turban !

— Eh m’man, t’es pas au courant ? Pousse des cris de joie !

— Mais pourquoi ?

— Me v’là d’venu s’crétaire aux placets, pousse des cris de joie !

La Grosse qui était une bonne âme un peu simple se mit à pousser des cris de joie, et récita ces vers :

Adieu chagrins, adieu souffrances
te voilà où tendaient tes vœux.
Vois le chagrin de tes envieux
que Dieu trompe leurs espérances !

Puis elle ajouta ces deux derniers, de son cru :

Ah quel bonheur pour ta pauvre maman
de voir son fils glorieux et triomphant !

— Eh ben ça va, m'man, t'es au courant ! J'te serre sur mon cœur !

Ayant fini sa tournée, Otmân se rendit finalement à la Citadelle et, arrivé à la porte de la salle du conseil d'en-haut[42], dit à ses hommes : "Bon, les gars, arrêtez-vous là, et installez tout le barda." Ils étendirent d'abord la natte puis, sur la natte, le matelas et installèrent le grand pouf par-dessus. Otmân s'assit, posa le coffre devant lui, appuya son gourdin contre le mur à portée de sa main droite, et accrocha le garrot et la trique au-dessus de sa tête. "En ligne, les braves !" Il les fit mettre sur deux rangs, l'un sur sa droite, l'autre sur sa gauche et s'assit, toujours dans le même accoutrement : sa grande pelisse, sa calotte et son turban, qui était en fait un couvre-lit, ficelé sur sa tête par une corde à linge… curieux spectacle !

Soudain arriva un jeune homme d'une quinzaine d'années portant un placet qu'il voulait remettre au conseil. "Tu vas où, p'tit gars ?" cria Otmân. Le garçon passa sans répondre. "Attrapez-le !" Ils lui coururent après et le ramenèrent devant Otmân.

— T'allais où ?

— Seigneur, j'allais porter un placet.

— Ben, p'tit gars, t'es aveugle ou quoi ?

— Pourquoi, seigneur ?

— Tu vois pas qu'le s'crétaire aux placets est d'vant toi ?

— Mais de qui s'agit-il, seigneur ?

— C'est moi, sale bête, t'es pas au courant ?

— Mille excuses, je ne savais pas.

— Aboule ton placet.

Otmân le prit, l'ouvrit et fit semblant de lire pendant un bon moment en murmurant : "Mouais... très bien... parfait... hem ! hem !... mouais... joli, je vois... ho ho ! Pas mal... d'accord." Puis il le replia et le mit dans le coffre.

— C'est quoi qu'tu racontes dans ton placet, morveux ?

— Seigneur, tu viens de le lire !

— Je sais, j'l'ai ligoté, t'as pas vu ?

— Alors, si tu sais de quoi il retourne, pourquoi me le demander ?

— Eh, p'tit maquereau, j'te dis que j'veux l'entendre de ta bouche, ça t'plaît pas ?

— Mon père est mort quand j'étais tout petit. Ma mère s'est remariée, et son second mari a mis la main sur mon héritage. Maintenant que j'ai grandi, on m'a dit que j'avais des droits et des biens et qu'il fallait m'en enquérir. J'ai donc posé la question à ma mère et à mon beau-père : ils m'ont répondu que tout avait été consacré à mon éducation et qu'il ne restait plus un sou ; puis ils m'ont mis dehors, prétendant qu'ils ne me devaient rien. J'ai donc écrit ce placet que j'entends présenter à Sa Majesté, notre maître, pour qu'il me fasse recouvrer les biens usurpés.

— C'est bon, mon gaillard, dis-moi, quand ton père est mort, y faisait nuit ou y faisait jour ?

— Seigneur, je n'en sais rien.

— Allez, gamberge un peu.

— Je pense, dit le jeune homme, après avoir réfléchi un moment, qu'il est mort la nuit.

— Ah p'tit pédé, ton père est mort la nuit et tu viens te plaindre en plein jour, t'as pas honte, effronté ?

— Mais, seigneur, que dois-je faire ?

— Pour le moment, dégage, quand y f'ra nuit, tu viendras t'plaindre.

Le garçon en resta bouche bée.

— Mais enfin, seigneur, finit-il par dire, qui est-ce qui va porter plainte la nuit ? Est-ce que les autorités sont là, seulement ?

— Se r'bifferait, c'te tapette ! *Tutmuch*, les gars.

Ils l'empoignèrent.

— *Chafa !*

Ils le rouèrent de coups, puis Otmân le chassa et garda le placet par-devers lui.

Peu après arriva un Kurde, marchand de moutons ; il avait vendu ses bêtes à des bouchers qui l'avaient payé en partie et lui devaient encore quelque chose comme mille piastres. S'apprêtant à repartir, il leur avait réclamé cette somme, mais ils s'étaient donné le mot pour le faire lanterner, dans le but de l'estamper. Comme il était pressé de se mettre en route, il avait rédigé un placet et comptait le faire parvenir au roi pour obtenir son dû. Quand il arriva à la porte du conseil, Otmân l'interpella : "Eh l'homme ! Approche un peu." Le Kurde se tourna vers lui.

— Eh ! tu vas où, Dukurdos ?

— *Bâba*, petit père, moi entrer dedans.

— Ah ouais, et pour quoi faire ?

— Moi dépose la papière pour une affaire. C'est plainte pour argente récupérère[43].

— Non, mais t'es aveugle ou quoi, qu'la peste t'empoisonne ! C'est pas possible, y comprend rien ! Donne ton papelard, eh cocu !

Il prit le placet, l'ouvrit, regarda ce qui était écrit, le retourna dans sa main en disant : "Hé hé, bien bien… bravo ! ah ! de l'argent… bon, bon… va toujours, ça marche." Puis il demanda :

— Bon alors, cheikh Dukurdos, c'est de quoi qu'tu t'plains, au juste, raconte un peu.

— Eh *bâba*, c'est écrite dans la papière !

— Ben j'le sais bien, t'as pas vu qu'je viens d'le ligoter ? Raconte quand même, ce s'ra plus clair, mon pote !

— *Bâba*, moi venir de Rosette avec grande troupeau moutons et chèvres. Entre à La Caire, vende à groupe de bouchères. Eux payer argente petite à petite, cente bourses. Maintenant reste mille piastres, chacun cinquante-cent, et moi veux rentrère. Je demandère et eux disont : "Attends, maintenant argent il y a pas." Moi attendre je peux pas, alors je venir ici pour réclamère ma droit, comme ça demain je partais.

— Bon, c'est tout, mon pote ?

— Oui *bâba*.

— Ouais, eh ben, ça peut pas marcher comme ça. J'vais t'indiquer la démarche à suivre.

— Dis-moi, seigneur, moi veux savoir.

— Réunis tous les bouchers à qui t'as vendu tes bêtes et rends-leur à chacun son argent ; ensuite, tu porteras une plainte contre tous, en bloc, et ça marchera.

— *Way, djâneum !* Qu'est-ce que c'est cette conseil ! Moi je dis mille piastres je pas récupère, comment je récupère cinquante mille ! *Djâneum !* Eux mangère moi et boire verre d'eau par-dessus ! Pas même récupérère mille piastres !

— Comment ? tu discutes ? eh maquereau ! Attrapez-le, les gars !

Les truands empoignèrent le Kurde. "Pitié, *djâneum* ! criait le malheureux. Quoi j'ai faite ? Pourquoi frappère moi bastonnade ? – Etendez-le", fit Otmân. Il lui administra cent coups de bâton, puis on le releva. "Aboule cent *paras* ! commanda Otmân. – *Djâneum*, moi déjà prendre bastonnade, encore payer argente ? – Eh, cocu, c'est l'droit d'enregistrement ! Non mais, tu crois qu'c'est à l'œil, de porter plainte ? T'as déjà vu qu'on entrait au hammam sans payer ?" Le Kurde n'osa piper mot tant il craignait de recevoir une seconde raclée et versa la somme demandée.

Peu après arriva un vieillard, vêtu d'un grand manteau, chaussé de babouches et coiffé d'un grand bonnet, un étui à parchemins glissé dans la poche, et un nécessaire à écrire dans la ceinture. Il s'avança en clopinant vers la porte du conseil, appuyé sur un bâton. "Hep ! le vioc, où c'est qu'tu vas ?" lui lança Otmân. L'autre se retourna et aperçut Otmân.

— Oui, seigneur ? lui dit-il.

— Viens voir un peu ici. Où c'est qu't'allais ?

— Seigneur, j'allais présenter un placet au secrétaire.

— Comment, toi qu'es un enturbanné[44], tu sais c'qu'a dit not' Seigneur et t'es pas foutu d'voir un s'crétaire des placets quand il est devant ton nez.

— Ne m'en veuille pas, seigneur, je ne t'avais pas reconnu. Celui qui n'a jamais vu le clair de lune, comment le reconnaîtrait-il ?

— Amène ton placet.

Otmân prit le placet, l'ouvrit, et resta un bon moment à le regarder en marmonnant : "Ouais... très bien... ça c'est parler... très juste... ho ho, joli, par le Prophète !... pas mal..."

— Bon, l'ami, reprit-il, toi t'es un enturbanné, t'as de la religion, tu dois pas raconter des bobards. Dis-moi un peu ton histoire, de vive voix, que j'arrange ça.

— Seigneur, commença le vieux, je suis imâm d'une mosquée…

— Je sais, je sais, va toujours que j'comprenne bien tout.

— … et chargé de son administration…

— Parfait, parfait, que la lumière de Dieu soit sur toi, l'ami. Va toujours, j'te suis.

— Seigneur, ça fait onze ans que j'occupe cette fonction, et j'ai toujours réussi à dégager un excédent de recettes… pas pour moi, bien sûr, mais pour la fabrique…

— Je vois, je vois… pour la mosquée…

— Exactement, seigneur.

— Eh ben, c'est très bien tout ça ! Mais en somme, pourquoi tu te plains ?

— C'est que les gens du quartier se sont ligués contre moi, ils veulent me renvoyer et nommer un autre administrateur. Et moi, je suis là depuis toujours…

— D'accord. Mais, dis-moi, l'ami, tu pries pas avec eux ?

— Bien sûr que si, seigneur !

— Bon, écoute, y a quelque chose de pas clair là-dedans. Dis-moi un peu, la mosquée, elle est à ton père ?

— Bien sûr que non, seigneur !

— Ou alors à ton grand-père, peut-être ?

— Encore moins !

— Bon, alors, à qui elle est ?

— Mais enfin ! la mosquée, c'est la maison de Dieu.

— Non mais dis donc, bougre de cocu ! éclata Otmân, tu veux t'approprier les biens de Dieu, tu veux Lui confisquer Sa maison, tu veux Lui dire : "Paye !" Tu veux Le faire ton débiteur, sale maquereau, Lui qui donne sans compter à toutes les créatures ?

— Mais, mais... mais qu'est-ce que tu me dis là ? bredouilla l'autre, complètement estomaqué.

— Ouais, ouais, c'est comme j'te dis ! La mosquée, son proprio c'est Dieu, c'est pas toi. Personne peut être proprio de la maison de Dieu ! Allez, *barka*, dégage, mon pote ! Tu vas aller faire tes comptes avec les gens du quartier et tu leur rembourseras tout c'que tu leur as piqué depuis onze ans, et puis, t'iras te chercher une aut' mosquée. Allez, qu'le bon Dieu t'maintienne en vie !

— Seigneur, que Dieu te préserve, tout ce que je veux savoir, c'est ce que j'ai fait pour qu'ils veuillent m'ôter ma place ! Ça ne tient pas debout ce que tu viens de dire.

Ce propos eut pour effet de mettre Otmân en rage. "Ah, sale bête, t'es pas content ? s'écria-t-il en ôtant son turban. Et ça discute, en plus ! Attrapez-le, les gars, *chafa* !" Ils se mirent à lui appliquer la bastonnade. Comme il hurlait sous les coups, Otmân lui dit : "Doucement, ou j'te dévisse le colbac, le soldat va t'entendre et croire que j'te martyrise !" Après dix coups de trique, Otmân leur dit d'arrêter et de lui enlever les pieds du garrot.

— Eh, l'vioc, j'vais te faire un prix, tu m'dois que dix *paras*.

— *Amân*, Otmân, pourquoi dix *paras* ?

— Les taxes, les taxes…

— Il faut payer une taxe pour recevoir une raclée, maintenant ?

— Alors, tu veux toujours faire le malin ?

Otmân n'eut pas le temps de dire : "*Chafa*, les gars !" que l'autre lui avait remis les dix *paras*. Il sortit en geignant : "Ah, elle est belle leur justice ! Tout va de travers. On n'a jamais vu ça. Qu'est-ce qu'ils vont pas inventer ! Que Dieu vienne en aide à notre maître le sultan !"

Œil pour œil

Ce petit manège dura sept jours ; tous les matins, Baïbars montait en selle et se dirigeait vers le palais du gouvernement. Otmân l'accompagnait jusqu'à la porte du conseil, puis il revenait, sautait sur sa mule et partait se mettre au travail. Aucun des plaignants ne pouvait approcher l'émir Baïbars, par crainte d'Otmân. Le septième jour, Otmân siégeait, les truands alignés à ses côtés ; les plaintes et les placets lui arrivaient et il y répondait à sa façon. Soudain, il vit passer un homme qui portait un bandeau sur l'œil. C'était un voleur qu'Otmân connaissait bien du temps de sa jeunesse folle. "Amenez-moi ce gus", dit-il. Quand il fut devant Otmân, il faillit mourir de peur.

— Que veux-tu, seigneur ?

— Tu s'rais pas Ali Pique-Sous, de Bâb El-Chaariyyeh ?

— Oui, c'est bien moi, Ali Pique-Sous, pour te servir.

— T'es toujours comme avant ?

— Ah non, Fleur des Truands, c'est fini, maintenant, je me suis repenti et je fais partie des gens honnêtes.

— Cause toujours, maquereau, j'te connais, je connais ton père, le Hâjj Qatlab, ton grand-père, Abou Wattâb et le grand-père à ton grand-père, Abou Atef, par le Prophète !

— Non, Otmân, je te jure que je me suis repenti.

— Avoue, mon vieux, j'te dirai rien, allez, parle et si tu dis des mensonges, par le Secret de la Dame[45], j'te tords le cou et j'te zigouille.

— C'est bon, j'me mets à table, Otmân. J'veux bien êt' franco avec toi, du moment qu't'es régulier et qu't'as juré par la Dame. La vérité, c'est que je fais toujours l'même turbin. Qu'est-ce que tu veux, faut bien vivre !

— D'accord. Mais pourquoi qu't'as un bandeau sur l'œil ?

— Ah ça, m'le demande pas, *osta* Otmân.

— Tu vas parler, par le Prophète !

— Eh ben, Otmân, figure-toi qu'la nuit dernière, je suis allé rendre visite à un tisserand, en escaladant l'mur, histoire de gagner un peu ma vie et d'piquer deux-trois bricoles. Je suis entré dans la maison, y faisait noir comme dans un four là-d'dans. J'tâtonne à droite, à gauche, et j'finis par trouver un coffre à habits, j'vais pour ouvrir la serrure, v'là-t-y pas que l'tisserand avait laissé l'ourdissoir sur le coffiot ; j'donne de la tête dedans et j'me crève l'œil après l'fuseau. Je me suis barré comme un malpropre et depuis, j'ai c'bandeau sur l'œil. Ça m'fait tellement mal que j'ai pas pu rester à la maison, j'suis parti faire un p'tit tour pour m'changer les idées, et me v'là.

— Je vois. Mais dis donc, quand ça t'est arrivé, pourquoi qu't'es pas v'nu t'plaindre ici ?

— Me plaindre pour quoi ?

— Ben pour ton œil !

— Et tu crois qu'ça marcherait ?

— Ben un peu qu'ça marcherait, mon pote ! T'es donc pas au courant que j'suis secrétaire aux placets en second ? Bon, comment y s'appelle le gars chez qui tu t'es crevé l'œil ?

— Y s'appelle le Hâjj Mohammad le tisserand.

— Et où y perche ?

— A El-Zawîleh, au Qutb El-Metwalli.

— Bon, allez-y, les gars !

Quelques instants plus tard, ils l'amenèrent et le présentèrent devant Otmân.

— Me voici à tes ordres, Fleur des Truands du Caire, fit-il.

— Tu sais d'quoi y s'agit ?

— Non, Otmân, qu'est-ce qu'il y a ?

— Y a qu't'as crevé l'œil à cézigue et qu'y porte plainte contre toi.

— Mais qu'est-ce que c'est que cette histoire, *osta* Otmân ! J'suis au courant de rien, moi !

— Eh, j'le sais bien qu't'es pas au courant !

— Mais alors, comment est-ce possible ?

— Il est venu chez toi hier pour piquer quelques bricoles, histoire de les vendre pour acheter du pain à ses gosses. Il a voulu ouvrir le coffre à habits et comme t'avais laissé ton ourdissoir dessus, en s'penchant, y a l'fuseau qui y est rentré dans l'œil.

— Bien fait pour lui ! s'écria le tisserand. Non mais, qu'est-ce qui l'obligeait à entrer chez moi ?

— Mais enfin, qu'est-c'que tu m'chantes ! riposta Otmân. Forcément, il a pas l'rond, faut bien qu'y travaille pour vivre, et son boulot, c'est ça. Il rentre, juste pour dire de s'faire un peu d'blé, histoire de nourrir sa famille, et toi tu y colles ton fuseau, dis un peu voir pourquoi, eh cornard !

— Ben écoute, Otmân, tu voulais quand même pas que je lui coure après pour lui dire d'entrer chez moi et de se servir !

— Ecoute toi-même, eh cocu ! L'ami, j'te dis qu'il a pas l'rond, faut bien qu'y bouffe. Tu voudrais quand même pas qu'y meure de faim ?

— Faudrait p't'être que j'l'entretienne ? Il a qu'à aller travailler.

— Mais c'est ça, son boulot, y sait rien faire d'autre !

— Eh qu'est-c'que j'peux y faire ? Qu'est-ce qu'il veut, d'abord ?

— Y réclame que j'te crève l'œil comme tu y as crevé le sien.

— Mais écoute, Otmân, dit le tisserand qui commençait à s'affoler, il est entré pour voler, c'est le bon Dieu qui l'a puni, qu'est-ce que tu veux que j'y fasse ?

— Oui ou non, ça s'est passé dans ta maison ? demanda Otmân, inexorable.

— Je t'en supplie Otmân, aie pitié de moi !

— Mais gueule pas comme ça, on va croire que j'te maltraite.

— Ah, parce que t'es pas en train d'me maltraiter ?

— Tais-toi, l'ami, blasphème pas !

— Comment ça, j'blasphème ?

— Ben, le Seigneur, il a pas dit : "Œil pour œil" ?

— Mais c'est qu'j'en ai besoin, moi, d'mon œil !

— Démerde-toi ! Le Seigneur, il a dit comme ça.

— Je me mets sous ta protection, Fleur des Truands ! Tu te rends compte du tort que tu vas nous causer, à moi et à ma famille ? Je n'ai que mon métier pour vivre, et j'ai besoin de mes deux yeux pour travailler. Regarde : quand je lance ma navette comme ci, hop ! je la suis avec mon œil droit et après quand je la lance comme ça, hop ! je la suis avec mon œil gauche. Si j'ai pas mes deux yeux, comment tu veux que je fasse ?

— Qu'est-ce que j'y peux ? répondit Otmân avec un calme olympien. Le Seigneur, il a dit : "Œil pour œil." Arrange-toi comme tu pourras, j'veux pas l'savoir.

— Bon écoute, suggéra le malheureux en désespoir de cause, si tu veux absolument crever un œil, tu n'as qu'à prendre celui de mon voisin.

— T'as raison, mon gars, au fond ton voisin est aussi coupable que toi… Et y fait quoi, dans la vie, ce voisin ?

— Il est chasseur.

— Eh ben parfait, par le Prophète, s'exclama Otmân avec un large sourire, lui avec un œil, y peut s'en sortir ! Un chasseur, quand y vise, de toute façon y ferme un œil, comme ça ! Eh ben, ça fait le compte, au besoin tu y fileras quelques piastres en échange de son œil. De toute façon, il en a pas besoin. Bon les gars, reprit-il, allez m'chercher l'voisin à cézigue !

Quelques instants plus tard, le chasseur était devant Otmân.

— Alors, l'ami, fit ce dernier, ce type, le Hâjj Mohammad, le tisserand que v'là, c'est bien ton voisin, vous habitez bien mur à mur, j'veux dire, le mur de sa maison est bien contre le mur de ta maison[46] ?

— Oui, seigneur, et c'est un bon voisin. Qu'est-ce qui lui arrive ?

— Regarde ce type-là, poursuivit Otmân en désignant le voleur.

— Oui, et alors ?

— Et alors, il s'est introduit par les toits chez ton voisin le Hâjj Mohammad – oui, au fait, c'est un voleur de son état. Donc, il est entré chez ton voisin. Bon. Ton voisin avait éteint la lampe. Lui, comme je t'ai dit, y venait voler. Fallait tout d'même qu'il y voye quelque chose pour ouvrir le coffre et piquer les affaires, non ?

— Euh… ben… bredouilla le chasseur, complètement perdu.

— Attends un peu, écoute-moi bien, poursuivit imperturbablement Otmân. Donc, y met la main sur le coffre. Bon. Mais le coffre, il est fermé. Y va pour regarder où c'est qu'est la serrure, y s'penche, seulement voilà-t-y pas qu'ton voisin a laissé l'ourdissoir sur le coffre ! Résultat, en s'penchant – et gaffe-toi qu'c'est la nuit et qu'y fait noir comme j't'ai dit –, en s'penchant, donc, y s'colle l'fuseau dans l'œil et y s'le crève. Bon. Le gars, y vient m'voir pour porter plainte. On interroge ce type-là, ton voisin, on lui dit : "C'type-là a perdu un œil dans ta maison, y faut qu'on t'en crève un à la place, le Seigneur il a dit comme ça", lui, il est pas d'accord : "J'suis tisserand, qu'y fait, mon œil j'peux pas travailler sans. – D'accord, on lui dit, débrouille-toi. – Mon voisin, il est chasseur, y nous répond, il a besoin que d'un œil." Alors on t'a envoyé après pour te crever l'œil à la place de l'œil de ton voisin. Et voilà !

— Non, mais c'est pas possible, Otmân ! gémit le malheureux. Mais enfin, qui a jamais entendu parler d'une chose pareille ? Qu'est-ce que j'ai fait, moi ?

— L'ami, dis donc pas des âneries ! T'es impliqué dans l'crime de ton voisin, c'est clair.

— Ah oui, et qui c'est qui raconte ça ?

— Hé dis donc, maudit cocu, blasphème pas ! Parce que ça, c'est la peine de mort… Non mais, le Prophète il a pas dit qu'c'était obligatoire de s'aider entre voisins ? C'est pas ton voisin, cézigue, peut-être ?

— Non, dit le chasseur, risquant le tout pour le tout. Non, j'le connais pas, y m'connaît pas et il a jamais mis les pieds chez moi.

— Tu mens, sale cocu ! Attrapez-le, les gars !

— Je t'en supplie, Otmân ! gémit le chasseur épouvanté. Mais qu'est-ce que tu veux me faire ?

— Ben, écoute, on va t'crever l'œil ! C'est ton voisin, vous habitez à portée de voix l'un de l'autre, tu as envers lui un devoir d'aide et assistance. Après tout, pour un chasseur, avoir qu'un œil, c'est plus seyant.

Le chasseur, voyant qu'Otmân ne le lâcherait pas, comme une fausse pièce dont on n'arrive pas à se débarrasser, eut recours à une ruse désespérée.

— Bon, alors, c'est vraiment indispensable ?

— T'y couperas pas !

— En ce cas, je te demande une seule chose : accorde-moi un petit moment, que je te raconte une drôle d'histoire qui m'est arrivée. Après ça, tu agiras comme il te semblera bon.

— C'est quoi, ton histoire ? demanda Otmân, alléché.

— Eh bien, figure-toi qu'hier j'ai fait un rêve…

— Ah, t'as fait un rêve ? Eh ben c'est bon signe, ça, c'est très bon signe, et j'dirais même très, très bon… Bon, allez, les gars, attrapez-le et crevez-y l'œil !

— Eh, va doucement, j'ai pas fini !

— D'accord, d'accord, c'est bon, c'est très bon, c'est très très bon et tout c'qu'en adviendra viendra du bon Dieu. Bon, allez les gars, assez traîné, ramassez-le.

— Mais l'ami, j'te dis qu'j'ai fait un rêve ! Attends un peu que j'te raconte ça comme y faut.

— Bon alors t'as vu quoi ?

— Eh bien hier, Otmân, imagine-toi que j'ai mangé des fèves pour mon dîner[47]. Donc, je dîne, je vais me coucher, je m'endors… Et alors, il m'a semblé que tu m'envoyais chercher, que je me présentais devant toi, ici, et qu'il y avait aussi mon voisin le tisserand…

— Dis donc, espèce de maquereau, interrompit Otmân, t'es gonflé d'nous transformer en personnages de ton histoire ! Qu'la peste t'empoisonne !

— Non, non, Otmân, c'était pas toi, c'était quelqu'un qui t'ressemblait et qu'avait un turban comme toi !

— Alors là, d'accord, par le Prophète ! Les Otmân, ça manque pas par le monde.

Bref, il lui raconta toute l'histoire qu'il venait de vivre, du début à la fin ; Otmân n'en revenait pas. "Par le Prophète ! s'exclamait-il, mais c'est exactement comme c'qui vient d'nous arriver ! Allez, conno, grouille-toi."

Voyant qu'il avait endormi la méfiance d'Otmân, le chasseur se mit à crier à pleine voix :

— A moi, émir Baïbars, je me mets sous ta protection !

— Eh l'ami, fit Otmân, gueule pas comme ça, sinon l'soldat y va t'entendre et y va croire qu'on t'maltraite !

Mais l'autre continua de plus belle : "A moi, émir Baïbars, par pitié !" Au troisième cri, Baïbars apparut.

— Que Dieu t'maudisse, sale bête ! s'écria Otmân. C'était donc ça qu'il voulait dire, ton rêve !

— *Bora*[48] Otmân ! cria Baïbars, qui était arrivé en courant.

— Salut, soldat ! répondit Otmân, l'air de rien. Quel bon vent t'amène ?

Baïbars regarda autour de lui ; la salle était remplie de gens qui faisaient du tapage et criaient : "Justice, émir Baïbars !" Il interrogea le chasseur qui lui raconta sa mésaventure. Sur ces entrefaites arrivèrent tous les autres plaignants, le marchand de moutons kurde, le jeune orphelin, l'imâm de mosquée, qui venaient réclamer.

— Mais enfin, qu'est-ce que c'est que ça, Otmân ? demanda Baïbars qui commençait à s'affoler.

— Ça, c'est d'la justice, soldat ! répondit Otmân d'un air satisfait. Et t'as pas à discuter mes décisions, hein ! J'suis secrétaire aux placets comme toi, on est égaux.

— Que Dieu donne longue vie à notre maître le sultan, interrompit l'imâm. Il a usurpé tes fonctions et il extorque de l'argent à tous ceux qui viennent apporter des placets.

— Malheureux, mais qu'as-tu encore fait ? s'écria Baïbars.

— Eh tiens, c'est l'droit d'enregistrement ! répondit paisiblement Otmân.

Baïbars mit la main à la poche et donna quelque argent au cheikh ; mais cela ne suffit pas à apaiser les esprits.

— Pourquoi seulement à lui ? réclamaient les autres. Il n'y a pas qu'à lui qu'Otmân a extorqué de l'argent.

— Moi, il m'a donné soixante-dix coups de baguette ! disait l'un.

— Et moi quarante ! ajoutait l'autre. Et il m'a pris cinquante *paras* par-dessus le marché !

Bref, Baïbars se vit entouré d'un concert de récriminations ; de toutes parts, les plaintes tombaient sur lui, dru comme grêle. Complètement exaspéré, il sortit son *lett* en criant : "*Bora* imbécile ! Non mais, tu veux notre mort ou quoi ?" Mais Otmân ne l'avait pas attendu ; d'un tour de main, il se débarrassa de son manteau et de son turban et prit le large en criant : "Bon, bon, ça va, l'ami, j'démissionne !"

"Quel singe ! grommelait Baïbars. Pas moyen de l'attraper." Il ouvrit le coffre : il s'y trouvait bien quelque soixante-dix placets qu'il alla immédiatement porter au roi.

Celui-ci était justement en train de dire à son vizir : "*Allah*, *Allah*, ô Eternel, Hâjj Châhîn, *Mâ châ Allah* ! Le bonheur de Baïbars rejaillit sur tout le pays ! Depuis qu'il a été nommé secrétaire aux placets, plus personne ne vient se plaindre ni récriminer, et nous n'avons rien à faire. – *Efendem*, il n'est pas impossible que les gens soient devenus meilleurs."

A ce moment précis, Baïbars entra, portant le coffre. "Qu'apportes-tu, mon fils ? demanda le roi. – *Efendem*, des requêtes, des plaintes et des placets." Il les sortit du coffre et les enregistra au diwân. "Que se passe-t-il, Baïbars ? demanda le roi. Nous disions justement que tu étais un bon garçon et que tu ne nous surchargeais pas de travail, et voici que tu amènes tous les placets d'un coup ? – *Efendem*, que Dieu te donne longue vie ! Ce n'est pas de propos délibéré, et la cause en revient à cet abruti d'Otmân." Et il lui raconta toute l'histoire, dont le roi s'amusa fort. "Cet homme est béni de Dieu[49], dit-il. Par Sa gloire, ne le tarabuste pas trop, il n'en viendra que du bien." Le roi se mit à examiner les requêtes et trancha à la satisfaction des ayants droit.

Le mystérieux Jaouane

Un jour que le roi El-Sâleh siégeait en son conseil, la portière s'écarta et un étrange personnage fit irruption dans la salle. C'était un fils de la montagne, une vraie armoire à glace, avec une tête grosse comme une auge de hammam, l'air sauvage et repoussant, le visage marqué de petite vérole. Il semblait en proie à une vive agitation et criait : "Justice, ô roi ! – Châtiment pour les oppresseurs, ô Seigneur des mondes ! répondit le roi. Qui donc a pu te faire du tort, toi qui es plus malfaisant que Nemrod[50] ? – Je t'apporte un placet qui te dira toute l'affaire", reprit le nouveau venu.

Il se mit à farfouiller dans son cache-poussière, comme s'il voulait en tirer une requête pour la présenter au sultan. Mais ce qu'il sortit, ce fut une javeline d'acier ! "Prends ça, *Baïbarso* ! s'écria-t-il d'une voix de tonnerre. Ton heure est venue, *marfous*[51]. Bénissez-moi, aïeux du grand-prêtre Jaouane !" Il s'apprêtait à se jeter sur Baïbars pour lui porter un coup mortel, quand la portière s'écarta à nouveau ; un couteau jaillit et s'enfonça dans la gorge du mystérieux agresseur, avec tant de force qu'il lui fit sauter la tête de sur les épaules !

Ce fut une belle panique dans la salle du conseil ! L'assistance, hagarde, au bord de l'apoplexie, vit alors entrer deux espèces de géants bardés de fer, recouverts de cottes de mailles étincelantes, dont les yeux semblaient la coupe même du trépas, et dont le visage s'ornait d'énormes moustaches en crocs.

L'un d'eux s'avança vers Baïbars et lui posa la main sur l'épaule. "Que l'bon Dieu t'bénisse ! J'donnions ma vie pour ta rançon[52], toi qu'es not' roi et not' *khawand*[53], s'écria-t-il. – Que Dieu fasse ta gloire éternelle, renchérit le second. Qu'Il te ravigote le cœur et te donne longue vie ! Arde donc ça, *khawand*, à c't'heure il voulait t'trucider, c'corniaud. Eh ben j'l'avons mouru et j'avons craché sur la tombe d'son père et d'sa mère !"

A ce moment le cadi, qui avait assisté à toute la scène, se dressa de toute sa taille, l'index accusateur, la barbe frémissante de colère.

— Sus aux ennemis de la religion ! s'écria-t-il d'une voix tonnante. La corruption est apparue parmi les croyants ! Comment, on ne craint plus la sévérité de notre maître le sultan, il se commet des meurtres sous ses yeux, sans respect pour sa personne ! Dira-t-on, après cela, que nous sommes encore, ici, dans le conseil du représentant de Dieu sur terre, de celui qui juge selon Sa loi et fait respecter Ses ordres ? Je déclare solennellement que cet homme doit être condamné à mort ; car telle est la volonté de Dieu. Allons, sus, sus, ô Commandeur des croyants !

— Un peu de patience, cadi ; que Dieu condamne celui qui est la cause de cet événement et fasse qu'il périsse coupé en morceaux et jeté au feu. Laisse-nous quand même le temps de tirer l'affaire au clair. Eh bien, mes gaillards, dit-il en s'adressant aux deux nouveaux venus, vous devez être des fils de la montagne, à ce qu'il me semble.

— Oui-da, *dawlatli* !

— Pourquoi avez-vous ainsi tué ce misérable ? Et d'abord, qui est-ce, et qui êtes-vous vous-mêmes ?

— *Dawlatli*, que l'bon Dieu te donne longue vie ! dit le premier. Si tu veux savoir qui j'sommes, eh ben j'sommes les neveux au capitaine Sulaymân le Buffle[54], les fils de sa sœur. Moi j'étions Saqr El-Lawlabi et mon frère que voici, Saqr El-Hajjâm. J'amenons une lettre de not' oncle pour l'émir Baïbars le *dawlatli*, que Dieu rende sa gloire éternelle !

L'origine de cet incident remontait au jugement rendu par Baïbars dans l'affaire de Taylakhân et Saylakhân en présence du roi. Rappelez-vous : Baïbars avait réussi à donner pleine satisfaction aux deux parties, et le roi avait été si content de lui qu'il l'avait nommé secrétaire aux placets, dans le conseil d'en-haut. Or, en voyant cela, le cadi avait cru périr de male rage. "Voilà le premier signe qui se réalise[55] ! se disait-il. Ce misérable occupe déjà deux postes au conseil. Il faut absolument que je trouve le moyen de m'en débarrasser, tant que je peux encore le tenir à l'œil."

Il rentra chez lui, s'enferma à double tour, et entreprit de rédiger une lettre ; cela fait, il la remit à son famulus Mansour et lui ordonna de la porter à Tripoli. Celui-ci se mit en route et, quelques jours plus tard, il se présentait devant le roi de Tripoli, qui se nommait "le Prince[56]", et lui remettait la lettre, qui disait ceci :

[En haut : une croix.]

"De la coupole de la religion, pilier de la foi des chrétiens, protecteur de ceux qui adorent les croix, suppôt d'impiété et d'imposture, maître de tromperie et d'égarement, rejeton d'Asfout, fils de Naarân, fils de Chaqrân, celui qui porte le nom de Jaouane, au *babb* le Prince[57].

Figlione,

Voici la raison qui a présidé à la rédaction de la présente : sache que le mamelouk dont parlait la Prophétie, et qui doit dévaster les pays de la côte, est apparu en ces jours. Il a acquis des terres, des fonctions officielles et des revenus.

Il est donc souhaité, si tu désires rester dans les bonnes grâces de mes ancêtres et, par conséquent, voir tes biens et tes revenus se multiplier, que tu choisisses un *fidaoui*[58] qui ait le cœur plus ferme que le roc et plus fort que le silex, et que tu l'envoies au Caire avec mission de tuer Baïbars en plein conseil. Quand bien même les musulmans le mettraient à mort, il obtiendra en échange de sa vie la plus belle des récompenses : il recevra l'absolution de mes ancêtres et demeurera parmi eux, à la place d'honneur."

Lorsque le Prince eut fini de lire, il porta la lettre à ses lèvres et à son front, s'en frotta consciencieusement les yeux pour bénéficier des charismes qu'elle portait, puis il rédigea la réponse, qui disait en substance : "Sur ma tête et mon œil, *padre*, je me consacrerai entièrement à cette mission, pour l'amour de toi, et je réaliserai ce que tu me demandes." Il confia le message au famulus qui repartit aussitôt.

Or il y avait, à proximité de Tripoli, un château fort, nommé El-Lakmeh[59], et qui était situé dans la Vallée-aux-Loups et la Gorge-des-Brumes. Il appartenait à un *fidaoui* chrétien du nom de Sadrin, fils de Ramenard. C'était un hardi capitaine, et l'un des plus orgueilleux champions qui fussent parmi les chrétiens ; pour le reste, il passait son temps à se saouler et à se rebeller contre le Prince qui le craignait fort et s'en défiait comme de la peste.

Ce fut donc à lui qu'écrivit ce dernier ; il confia la lettre à son vizir, avec un cadeau préparé pour l'occasion. Le vizir arriva au château, se présentant devant Sadrin et lui remit le présent et la lettre : celle-ci contenait un sauf-conduit et l'invitait à se présenter devant son suzerain qui lui offrait sa grâce pleine et entière et de grandes récompenses, à condition qu'il réalisât certaine mission.

Le maudit se mit donc en selle et s'en fut trouver le Prince qui lui fit le meilleur accueil, l'installa à ses côtés et lui communiqua la lettre de Jaouane. "*Figlione*, lui dit-il quand il en eut pris connaissance, si tu règles cette affaire et si tu réussis à obtenir la tête de ce *marfous* de *Baïbarso*, je te fais cadeau du revenu de Tripoli pour cette année ; tu le prélèveras et tu le garderas pour toi. – *Bono*, répondit Sadrin, je m'en charge ; même si tu ne me donnais pas de récompense, il me suffirait d'avoir donné satisfaction à Jaouane, à son père Asfout et à tous ses aïeux."

Le Prince lui donna le signalement de Baïbars, tel que le lui avait transmis Jaouane et, le lendemain, après avoir fait honneur à la table de son hôte, il se déguisa en *fidaoui* ismaélien, avec la calotte et le turban, et partit chercher la tête de Baïbars.

Or, la scène que nous venons de raconter avait eu pour témoin un certain capitaine ismaélien du nom de Chaddâd, fils de Mus'ab, et qui était le cousin de Nisr, plus exactement le fils de son oncle paternel[60]. Il était venu à Tripoli sous un déguisement, afin de gagner un peu sa vie en cambriolant les entrepôts des marchands étrangers et en prélevant sa part sur leurs biens.

Ayant donc appris, par hasard, le complot qui se tramait contre Baïbars et jugeant la situation grave, il se rendit en toute hâte au château de Safita pour en informer Nisr. Comme par hasard, le capitaine Sulaymân le Buffle se trouvait là avec ses neveux, Saqr El-Lawlabi et Saqr El-Hajjâm ; quand il apprit que ce maudit avait été désigné pour aller couper la tête à Baïbars, il s'écria : "Ah saquerlotte ! Faut point qu'il arrive malheur au *dawlatli* ! C'est lui l'homme aux présages, c'est celui qu'annonce la prophétie de l'Imâm Ali[61], cousin du Prophète. Bientôt il sera roi et sultan et nous aurons sous son règne gloire et honneur." Déjà, il se préparait à courir à la poursuite de Sadrin pour le mettre à mort, quand ses neveux l'arrêtèrent : "Hé not' oncle, c'est point à un homme comme toué qu'il convient d'courir après les chiens ! J'sommes là et j'nous irons bien nous-mêmes faire c't'ouvrage à ta place. – Eh ben, allez-y, pourquoi pas ? Vous ou moi, c'est du pareil au même."

Sulaymân le Buffle leur remit une lettre pour Baïbars, en leur recommandant bien de ne revenir qu'avec la réponse, et ils s'en furent à la poursuite du capitaine Sadrin ; mais ils ne purent le rattraper en route, et arrivèrent au Caire sans l'avoir retrouvé ; ils descendirent à l'auberge d'Alam El-Dîn, fils de Sulaymân El-Hakîmi[62]. Là, Saqr El-Hajjâm, qui avait l'œil aux aguets, aperçut la jument de Sadrin ; il alla aussitôt interroger l'aubergiste.

— Où est le maître de c'te jument ?

— Il est arrivé d'aujourd'hui, il l'a attachée ici et puis il est parti je sais pas où.

— S'il revient, garde-toi de la lui rendre ; c'est un maudit, un chrétien déguisé qu'est venu faire des misères à l'émir Baïbars.

Bien déguisés, ils s'en furent alors arpenter les rues du Caire, mais sans résultat ; en désespoir de cause, ils se rendirent au conseil du roi ; et c'est là, juste au moment où ils arrivaient, qu'ils retrouvèrent ce maudit qui, faisant le sacrifice de sa vie aux aïeux de Jaouane, s'apprêtait à tuer Baïbars en plein conseil. A la dernière minute, Saqr l'en avait empêché en le mettant à mort.

"Pour quelle raison l'as-tu mis à mort ?" lui demanda le roi. Il lui rapporta alors tout ce que nous venons de dire, et le mystère s'éclaircit, sauf sur un point : qui était Jaouane ?

— *Allah*, *Allah*, dit le roi, c'est Lui, le Seigneur des mondes qui rétribuera les prévaricateurs. Dis-moi, cadi, toi et Jaouane… vous vous connaissez ?

— Pardonne-moi, seigneur, point du tout ! Toutefois, il m'est revenu aux oreilles que c'est un maudit chrétien, un infidèle. Que la malédiction de

Dieu soit sur lui, où qu'il soit et où qu'il aille ! Il occupe sans doute un rang élevé parmi les chrétiens, qui ne reconnaissent point l'Unicité de Dieu.

— Eh bien, cadi, en ce cas, pourquoi donc réclamer la tête de ces deux braves garçons qui ont sauvé la vie de mon fils ? Tu prétends l'aimer, mais on dirait que tu cherches toutes les occasions pour lui faire du tort ! Bien ! Que l'on déshabille le mort !

On le déshabilla : il avait des croix tatouées en bleu sur la poitrine[63] et il était incirconcis.

— Dieu maudisse les mécréants ! s'écria le roi. Par la gloire de Dieu, ces deux garçons ont dit la vérité, et ils ont bien agi. Que Dieu les récompense de leur peine ! Mais dis-moi, Baïbars, mon fils, quelle est la cause de cette hostilité qui règne entre Jaouane et toi ?

— Dieu te donne longue vie, *efendem*, je n'en sais absolument rien et je ne connais pas cet infâme.

— Cela ne fait rien, emmène tes hôtes, fais-leur grand honneur et occupe-toi bien d'eux, car ce sont tes frères et ils t'ont sauvé la vie. Nomme donc quelqu'un pour te remplacer dans tes fonctions et ne reviens au conseil qu'après leur départ.

— J'entends et j'obéis, fit Baïbars qui se retira du conseil.

Otmân l'attendait à la sortie ; en voyant ces deux colosses au torse bardé de fer et aux jambes couvertes d'acier, qui faisaient trembler la terre à chaque pas, avec leurs espadons brinquebalant contre leurs jambières d'acier dans un tintamarre terrible, il se posta sur leur chemin et se mit à les dévisager.

— Ah ben v'là du neuf, soldat ! C'est quoi, ces deux machins ?

— Otmân, ce sont mes frères, tous les deux.

— Tes quoi !

— Mes frères !

— Tes frères ! Non mais, tu t'fous d'ma gueule ou quoi ?

— Eh, pourquoi donc !

— Ah ben elle est raide, celle-là, par le Prophète !

— Mais qu'est-ce qu'il y a, enfin ! s'exclama Baïbars qui commençait à perdre patience.

— Eh l'ami, t'as l'ciboulot gros comme le poing, sûr que l'con d'ta mère devait êt' tout minus ; alors comment y z'ont fait pour passer, ces deux-là avec leur grosse tête ?

— Ça suffit, Otmân ! Je te dis que ce sont des amis, ils sont comme mes frères.

— Ah bon ! Et d'où c'est qu'y sont ?

— Ce sont des fils de la montagne.

— Qué montagne ?

— La montagne de Maarra.

— Ben c'est des Druzes[64] alors ?

— Mais non, fais attention à ce que tu dis. Vraiment tu n'as rien dans la tête !

— Et pourquoi t'est-ce, soldat ?

— Ce sont deux capitaines, les neveux de Sulaymân le Buffle.

— Non mais, tu m'prends pour une andouille ? D'abord elles sont où leurs cornes ?

— Mais enfin quelles cornes ?

— Ben tiens, t'as pas dit des buffles ? Où c'est qu't'as déjà vu des buffles sans cornes ?

— Ça suffit maintenant ! Assez dit de bêtises, nos amis n'apprécient pas la plaisanterie.

— Eh oui mon gars, c'est comme j'te disais.

— Eh donc, not' compère, invervint Saqr El-Lawlabi, l'a l'air ben gausseux ton palefrenier. Y nous connaît pas ben, comme qui dirait ? P't'êt' ben qu'on d'vrait y faire vouère comment qu'on s'appelle…

— Frères, se hâta de dire Baïbars, c'est un très brave garçon, mais il est un peu innocent, il dit tout ce qui lui passe par la tête. Il blague même le vizir et parfois le roi : personne ne s'en formalise, car il est un peu fêlé.

Il leur raconta quelques-unes de ses aventures ; ils rirent de bon cœur, se rendant compte que c'était une âme simple.

— Eh ben salut donc, *osta* Otmân ! lui dirent-ils.

— Salut à vous les gars ! répondit Otmân en s'approchant. Eh, les gars, par le Prophète, enlevez un peu vos turbans que j'voye vos cornes de buffle !

— Qu'est-ce que c'est qu'cette histouère ed'cornes, *khawand* ? demandèrent-ils à Baïbars.

— Eh, je vous l'avais bien dit, il aime faire des blagues…

— Alors comme ça, c'est bon, *khawand*, que le bon Dieu te donne toujours la force !

Arrivé au palais de Najm El-Dîn, Baïbars appela le chef cuisinier et lui dit d'égorger un mouton, de cuire à l'étuvée un *qintâr* de riz et de faire suivre le tout de quelques plats consistants. Il fit entrer ses hôtes dans une salle du palais et s'assit pour deviser avec eux. Il lut la lettre qu'ils lui remirent de la part du capitaine Sulaymân. Quand le repas fut prêt, on dressa le riz sur un grand plateau, avec une montagne de viande. Deux mamelouks apportèrent le plateau et l'installèrent sur un tabouret, devant eux. A cette vue, Otmân faillit perdre la raison.

— Soldat, y a encore quelqu'un à part ces deux-là ?

— Non, non.

— Alors c'est eux qui vont se farcir toute cette boustifaille ?

— Vas-tu te taire à la fin ! Allons, les gars, reprit-il à l'adresse des *fidaouis*, venez donc, c'est servi.

Baïbars s'assit pour leur tenir compagnie pendant le repas. Il invita Otmân à les rejoindre. "J'ai pas faim, à c't'heure, répondit-il, attendu que j'ai mangé du Hâjj Abou Afîs[65] !" Il se mit un peu à l'écart pour les regarder manger. Les *fidaouis* retroussèrent leurs manches, étendirent les bras, ouvrant des mains grosses comme des fourches à blé. Ils prenaient le riz à grandes poignées, le mélangeaient à la viande, en faisaient des boulettes de la taille d'une bosse de chameau et, ouvrant des fours béants comme les brèches qu'on voit dans les murs des vignes, ils s'empiffraient allégrement. Et que je te charcute, et que je t'avale !

Quant à Baïbars, il se contenta de grignoter quelques grains de riz du bout de la cuiller pendant qu'Otmân, de loin, regardait le plateau d'un air douloureux, comme un être cher qu'on ne reverra plus. A force de tailler et d'avaler, à grands coups de gosier qui claquaient comme des catapultes, les deux gaillards firent rapidement un sort au plateau : rien ne dure, hormis la Face de Dieu... Après quoi ils s'essuyèrent tranquillement les mains à leur cache-poussière.

Otmân n'y tenait plus, il prit Baïbars à part et s'enquit :

— Dis donc, soldat, y sont là pour rester, ou bien y repartent ?

— Non, ils restent.

— Eh t'es tapé, soldat, fous-les dehors !

— Mais pourquoi, Otmân ?

— T'as pas vu comment y bouffent ! Y vont nous mettre sur la paille !

— Mais vas-tu te taire ! Chacun ici-bas ne mange que la subsistance que Dieu lui a allouée.

— Ah ouais, tu m'fais rigoler ! Que Dieu les maudisse !

De ce jour, Otmân les prit définitivement en grippe, à cause de leur gros appétit ; quand l'un d'entre eux lui adressait la parole, il l'envoyait promener et, chaque fois qu'ils se mettaient à table, il ne manquait jamais de leur prêcher la sobriété : "Eh, les buffles, oubliez pas d'invoquer Dieu ! Faites donc pas de si grosses bouchées ! Mangez pas trop, ça rend malade ! Mieux vaut avoir le ventre à moitié rempli que de l'avoir trop plein ! Nous ne sommes pas ben riches, l'soldat est un pauv' p'tit gars qui vit à la miséricorde de Dieu..." Mais eux, connaissant son caractère, faisaient comme si de rien n'était.

Les deux ou trois jours qui suivirent, Baïbars emmena les deux *fidaouis* visiter la ville ; ils ne se quittèrent pas du matin au soir. Et puis le matin du quatrième jour, Baïbars, en se réveillant, un peu avant l'aube, s'aperçut qu'il avait eu une pollution ; il se leva, s'habilla et se rendit au hammam. Otmân s'aperçut de son départ ; il attendit la première lueur de l'aube, qui est le moment de la prière du matin chez les chafiites, et s'en fut réveiller les deux autres : "Allez, debout les buffles ! V'nez faire vot' prière !"

Ils se levèrent, firent leurs ablutions et prièrent la prière de l'aube avec Otmân ; d'habitude, ils la faisaient avec Baïbars. Lorsqu'ils eurent terminé et récité l'invocation finale, ils interrogèrent Otmân :

— Où est le *khawand* ?

— Il est parti.

— Où donc ?

— T'occupe ! Il est parti, c'est tout, fit Otmân d'un air renfrogné et glacial.

— Ben qu'est-ce t'as donc, Otmân ?

— J'ai rien du tout, répondit-il d'un ton sec.

— J't'en conjurons par el'bon Dieu, dis-nous c'qu'il y a.

— Eh qu'est-ce que vous voulez que j'vous dise ? Le soldat Nénars, il ose même plus s'présenter devant vous.

— Pourquoi donc ?

— Eh, mon pote, y s'est disputé avec l'vizir Najm El-Dîn Casse-Noisettes[66].

— Mais pourquoi, Otmân ?

— Ben, à cause de vous.

— Ah saquerlotte ! Parle point d'malheur ! Mais qu'est-ce que j'avons fait au vizir Najm El-Dîn pour qu'y s'querelle à Baïbars à propos d'nous ?

— Vous avez toujours pas pigé de quoi y r'tourne ?

— Ah ben non, pour sûr !

— C'te baraque, elle est pas à nous.

— Ben, elle est à qui, donc ? Comment ça s'fait qu'Baïbars ait point d'bien au soleil ?

— Non, ici on est des hôtes, comme vous ; l'palais, c'est à Casse-Noisettes qu'il est. "Alors mon gars, qu'il a dit à Baïbars c'matin, qu'est-c'que c'est qu'ce cirque ? T'es vraiment pas discret, tu sais ; on t'donne le doigt, tu prends tout l'bras. Ça t'suffisait pas d'ramener tes truands, les fils de Haydab, et tes mamelouks, faut qu'tu nous ramènes encore des buffles et qu'tu les installes au salon ! Faudrait voir à pas abuser, quand même !"

En entendant ce discours, les deux autres comprirent de quoi il retournait ; et, en bons montagnards qu'ils étaient, ils en furent terriblement vexés. Non pas contre Baïbars, cependant, mais contre Najm El-Dîn. "C'est bon, fit Saqr El-Hajjâm à Saqr El-Lawlabi, on a compris. Otmân, les chevaux !"

Otmân s'en fut en courant leur seller leurs montures, ils se mirent en selle et sortirent du palais. "Otmân, dit-il, salue le *khawand* et dis-lui que j'lui en voulons pas. Quand il aura un palais à lui, j'viendrons l'visiter !" Sur ce, ils se mirent en route ; laissons-les courir, nous en reparlerons.

Le palais enchanté

[Le transmetteur a dit :] Un peu plus tard Baïbars arriva et trouva Otmân apparemment en proie à une vive colère :

— Où sont passés les gars ? lui demanda-t-il.

— Ils sont partis.

— Quoi, sans même me dire au revoir !

— Qu'est-ce que j'en sais ? Y sont partis et y z'ont bien eu raison.

— Mais dis-moi donc ce qui s'est passé ! insista Baïbars.

— Tu sais pas, l'ami, j'pense qu'y z'auront entendu dire que le Hâjj Najm El-Dîn Casse-Noisettes en avait marre.

— Qu'est-ce qu'il a le Hâjj Najm El-Dîn ?

— J'peux pas t'en parler, ça m'fait mal aux tripes.

— Parle donc !

— J'peux pas parler, que j'te dis.

— Ah, fils de pute, qu'est-ce qui t'en empêche ?

— C'est sûr que si j'parle, tu vas t'mett' en colère, et si j'parle pas, j'vais m'faire casser la gueule.

— Tu vas parler, oui !

— Ben, c'est quand le Hâjj Najm El-Dîn Casse-Noisettes a dit : "Quand on vous donne un doigt, c'est toute la main qui y passe et l'bras derrière ! Non mais vous avez pas honte pour votre religion ! Ça ne vous suffit pas de vous incruster chez moi, avec les mamelouks et les fils de Haydab, y faut encore que vous rameniez des buffles ; vous n'êtes vraiment pas discrets. On offre l'hospitalité un jour, deux jours, trois jours, ça va, mais une semaine, un mois, un an, dix ans ? Pourquoi pas toute la vie, pendant que vous y êtes ! Et l'autre qui ramène ses buffles et les installe dans mon salon ! Vous pourriez trouver à vous loger ailleurs et dégager de chez moi, non ?"

— Qui t'a dit ça ? demanda Baïbars qui n'en croyait pas ses oreilles.

— Le Hâjj Najm El-Dîn Casse-Noisettes.

— Tu parles sérieusement ou tu plaisantes ?

— Cent pour cent réglo, par la Hassîbeh !

Baïbars était blanc de rage. "Cette vieille baderne de vizir ! pensait-il. Il ne pouvait pas se trouver un autre confident que cet imbécile ! Enfin, ça ne fait rien, dit-il à Otmân. Après tout, il a raison ; c'est vrai que les humains sont bien grossiers."

Il était tellement hors de lui qu'il ne tenait plus en place. Pour se calmer un peu, il sortit du palais et alla rendre visite au cadi Yahya, avec qui il resta jusqu'au moment de la prière de l'après-midi ; puis il rentra au palais et alla directement s'enfermer dans sa chambre.

Sur ces entrefaites, Najm El-Dîn revint du conseil ; d'habitude, Baïbars venait le rejoindre à ce moment-là et ils passaient la soirée ensemble dans l'*iwân*, devant la vasque ; à la troisième heure de la nuit, le vizir se retirait dans le harem. Tout ceci pour dire que Baïbars était son plus intime ami et confident.

Ce jour-là, Najm El-Dîn demanda à ses mamelouks :

— Baïbars est-il rentré ?

— Oui seigneur.

— Où est-il ?

— Dans sa chambre.

— Eh bien, allez le chercher.

Un mamelouk monta donc et dit à Baïbars : "Seigneur Baïbars, Najm El-Dîn te demande de venir le rejoindre. – Va devant, j'arrive tout de suite", répondit-il mais il se garda bien de bouger. Un peu plus tard, Najm El-Dîn, lassé de l'attendre, envoya un second mamelouk, sans plus de résultat. Il se mit alors à l'appeler lui-même, criant à pleine voix : "Ho, émir Baïbars !" A la troisième reprise, Baïbars daigna enfin répondre. “Viens donc !” lui cria le vizir. Il descendit sans se presser et s’installa au bas bout de l’*iwân*. “Mais non, assieds-toi près de moi”, reprit Najm El-Dîn. Baïbars se leva sans empressement et alla s’asseoir à l’endroit indiqué. Najm El-Dîn le salua, il lui rendit son salut avec la plus grande froideur ; l’autre se mit à parler, il lui répondait du bout des lèvres, comme on dit : une once pour un quintal.

— Mais qu’as-tu donc ? finit par demander le vizir. Tu as l’air bien soucieux…

— Je n’ai de souci que pour ta santé[67], répondit Baïbars d’un ton glacial.

— Non, écoute, sérieusement, tu m’inquiètes. Par Dieu, tu m’es plus cher que mon fils ! Dis-moi seulement ce qui t’est arrivé, ça me fait vraiment de la peine de te voir chagriné comme ça.

— Eh ! est-ce que je n’ai pas de bonnes raisons pour ça ?

— Mais lesquelles donc ?

— Mon père, comment as-tu pu confier ton secret à Otmân, qui n’a rien dans la tête, et ne rien me dire à moi ? Sommes-nous à ce point étrangers ? Si tu me l’avais dit à moi, tu aurais été parfaitement dans ton droit, et je me serais mis en quête d’une maison…

— Mais enfin qu’est-ce que tu me chantes là ! se récria Najm El-Dîn.

— Comment, seigneur, n’as-tu pas dit à Otmân…

Et il lui rapporta toute l’affaire ; Najm El-Dîn, indigné, jura solennellement qu’il n’était au courant de rien.

— Tu ne lui as pas dit : “On vous donne un doigt et toute la main y passe et le bras derrière” ? demanda Baïbars.

— Fais-le venir ici ; nous verrons s’il ose redire cela en ma présence.

— *Bora* Otmân ! cria Baïbars.

— J’viendrai pas, j’viendrai pas !

— Ça suffit, viens ici !

— J’viendrai pas !

— Si tu ne viens pas, c’est moi qui vais aller te chercher !

Otmân finit par se décider à les rejoindre.

— Répète un peu ce que je t’ai dit, lui demanda Najm El-Dîn d’un ton sévère.

— Ben, tu m’as dit un truc et j’t’en ai dit un autre, bref tout ça c’était entre nous.

— Qu’est-ce que je t’ai dit ?

— Ben quoi, t’as pas dit : “On vous donne un doigt et toute la main y passe” ? T’as pas dit : “Vous avez donc pas honte pour votre réputation, allez donc vous chercher une maison à vous” ?

Najm El-Dîn était complètement affolé ; il jura par les serments les plus terribles qu’il n’avait jamais dit une chose pareille. Il était horriblement gêné ; ce n’est jamais agréable d’entendre rapporter des mensonges sur son propre compte, surtout quand on est un homme âgé et respectable…

— Espèce d’imbécile ! quand est-ce que je t’ai dit ça ?

— En dormant, l’ami, en dormant, répondit paisiblement Otmân.

— Comment ça, en dormant ?

— Ben oui, j't'ai vu en rêve quand j'dormais et tu m'as dit tout ça[68].

— Tu entends, mon fils, fit alors Najm El-Dîn à Baïbars. Franchement, est-ce que tu me crois assez dépourvu de vergogne pour tenir de tels propos ? Par la gloire de Dieu, tu peux rester ici jusqu'à la fin des temps, je n'y trouverais rien à redire : en quoi veux-tu que ça me dérange ? Je tiens maison ouverte, et tu m'es plus cher que mon fils.

Ils se réconcilièrent donc et firent la paix ; Baïbars se mit à récriminer contre Otmân. “Ne lui reproche rien, s'interposa Najm El-Dîn ; il n'a rien fait de mal. Dieu lui a envoyé ce rêve, et lui, dans sa naïveté, il s'est mis à parler à tort et à travers.”

Après avoir dîné et passé la soirée ensemble, chacun se retira dans ses appartements. Le lendemain, Baïbars se rendit au conseil. Il s'inclina profondément devant le roi.

— Dieu, ô Eternel ! O Toi le maître de toutes choses ! fit le roi. C'est Toi qui châtieras les prévaricateurs. Dis-moi, Baïbars, tes hôtes sont partis bien vite à ce qu'il me semble.

— En effet, *efendem*.

— Ils sont bien pressés… j'espère que ce n'est pas pour une affaire de vendetta ; ces choses-là ne sont pas permises.

— *Efendem*, Otmân a encore fait des siennes…

Il lui raconta toute l'histoire.

— *Allah ! Allah !* s'écria le roi. Ta bénédiction, cheikh Otmân. Mais, au fait, vous habitez toujours chez Najm El-Dîn ?

— Eh, oui.

— En ce cas, Otmân n'a pas eu tort, mon garçon. Non, non, ça ne va pas, ça !

— Comment cela, *efendem* ?

— Baïbars, il faut que tu aies ta maison à toi. Tu sais ce qu'est le monde et combien les gens sont grossiers. Par le Tout-Puissant, tu ne remettras pas les pieds au conseil tant que tu n'auras pas trouvé un palais à toi, où tu pourras accueillir tes hôtes.

— J'entends et j'obéis, dit Baïbars en s'inclinant profondément.

Il revint au palais de Najm El-Dîn[69] où il passa la nuit. Le lendemain matin, il fit ses ablutions, pria, termina par les invocations, déjeuna ; cela fait, il appela Otmân et lui ordonna d'aller chercher le chef courtier. Otmân s'en fut sur-le-champ et le lui amena peu après.

— Je voudrais que tu me trouves un palais, lui dit Baïbars.

— A tes ordres, mon prince ! Seulement, il faudra que tu attendes un mois…

— Pourquoi un mois ?

— Eh, par Dieu, mon prince, c'est que des palais, il n'y en a plus sur le marché ! A cette heure, les Levantins[70] ont acheté tout ce qui était à vendre, et il y en a encore certains qui cherchent. Mais, naturellement, ta seigneurie sera servie avant les autres…

— Bon, ça va, tu peux te retirer, répondit Baïbars.

Le lendemain était un vendredi ; Baïbars alla faire un tour en ville accompagné d'Otmân. Quand arriva l'heure de la prière, il entra dans la première mosquée qu'il rencontra ; mais il ne se trouvait là que sept ou huit fidèles.

— On ne fait pas la prière, ici ? demanda-t-il à l'un d'entre eux.

— Si, si, mais on a construit récemment une mosquée neuve, tout près d'ici ; les gens sont allés là-bas.

— Otmân ! appela Baïbars.

— Voilà, voilà, soldat !

— Va à la mosquée neuve et ramène quelques fidèles pour qu'ils prient ici.

Otmân se rendit à l'autre mosquée qu'il trouva pleine à craquer. “Eh, vous qui priez, cria-t-il, venez tous à la vieille mosquée, le soldat Nénars est là-bas tout seul, y a personne avec lui.” Et, malgré leurs protestations, il emmena tout le monde tambour battant jusqu'à la vieille mosquée.

Le prédicateur monta en chaire, fit son sermon, puis redescendit pour diriger la prière. Otmân, quant à lui, s'était mis près de la porte. Lorsque les gens commencèrent à sortir, il arrêta le premier.

— Dis donc, l'ami, lui demanda-t-il, combien de *rak'as*[71] t'as priées ?

— Les quatre *rak'as* coutumières du vendredi, plus les deux *rak'as* d'obligation, plus quatre autres, ça fait dix en tout.

— Très bien, que la lumière de Dieu soit sur toi ! Aboule dix mille piastres, fils de pute, ou bien, par le Prophète, j'te fais éclater la cervelle !

— Mais pourquoi je te donnerais ça ?

— Ben tiens, c'est la taxe sur la prière !

— Pitié, Otmân ! je te jure que je n'ai pas un sou sur moi.

— Eh ben alors, donne-moi ton manteau, répondit Otmân.

Et il le dépouilla de son manteau et de son turban. Un autre homme s'apprêtait à sortir.

— Hep, toi, l'ami, combien de *rak'as* t'as priées ?

— J'ai prié les deux *rak'as* d'obligation pour le vendredi.

— Eh ben, donne-moi vingt mille piastres !

— Pitié, Otmân, celui-là il a prié dix *rak'as* et tu lui as demandé dix mille piastres, et moi qui n'en ai prié que deux, tu m'en réclames vingt mille ?

— Non mais, tu veux marchander, eh ordure ! Çui-là, il a prié plus que toi, y s'est plus fatigué !

— Ecoute, Otmân, je n'ai pas un sou sur moi !

— Ben, aboule ta ceinture, elle est pas mal ; et puis ton turban, aussi.

Pendant ce temps, les fidèles qui n'arrivaient pas à sortir s'agglutinaient à la porte. S'apercevant de l'attroupement, Baïbars leur demanda :

— Eh bien, pourquoi vous ne sortez pas ?

— Seigneur, protège-nous ! répondirent-ils. C'est Otmân qui réclame la taxe sur la prière ; il nous prend toutes nos affaires !

— *Allah bela versin*[72] *!* s'écria Baïbars. *Bora* Otmân !

— Voilà voilà, soldat ! fit celui-ci.

— Qu'est-ce que tu fais ? Veux-tu laisser les gens sortir tranquillement !

— Te mêle pas d'mes attributions, soldat ! J'touche la taxe sur la prière.

A ces mots, Baïbars éclata de rire. "Fiche-leur donc la paix ! Ceux qui ne prient déjà pas quand c'est gratuit, tu crois qu'ils vont te donner de l'argent pour prier ? Allez, espèce de brute, laisse-les sortir et rends-leur leurs affaires, ça suffit les bêtises !" Et il s'efforça de calmer les victimes d'Otmân, en leur faisant comprendre qu'il avait l'esprit dérangé ; tout le monde finit par s'en aller.

Alors qu'il venait de sortir, Baïbars entendit un courtier qui criait : "Une maison à vendre ! Avec une porte d'entrée en cuivre jaune passé à la dorure ! Deux passages dans l'entrée, un à droite, l'autre à gauche..." Arrivé là, il s'arrêta pile.

— Eh bien, tu ne continues pas ta description ? lui demanda Baïbars.

— Comment veux-tu que je continue, seigneur ? Tu n'as pas vu ce démon, derrière toi ?

Baïbars se retourna et aperçut Otmân qui brandissait son bâton d'un air menaçant, comme pour dire : "Tu vas te taire, eh maquereau !"

— *Bora* Otmân ! s'écria-t-il, intrigué. Fiche-lui donc la paix et laisse-le continuer la description du palais.

— Eh, soldat, c'est un maquereau, ce type !

— Pourquoi ?

— J'le connais, moi, son palais ! Y a trois corps de bâtiment, c'est le plus beau du Caire... Seulement, soldat, il est hanté, y a plein de mauvais esprits dedans ! Et en plus y a une condition à la vente : çui qui veut l'acheter, y doit d'abord y passer une nuit. Eh ben, tous ceux qu'ont essayé, on les a retrouvés pendus au plafond ! Après ça, ceux qu'en étaient pas morts, même pour pas un rond y z'en voulaient plus ! Et c't'espèce de maquereau qu'essaie de t'aguicher pour que t'y rentres et qu'le lendemain j'te r'trouve pendu !

— Personne ne meurt avant le moment que Dieu a fixé, répondit Baïbars en souriant.

Il héla le courtier ; celui-ci tenait à la main une liasse de papiers qui contenait la description du palais. Baïbars la lui prit et alla s'asseoir un peu à l'écart pour la lire ; il en fut émerveillé. L'édifice se composait de trois corps de bâtiment enchâssés l'un dans l'autre ; le bâtiment intérieur, entièrement entouré d'arbres, comprenait quatre grandes salles et quatre *iwâns* avec des pièces plus petites sur le pourtour ; il contenait également plusieurs appartements indépendants. Le bâtiment du milieu, lui aussi, comprenait plusieurs grandes salles et des appartements indépendants. Le bâtiment extérieur contenait encore plusieurs appartements, et neuf chambres d'étage, qui prenaient toute la largeur de la façade, et formaient une sorte de fronton. L'ensemble était entièrement construit de pierre rouge. A la fin de la description, il était écrit : "Celui qui a édifié ce palais est le défunt Bâdîs El-Subki." Nous reparlerons plus loin de ce personnage.

Baïbars était fortement séduit par ce qu'il venait de lire.

— *Bâba*[73], dit-il au courtier, où sont les clés du palais ?

— Les voici, seigneur, répondit-il en les lui tendant.

— Viens, Otmân, reprit Baïbars, guide-moi.

— Mais, soldat, j'te dis qu'y a des mauvais esprits !

— Les mauvais esprits ne sortent pas pendant le jour ! Eh, c'est juste pour jeter un coup d'œil.

— Bon, allez, marche devant, j'te guide.

Ils arrivèrent à destination vers le milieu de l'après-midi. Pénétrant dans l'enceinte, ils se trouvèrent dans une cour immense, où dix mille cavaliers auraient pu évoluer à l'aise ; elle était tout entourée de chambres d'étage, auxquelles on accédait de l'intérieur du palais ; ces chambres ne figuraient pas dans la description. Au milieu du mur du fond se trouvait une grande porte de cuivre doré, avec un guichet. Baïbars ouvrit la porte. "Entre avec moi ! dit-il à Otmân. – Non, par le Prophète, j'entre pas, je reste t'attendre ici !" répondit-il.

Il entra donc seul, et visita le bâtiment ; il en fut si enchanté que, lorsque vint le coucher du soleil, il n'avait pas encore terminé la visite du bâtiment extérieur. Il alla rejoindre Otmân et lui dit :

— Par la protection de la Dame, ce palais est vraiment splendide, il n'a pas son pareil ! Puisse-t-il nous être échu en partage… Bon, Otmân, retourne vite au palais de Najm El-Dîn me chercher un tapis de prière, un bougeoir, des bougies et un Coran, et apporte-moi aussi de quoi dîner : je veux passer cette nuit ici.

— Mais, soldat, les mauvais esprits vont t'buter ! Y z'ont pas peur de ta boulette[74], tu sais !

— Celui qui s'en remet à Dieu n'a rien à craindre des créatures ! Allez, va vite chercher ce que je t'ai demandé.

— Bon, d'accord.

Quelque temps plus tard, il revint avec les affaires. Baïbars les prit et s'installa dans la grande salle ; il alluma la bougie, s'assit, dîna de bon appétit ; puis, après avoir fait la prière du soleil couchant et celle de la nuit tombée, il se mit à contempler la salle. "Si Dieu me donnait ce palais… après tout, c'est une chose bien insignifiante à Ses yeux", songeait-il.

Voilà pour lui. Quant à Otmân, il se rendit à El-Azhar et rassembla les aveugles[75] qui se trouvaient là. “Allez, frères, leur dit-il, venez avec moi, l'soldat Nénars fait une soirée de prières pour le repos de l'âme de son père !”

Connaissant la générosité de Baïbars, les religieux arrivèrent en foule ; Otmân rassembla ainsi de soixante à soixante-dix aveugles qu'il amena devant le sérail de Bâdîs.

— Bon, asseyez-vous là, leur dit-il quand ils furent arrivés à destination, y a toute la place.

— Mais qu'est-ce qu'on fabrique ici, Otmân ? demandèrent-ils.

— Un peu de patience, que la peste vous empoisonne ! Attendez que j'vous bonnisse le truc.

— Bon, alors dis-nous, qu'on voie de quoi il retourne.

— Ben voilà : le soldat Nénars est rentré dans l'palais. Et c'palais, mes frelots, l'est plein d'mauvais esprits ! Y vont sûrement l'buter. Alors, moi, c'te nuit, j'vais l'pleurer, et j'vous ai amenés ici pour que vous m'aidiez. Allez, pleurez un coup que j'voye comment vous faites !

— Mais à supposer qu'on ait pas envie de pleurer, Otmân ?

— Ah, bande de cocus, et c'gourdin, pourquoi j'l'ai pris avec moi, d'après vous ?

Et, se jetant sur eux, il leur infligea une grêle de coups de bâton. Cela fit un beau tumulte : “Ah, mon bras ! criait l'un. – Aïe, mon dos ! gémissait l'autre. – Ouille, ma jambe ! pleurnichait un troisième.

– Ah, quelle sale nuit !" reprenaient-ils en chœur. Et tous de crier et de pleurer, tandis qu'Otmân leur tannait le cuir de la belle manière.

Pendant ce temps, Baïbars vivait une aventure étrange et merveilleuse, que je m'en vais rapporter dans tous ses détails pour le plus grand plaisir de ceux qui m'écoutent… après avoir prié sur notre prophète bien-aimé Muhammad, que la prière et le salut de Dieu soient sur lui.

Baïbars, donc, continua à visiter le palais, passant d'une salle à l'autre, jusqu'à la quatrième heure de la nuit. A la fin, il était tellement surexcité qu'il se dit : "Je vais ouvrir le Coran et en réciter quelques pages, ça me calmera !"

Il ouvrit donc le Livre, posa le chandelier devant lui, et commença à psalmodier… quand soudain, sans crier gare, le chandelier se souleva dans l'air et alla se poser à l'autre bout de la salle ! Baïbars, resté dans l'obscurité, continua à réciter de mémoire… soudain, le Livre se souleva à son tour ! "Allons, courage !" se dit Baïbars en lui-même. "O Sultân Brâhîm[76], fit-il à haute voix, ô fils d'El-Adham, viens au secours de ton petit-fils !" Et il se remit à psalmodier le Coran, pendant que tout valsait autour de lui dans la pièce.

Cela dura ainsi jusque vers la cinquième heure. Alors, soudain, une voix se fit entendre, disant : "Ne crains rien, Mahmoud[77] ! Je suis ton ancêtre Sultân Brâhîm, fils d'El-Adham. Raffermis ton cœur, car je suis derrière toi !" En entendant ces paroles, Baïbars se sentit transporté dans une autre dimension.

Alors, il vit se dresser devant lui une forme immense ; ses pieds semblaient s'enfoncer dans la cave et sa tête touchait le plafond. "*Allah bela versin !* s'écria Baïbars. Tu crois que tu me fais peur ? Par la force de Dieu et Sa puissance, je ne te crains pas ! Si tu es juif, je te conjure par Moïse, l'Interlocuteur de Dieu ! Si tu es chrétien, je te conjure par Jésus, le Souffle de Dieu ! Si tu es musulman, je te conjure par Muhammad, l'Envoyé de Dieu ! Je t'ordonne de te présenter devant moi sous une forme humaine ! Par Dieu, je ne te crains pas : quand bien même ta tête atteindrait les nuages, tu n'es qu'une créature comme moi !"

Une voix se fit alors entendre : "Mon Dieu, que Ta prière, Ton salut et Tes bénédictions soient sur le Prophète[78]." Et la forme se mit à rapetisser jusqu'à atteindre la taille d'un être humain ; le mystérieux personnage alla chercher le chandelier et le posa devant Baïbars.

— Que le salut soit sur vous ! dit-il.

— Et que sur vous aussi soit le salut, avec la miséricorde de Dieu et Ses bénédictions, répondit Baïbars.

— Quel est ton nom, mon maître ?

— Mahmoud.

— Et qui est ton père ?

— C'est le khan Jamak.

— Et ton grand-père ?

— Le *chah* Mohammad, fils du cheikh Mahmoud, fils de Sultân Brâhîm El-Adham[79].

— Gloire à Dieu ! Les temps sont accomplis ! Tu es celui que désignait la Prophétie. Découvre ton front.

Baïbars s'exécuta, et l'autre vit les sept marques de la petite vérole[80].

— Seigneur, dit-il alors, il te reste à passer une épreuve ; si tu en sors victorieux, ce palais t'appartiendra avec tous ses meubles : tu posséderas les trésors qu'il contient, ainsi qu'une armure merveilleuse que seul peut porter un homme de sang royal, un combattant de la Foi, un guerrier dans la Voie de Dieu, qui laissera sa trace dans l'histoire.

— Quelle est cette épreuve ? demanda Baïbars.

— Lève la tête vers la voûte, lui ordonna l'autre.

Il leva la tête et aperçut, suspendu à la voûte, un anneau d'or dans lequel était passée une lance. "Je vais te soulever jusque là-haut, lui dit le djinn. Si tu as assez de force pour la tirer de son anneau, c'est que tu es bien celui qui est annoncé ; je te reposerai à terre avec la lance et je te raconterai son histoire. Mais si tu n'en es pas capable, je te lâcherai d'un coup, et tu te fracasseras la nuque en tombant ; alors je te ramasserai et je te jetterai hors du palais. Beaucoup de gens sont déjà entrés ; on les a tous ramassés morts le lendemain devant la porte."

Mais Baïbars n'avait d'yeux que pour la lance ; faite de sept métaux différents, elle était grosse comme une poutre et pesait vingt-cinq *ratls* de

Damas. “Bon, eh bien soulève-moi, et tu verras ce que tu verras, frère ! dit-il. Je m’en remets à Dieu, qu’Il soit exalté.”

L’autre le souleva, d’une seule poussée, assis sur la paume de sa main. Baïbars tendit le bras vers la lance, l’empoigna solidement de la main droite et, après s’être mis sous la protection de son aïeul Sultân Brâhîm, fils d’El-Adham, la tira de l’anneau et se mit à la faire tournoyer comme les ailes d’un moulin !

— Gloire à Dieu ! s’écria le djinn à cette vue. Par l’Ecriture qui est gravée dans la Stèle[81], tant que tu régneras nul autre que toi ne pourra la soulever, et tu abaisseras l’orgueil des plus grands guerriers de ton temps !

— Je m’en remets à Dieu, qu’Il soit exalté, dit Baïbars quand il fut revenu à terre. Mais toi, reprit-il, depuis combien de temps es-tu ici ?

— Assieds-toi ici, frère, je vais te raconter mon histoire.

— Parle, je t’en prie.

Histoire de Bâdîs El-Subki

Sache, frère, qu’au temps de notre seigneur le Prophète, il y avait dans ce pays un roi nommé Bâdîs El-Subki[82] ; guerrier redoutable, mais d’un caractère tyrannique et plein d’orgueil, il avait soumis tous les autres rois de cette époque. Bien qu’il eût entendu parler des miracles accomplis par le Prophète (que la prière et le salut de Dieu soient sur lui), il refusait de se soumettre à la vraie foi.

Or, parmi ces miracles, il avait entendu dire que le Prophète pouvait intercéder pour les pécheurs.

— Eh bien moi, décréta-t-il dans l'orgueil de son cœur, j'entrerai au paradis à la pointe de l'épée !

— Comment feras-tu ? lui demandèrent les grands de son royaume.

— Vous allez voir, leur répondit-il.

Et, sur-le-champ, il se leva et frappa dans ses mains : une armée de dix mille hommes sortit de terre ; il la nomma l'*odjaq*[83] des Esclavons[84]. Il fit confectionner dix mille cottes de mailles, constituées chacune de sept métaux différents, ainsi que des armes. Puis il fit aménager, dans Le Caire, une grande nécropole et se fit construire un gigantesque tombeau au milieu. Après quoi, il édicta une loi disant que tous ceux qui mourraient devraient être enterrés avec leurs armes.

Il fit confectionner, pour son propre usage, une armure tout ornée de pierres précieuses et ordonna aux grands de son royaume que, lorsqu'il mourrait, il soit enseveli vêtu de cette armure. Il ordonna aussi que ses mamelouks soient enterrés autour de lui, dans la nécropole, avec toutes leurs armes. Ainsi, au jour de la Résurrection, ils ressusciteraient tous ensemble, lui et ses mamelouks, et, l'épée au poing, ils forceraient l'entrée du paradis.

Quelque temps passa. Le roi Bâdîs, qui entendait toujours parler des miracles du Prophète (que la prière et le salut de Dieu soient sur lui), eut soudain envie de le voir de ses yeux. Il se mit en route et se rendit à Médine. “Où se trouve le Prophète (que la prière et le salut de Dieu soient sur lui) ?” demanda-t-il en arrivant. On lui indiqua la Pierre de la Prophétie. “N’y a-t-il pas un signe auquel je pourrais le reconnaître ? demanda-t-il. – Si, lui répondit-on. Au-dessus de sa tête se trouve un nuage qui le met à l’abri du soleil[85] et qui le suit partout.”

En entendant ces mots, Bâdîs sentit ses cheveux se hérisser et un flot de larmes coula sur ses joues. Il se dirigea vers la Pierre ; quand il arriva, le Prophète (que la prière et le salut de Dieu soient sur lui) venait d’y monter. Et il le vit si auguste, si imposant, que tout son corps se mit à trembler et demeura comme paralysé. Alors, il s’écria : “J’atteste qu’il n’est de divinité que Dieu et j’atteste que tu es Muhammad, l’Envoyé de Dieu[86] !” ; et il crut à la mission du Prophète (que la prière et le salut de Dieu soient sur lui).

Alors il s’en revint en Egypte et n’eut de cesse que toute la population ne fût convertie à l’islam. Le Prophète l’apprit et implora Dieu de donner la victoire à ses armes. Dès lors, Bâdîs abandonna son projet insensé. Un beau jour, il rassembla ses devins et leur demanda :

— Qui apparaîtra au Caire, après ma mort, pour hériter de ce palais et des trésors qui y sont entreposés ?

— Ce sera un homme nommé Mahmoud ; il viendra de Perse mais aura été élevé au Caire. Il montera sur le trône du prophète Joseph le Véridique[87] ; lui et ses fils seront des conquérants de la Foi, ils laisseront leur marque dans l'histoire et les hommes se transmettront leur souvenir de génération en génération.

— Et à quoi le reconnaîtra-t-on ?

— A deux choses : aux sept marques de petite vérole qu'il portera au front, et à la force de son bras.

— Quel poids pourra-t-il manier d'une seule main ?

— Un quart de quintal de Damas.

"Alors, reprit le djinn, le roi Bâdîs vint me voir et me dit : «Ton destin est d'attendre cet homme.» Depuis, je n'ai pas bougé d'ici. – Que Dieu te bénisse, frère", lui dit Baïbars.

Il sortit de la salle ; le jour s'était levé. "Il n'est de divinité que Dieu et Muhammad est le prophète de Dieu ! proclama-t-il. Ce qui t'est destiné te viendra en dépit de ta faiblesse ; et ce qui est destiné à un autre, tu ne l'obtiendras jamais, si fort sois-tu. Tout ce qui vient du Seigneur (qu'Il soit exalté et glorifié) n'est qu'aide et réconfort."

Une veillée funèbre qui finit bien

Alors qu'il se dirigeait vers le corps de bâtiment extérieur, il entendit soudain un fort bruit de pleurs et de lamentations ; tendant le cou à travers le guichet de la grande porte, il aperçut les religieux aveugles qui pleuraient et Otmân qui les rouait de coups de bâton en hurlant :

— Allez-y, bande de cocus ! Pleurez, fils de pute !

— *Bora* Otmân ! cria Baïbars à cette vue.

— Ah ben ça alors ! T'es encore vivant, soldat, y t'ont pas tué ? Tu les as cognés avec ta p'tite boulette ? Par le Prophète, y a pas d'plus grande brute que toi sur terre !

— Dis donc, Otmân, tu n'as pas fini de martyriser ces pauvres gens ? Pourquoi est-ce que tu leur tapes dessus ?

— Ben alors, soldat, tu voudrais pas que j'sois seul à t'pleurer, non ? J'les ai amenés pour qu'y pleurent avec moi. J'croyais qu'les mauvais esprits y t'avaient buté... ah ben j't'en fiche, t'es encore plus mauvais qu'eux ! C'est toi qui les as butés avec ta boulette. Non mais qué brute, par le Prophète !

Baïbars, riant sous cape, distribua quelques pièces d'argent aux aveugles et les consola par de bonnes paroles ; ils s'en furent en le couvrant de bénédictions.

— Allez, Otmân, entre dans le palais, fit-il ensuite.

— D'accord, soldat ! Comme ça, si les mauvais esprits sortent, toi tu les buteras et moi j'leur ferai les poches !

Il entra et se mit à fureter partout.

— Ah ben bravo, soldat ! Alors comme ça, c'est notre nouvelle maison ?

— Eh oui, Otmân.
— Dis *amen*, soldat.
— *Amen*, fit Baïbars.
— Que Dieu fasse miséricorde à celui qui nous l'a construite, il y a cinq cents ans.

Ils firent ainsi la visite du propriétaire, tous les deux. Après avoir parcouru le corps de bâtiment extérieur et celui du milieu, ils pénétrèrent dans le bâtiment intérieur.

— Au poil ! s'écria Otmân. On est dev'nus des huiles, à c't'heure ! Dis donc, y va en attraper la jaunisse, l'cadi peau d'gland !

— Mais enfin, qu'est-ce que c'est que cette histoire de "peau d'gland" ? demanda Baïbars, intrigué.

— T'aimerais bien l'savoir, hein ? Moi j'sais et l'boss Sâleh y sait, mais toi t'es qu'une andouille, tu sais rien du tout, tu connais qu'ta boulette, qu'la peste t'empoisonne, toi et celui qui t'l'a boulettée !

Otmân parlait ainsi, par énigmes et allusions voilées, car il était de ceux qui perçoivent la réalité cachée sous les apparences ; quant à l'émir Baïbars, il n'y comprenait rien. En fait, Otmân avait une bonne raison pour dire que le cadi allait en attraper la jaunisse : le jour où Baïbars s'était rendu au conseil et où le roi lui avait intimé l'ordre de s'acheter un palais, le cadi était rentré chez lui et avait fait venir le courtier, spécialiste de ce genre de transactions.

— Vois dans quelle mosquée Baïbars fera la prière, lui avait-il dit. Quand il sortira, tu te mettras à la porte et tu décriras le sérail de Bâdîs ; cela lui donnera envie de l'acheter, il ira y passer la nuit et le lendemain on le retrouvera étranglé : comme ça, nous en serons débarrassés.

— A tes ordres, mon maître, répondit le courtier. Où sont les clés ?

— Chez l'arrière-arrière-petite-fille de Bâdîs El-Subki.

Le courtier se fit indiquer la maison de la propriétaire ; c'était une brave femme qui vivait dans la pauvreté. "Donne-moi les clés du palais, lui dit-il, je connais quelqu'un qui pourrait l'acheter. – Prends-les, seigneur", répondit-elle. Elle lui donna également une liasse de papiers qui contenait la description détaillée des lieux. L'autre prit le tout et s'en fut ; après avoir suivi Baïbars jusqu'à la mosquée où il avait prié, il avait attendu qu'il sorte et s'était mis à réciter la description du palais ; Baïbars avait pris les clés, et il lui était arrivé ce qui lui était arrivé.

Pour ce qui est du courtier, il avait attendu jusqu'au soir afin de s'assurer que Baïbars passerait bien la nuit au palais. Lorsqu'il vit qu'il y restait et qu'Otmân était allé chercher les religieux aveugles, il s'en fut tout courant trouver le cadi. "Ça y est, mon maître, annonça-t-il en arrivant. Baïbars est sur place et Otmân est allé rassembler des aveugles pour le pleurer !" Le cadi lui donna deux pièces d'or pour le récompenser ; il était si joyeux qu'il ne put fermer l'œil de la nuit. Le lendemain matin, il se leva aux aurores, huma son café, puis il s'en fut au conseil, monté sur sa mule. Nous en reparlerons.

Le trésor de Bâdîs

Pendant ce temps, Baïbars avait envoyé Otmân chercher des ouvriers pour nettoyer le palais et le remettre en état ; après quoi il avait repris son exploration du corps de bâtiment intérieur. Nous avons dit que celui-ci comprenait quatre grandes salles avec quatre *iwâns*. Or, il s'aperçut que l'un d'entre eux était différent des autres : beaucoup moins profond, il semblait avoir été muré. "C'est bizarre, se dit-il intrigué, il n'est pas comme les autres… pourtant, s'il y avait un réduit derrière, il y aurait une porte."

Sur ces entrefaites, Otmân revint accompagné d'une quarantaine d'hommes qui entreprirent de nettoyer partout. Quand ils en eurent fini avec le bâtiment extérieur et celui du milieu, ils pénétrèrent dans le bâtiment intérieur ; Baïbars en prit quatre avec lui et leur dit de dégager l'*iwân*. Ils se retroussèrent les manches et se mirent à frapper sur la paroi à grands coups de masse.

Mais en vain : à chaque coup, la masse rebondissait dans une gerbe d'étincelles, sans même déloger un peu de poussière… Personne n'y comprenait rien. A la fin, Baïbars, intrigué, s'empara de la masse et se mit à cogner à tour de bras, sans obtenir davantage de résultats.

Or, il se trouvait parmi les ouvriers un vieux Cairote plein d'expérience[88]. Voyant ce qui se passait, il s'approcha de Baïbars et lui glissa à l'oreille : "Seigneur, c'est pas par hasard que c'est bouché. Il y a sûrement une cachette là-derrière, mais il faut connaître le truc pour y arriver. Si ta seigneurie veut bien renvoyer tous les ouvriers et dire à Otmân de chercher un peu de braise, et ensuite de garder l'entrée du palais, je me charge du reste. – Très bien", répondit Baïbars qui s'en fut rejoindre les ouvriers. "C'est fini pour aujourd'hui, les enfants ! leur dit-il. Venez toucher votre paye." Il les paya largement, et ils s'en furent. Nous n'en reparlerons plus…

Baïbars ordonna alors à Otmân d'aller chercher un peu de braise ; à son retour, il l'envoya monter la garde devant la porte, en lui recommandant bien de ne laisser entrer personne.

Quand il se fut retiré, le vieux Cairote sortit un peu d'encens de sa poche et le posa sur les braises, tantôt murmurant, tantôt chantonnant des paroles incompréhensibles. Il tenait à la main une baguette dont il donnait de petits coups sur le sol, pour la pointer ensuite contre la paroi.

Soudain une épaisse fumée s'éleva et le mur sembla se dissoudre, laissant apparaître un gros coffre de cuivre jaune, de chaque côté duquel était entassée une quantité de coffres plus petits. "Que Dieu te bénisse et te rende la vie aisée, seigneur !" souhaita le vieil homme. Il s'avança vers le grand coffre, l'ouvrit et en tira l'armure royale de Bâdîs El-Subki, sa couronne et son poignard, arme splendide, telle qu'aucun roi de ce temps n'en possédait de semblable.

Baïbars donna une grosse poignée de pièces d'or au vieux Cairote. "Implore Dieu pour moi, mon oncle, lui recommanda-t-il. – Que le Seigneur t'accorde Son secours et qu'Il te donne tout ce que tu désires, mon prince !" répondit l'autre.

Et il s'en fut, serrant ses pièces d'or dans le pli de son manteau. Il arriva au bâtiment extérieur et s'apprêtait à sortir, quand Otmân le héla : "Hep, mon gars, qu'est-ce que tu planques là ?" lui dit-il.

L'autre était bien embarrassé : s'il lui disait que c'était de l'argent donné par Baïbars, Otmân risquait de le lui reprendre ; d'autre part, s'il appelait Baïbars au secours, celui-ci ne l'entendrait pas depuis le bâtiment intérieur. Il ne savait que faire, surtout qu'il n'était pas bien riche, il avait des enfants à nourrir et il était bien content d'avoir reçu cette récompense ! Soudain, une idée lui vint :

— Ecoute, Otmân ! dit-il.

— Qu'est-ce que c'est, mon pote ?

— Figure-toi qu'hier j'ai fait un drôle de rêve. J'ai rêvé que vous aviez acheté le palais de Bâdîs, et que Baïbars t'avait dit d'aller chercher des ouvriers…

— Pourvu que ce soit bon signe ! interrompit Otmân.

— Donc, tu amenais des ouvriers, et j'étais parmi eux. Nous étions en train de balayer quand Baïbars a aperçu quelque chose de bizarre. Alors, je lui ai dit : "Renvoie les ouvriers, je ferai le travail moi-même." Il a renvoyé les ouvriers, j'ai fait le travail et pour me récompenser il m'a donné des sous, en me disant : "Prie le bon Dieu pour moi, tu peux t'en aller." J'ai pris les sous, et je suis parti tout content, en me disant : "Ça fera du pain pour mes enfants !" Mais, au moment où je sortais du palais, tu m'as barré la route, en me disant : "Eh, mon pote, qu'est-ce c'est qu'tu planques là ?" J'ai eu peur que tu me prennes mes sous, alors je t'ai dit…

Et il recommença tout depuis le début ; Otmân était tellement captivé par ce récit qu'il ne s'apercevait pas que l'autre reculait petit à petit : bientôt, il se trouva dans le bâtiment du milieu alors qu'Otmân était encore planté devant la porte. A ce moment, le vieil homme se mit à crier à tue-tête : "Seigneur ! Y a Otmân qui veut me prendre les sous !" Baïbars l'entendit et arriva en courant.

— Enfant d'salaud, va ! s'écria Otmân. Ton rêve c'était juste un truc pour te sauver, hein, ordure !

— Mais enfin de quoi tu te mêles ? le réprimanda Baïbars. C'est son salaire ! Allez, laisse-le partir tranquillement et viens plutôt voir ce que Dieu nous a donné.

Après avoir bouclé la portée d'entrée, ils entrèrent tous deux dans le bâtiment intérieur. Arrivé dans la cachette au trésor, Otmân aperçut un tas de pierres précieuses. "Soldat, dit-il, donne-moi quelques cailloux comme ceux-là, j'ai envie d'm'en faire faire un ceinturon. – Mais bien sûr, Otmân !" répondit Baïbars qui lui donna quarante et une pierres. "Seulement, attention, reprit-il, ne va pas les montrer au premier venu ; demain, nous irons ensemble chez le bijoutier et je te les ferai monter sur un ceinturon. – D'accord."

Baïbars commença à fouiller dans les petits coffres ; il y trouva les armures des mamelouks esclavons dont nous avons parlé plus haut. "Si Dieu voulait mes souhaits, Il me permettrait de reconstituer cet *odjaq*", se dit-il. Puis il se mit en devoir de mettre les coffres en lieu sûr, afin que personne ne puisse les découvrir.

Pan dans l'œil du cadi !

Quant à Otmân, il laissa Baïbars à ses occupations, ouvrit la porte du palais et, ses pierres à la main, se mit à déambuler dans les rues en criant : "Qu'est-c'qu'on en a trouvé plein, des comme ça !" Et, tout en marchant, il les faisait couler d'une main dans l'autre. Chemin faisant, il rencontra le cadi qui passait justement par là. "Eh, l'cadi ! Pan dans l'œil, eh, peau d'gland ! Tu verrais tout c'qu'on en a trouvé, des comme ça ! – Viens donc me montrer ça, Otmân !" répondit-il. Il prit les pierres, se mit à les tourner et à les retourner entre ses doigts… et réussit à en subtiliser une ; après quoi, mine de rien, il s'en alla au conseil.

Lorsqu'il arriva, le roi était ravi en extase par le Nom du Tout-Puissant. "O Hâjj Châhîn, disait-il, tu as beau te fatiguer, tu as beau te donner du mal, tu n'arriveras à rien ! Car le gain n'est pas pour celui qui dissimule, mais pour celui qui distribue."

Sur ces entrefaites, le cadi entra, salua le roi et s'assit à sa place. "Seigneur, dit-il, ton fils Baïbars a rouvert le sérail de Bâdîs et a trouvé quantité de babioles comme celle-ci…"

Il n'avait pas fini ces mots qu'Otmân entra comme un boulet de canon. "Eh alors, cadi, criait-il, ça t'suffit pas d'être peau d'gland, t'es voleur en plus !" Il lui arracha la pierre des mains et s'en alla comme il était venu.

En effet, lorsqu'il était allé chez le bijoutier pour se faire faire son ceinturon, celui-ci avait compté les pierres et en avait trouvé seulement quarante. "Eh dis donc, mon pote, y en avait quarante et une ! lui avait dit Otmân. – Recompte-les toi-même, seigneur", avait répondu l'autre. Otmân avait vérifié : effectivement, il n'y en avait que quarante. "Encore un coup signé du cadi ! Ah, l'maquereau ! Va donc, eh, peau d'gland, avec ton aubergine mal décalottée !"

Et, d'une traite, il courut jusqu'à la salle du conseil, récupéra son bien et, toujours courant, revint chez le bijoutier. Il lui donna la pierre, puis s'en retourna auprès de Baïbars.

— Où étais-tu ? lui demanda ce dernier.

— Chez l'bijoutier.

— Encore une bêtise ! Personne ne t'a vu, au moins ?

— Mais enfin, qui c'est qu'tu voulais qui m'voye ? répliqua Otmân indigné.

Mais à peine Otmân avait-il quitté le conseil que le cadi s'écria : "*Efendem*, ces biens doivent être confisqués au profit du Trésor des musulmans[89] ! – Qu'on aille chercher Baïbars", répondit le roi.

Ce dernier était justement en train de faire un brin de toilette quand le messager arriva : "Viens, seigneur, lui dit-il, notre maître le roi veut te parler." En toute hâte, il se rendit au conseil, et s'inclina profondément devant le roi.

— Que Dieu te récompense de tes peines, mon fils, lui dit-il. C'est vrai que tu as rouvert le sérail de Bâdîs ?

— C'est vrai, *efendem*.

— Et qu'as-tu trouvé dedans ?

— Des pierres précieuses.

— Mon fils, celles-ci doivent revenir au Trésor.

— *Efendem*, est-ce que je tiens à l'argent et aux pierres précieuses ? Tout ce qui m'intéresse, c'est le palais. Pour le reste, grâce à la bonté de Dieu, et à la tienne, j'ai tout ce qu'il me faut, et plus encore.

Alors qu'ils parlaient ainsi, une femme entra dans la salle en criant :

— *Efendem*, je demande justice ! Maudits sont les oppresseurs et ceux contre qui s'élève la plainte des femmes !

— Qui donc t'a fait du tort, ma brave femme ? demanda le roi.

— *Efendem*, c'est toi-même !

— Ho ho ! Tu entends ça, Hâjj Châhîn ? Il paraît que c'est moi qui lui ai fait du tort ! Mais dis-moi, ma brave femme, en quoi est-ce que je t'ai fait du tort ?

— En voulant confisquer mes biens que j'ai hérités de mon père et de mon grand-père.

— Ma bonne femme, je ne comprends rien à ce que tu racontes !

— Prends ce registre généalogique, tu comprendras tout.

— Qu'on le passe au cadi, afin qu'il en donne lecture, ordonna le roi.

Le cadi prit le registre qui était tout entier écrit à l'encre d'or. Les premières pages étaient de la main même du roi Bâdîs El-Subki, puis de celle de son fils, de son petit-fils, et ainsi de suite, d'une génération à l'autre, jusqu'à la femme en question.

— O puissant roi, reprit celle-ci quand la lecture fut achevée, ce palais appartenait à mon père, à mon grand-père et au grand-père de mon grand-père : comment peux-tu le confisquer et dire à Baïbars : "Ces pierres précieuses doivent revenir au Trésor" ?

— Tu n'as qu'à nous le vendre ! suggérèrent le cadi et quelques-uns des ennemis de Baïbars.

— Non, je le vendrai à celui qui l'a rouvert, un point c'est tout ! C'est tout de même curieux : tout le temps qu'il est resté fermé, vous n'étiez pas si pressés de l'acheter ! Mais devant cette soudaine affluence, je te prends à témoin, ô puissant roi, ainsi que tous les dignitaires qui sont ici, que je le vends à l'émir Baïbars, secrétaire aux placets, pour la somme de dix mille piastres, depuis quarante coudées de profondeur jusqu'à quarante coudées de hauteur, avec tous les bâtiments, conformément à la Loi de Muhammad, de mon plein gré, sans y être contrainte ni forcée, et jouissant de toute ma santé et de toutes mes facultés mentales.

— Rédige le procès-verbal, cadi ! ordonna le roi.

La femme tendit alors le registre généalogique et l'ancien acte de propriété à Baïbars, en lui disant : "Tu es mon fils par le pacte de Dieu. Va tout de suite chercher l'argent, afin que je le perçoive en ce conseil, en présence du roi et des dignitaires."

Baïbars s'en fut chez Najm El-Dîn et préleva les dix mille piastres sur ses fonds personnels ; il les versa à la femme devant le conseil. Celle-ci demanda encore au cadi : "Rédige-lui également un reçu censément de ma main comme quoi j'ai perçu la somme dans sa totalité, en paiement du palais." Le cadi s'exécuta ; il faisait une tête d'enterrement de première classe… Il donna le reçu à Baïbars qui le glissa à l'intérieur de l'acte de vente.

— Va, mon fils, dit alors la femme, et que Dieu te bénisse ! Sache que j'ai une grande nouvelle à t'annoncer : tu seras roi ! Car j'ai vu en songe mon ancêtre Bâdîs El-Subki ; c'est lui qui m'a ordonné de me présenter au conseil et de te vendre le palais, et qui m'a prévenue que tu es celui qu'annoncent les prophéties. "Ma fille, m'a-t-il dit, celui-ci sera le lieutenant de Dieu sur terre, et grâce à lui, tu seras comptée parmi ceux qui jouissent des faveurs de Dieu !"

— Je m'en remets à Lui[90], répondit Baïbars.

La tentation des richesses

La femme prit alors congé et s'en fut ; Baïbars s'en retourna également à son palais. Il n'avait pas tourné le dos que le cadi se mit à comploter à voix basse avec le vizir du côté gauche, Aïbak le Turkmène. "Comment Baïbars il a beau palais avec les trésors et nous gens du Caire nous n'avons pas ?" grommelait ce dernier.

Le cadi, après quelques instants de méditation, prit la parole en se tournant vers le roi :

— *Efendem*, l'habitude de la fortune durcit le cœur ; or, ce Baïbars a maintenant une fortune considérable car la maison de Bâdîs contient des biens en quantité. *Ergo*, Ta Majesté est en danger, puisque celui qui a le cœur endurci par l'abondance des richesses… Eh bien, l'abondance des richesses lui a endurci le cœur. Par conséquent, il serait souhaitable que notre maître confisquât lesdites richesses[91].

— Mais elles lui appartiennent ! dit le roi. Sous quel prétexte pourrions-nous les lui confisquer dès lors qu'il les a légitimement acquises, en notre présence ?

— *Efendem*, permets-moi de te donner un autre avis.

— Dis toujours.

— *Efendem*, Baïbars n'est-il pas ton esclave ?

— Oui certes.

— Eh bien ! tu n'as qu'à le mettre à mort, et tu hériteras automatiquement de lui, en toute légalité.

— Mais, cadi, je n'ai pas d'autre esclave que lui !

— *Efendem*, je m'engage à t'envoyer en compensation cent mamelouks, et Aïbak en fera autant[92].

— Eh bien alors, s'écria le roi, amenez Baïbars, que nous le mettions à mort !

Pendant ce temps, Baïbars mettait de l'ordre dans le palais. Lorsqu'il reçut la convocation du roi : "Ah, soupira-t-il, il avait bien raison, celui qui disait : «Le monde, prends-en une poignée, et tu attraperas deux fois plus d'ennuis.» Eh bien, celui qui a de l'argent, chacun de ses soucis en vaut deux, alors que celui qui n'en a pas, il ne s'en fait jamais pour plus de deux piastres. Enfin, si Dieu nous a donné tout ça, ce n'est pas pour que nous nous attachions aux biens terrestres. Apparemment, le roi est décidé à m'envoyer chercher toutes les heures, à présent… Bon, Otmân, reprit-il, tiens le palais à l'œil pendant mon absence."

Il se rendit au conseil, s'inclina profondément devant le roi et attendit.

— Baïbars, lui dit le roi, figure-toi que, si je te faisais mettre à mort, j'hériterais de toi !

— Bien sûr, *efendem* ; ce que possède l'esclave revient à son maître.

— Mufti *efendi* ! appela le roi.

— Me voici, *efendem*.

— Donne-moi une *fatwa*[93] qui m'autorise à mettre Baïbars à mort.

— Pardonne-moi, *efendem*, mais je ne puis pas faire cela ! Comment pourrais-je te donner une telle *fatwa*, alors qu'il n'a commis aucun crime ?

— Eh bien alors, comment faire pour le tuer ?

— Pardonne-moi encore : as-tu vraiment l'intention de le tuer, au mépris de la justice et par amour des biens terrestres ?

— Ho, ho, Hâjj Châhîn ! s'exclama le roi d'une voix qui semblait sortir du fond de son être. Tout ça pour qu'on dise de moi que je suis attaché aux biens terrestres ! Eh bien, par la gloire de Dieu, de ce jour je ne possède plus rien, ni or, ni argent ! Va, Baïbars, et que Dieu te permette de jouir en paix de ton palais. Ils m'avaient promis deux cents mamelouks si je te faisais mettre à mort ; eh bien, par ma tête, je te les enverrai. Ce sera ta troupe personnelle.

Baïbars s'inclina à nouveau devant le roi et retourna dans son palais ; il ne savait pas d'où venait cette nouvelle machination. Il continua à remettre le palais en état, avec Otmân, jusqu'au milieu de l'après-midi.

Alors qu'Otmân se trouvait devant la porte, il aperçut soudain un officier, précédé de deux porte-drapeaux et suivi de deux cents mamelouks avec chevaux, armes et bagages ; la troupe s'arrêta devant le palais.

— Holà, palefrenier ! Où est l'émir Baïbars ? criaient-ils.

— Eh, qu'le diable vous emporte, s'écria Otmân furieux d'être encore dérangé. Il est là, bande de cocus, qu'est-c'que vous lui voulez, qu'la peste vous empoisonne !

Et il courut avertir Baïbars : "Viens voir, soldat, lui dit-il, y a deux-trois mille enlukés[94] devant la porte !" Baïbars sortit à leur rencontre ; les officiers s'avancèrent, le saluèrent militairement et lui remirent un billet, de la part du roi El-Sâleh : "Baïbars, disait-il, prends bien soin de ces hommes ; ils sont tes frères."

— Soyez les bienvenus, leur dit Baïbars. Entrez et installez-vous dans les chambres.

— Mais qu'est-ce qu'y s'passe, soldat ? demanda Otmân, qui était arrivé entre-temps.

— Eh bien, Otmân, ces mamelouks seront désormais notre troupe personnelle.

— Ah ben v'là aut' chose ! Et comment on va les faire bouffer, dis-moi un peu ?

— Mais c'est le roi qui prend leur entretien en charge ! De toute façon, c'est Dieu qui donne à chacun sa subsistance…

— Ouais, mais y m'ont dit : "Hé toi, l'palefrenier !" J'suis-t-y leur palefrenier, à ces cocus d'enlukés ?

— Mais pas du tout, tu es mon frère ! protesta Baïbars.

Il fit venir aussitôt les officiers et les deux cents mamelouks pour mettre les choses au point. “Ce garçon n’est pas le palefrenier, leur dit-il. C’est mon frère, et vous le traiterez comme vous me traitez moi-même. – A tes ordres, *efendem*”, répondirent-ils. Après quoi, il s’occupa d’installer les soldats dans les chambres du corps de bâtiment extérieur ; les officiers eurent droit à deux des chambres d’étage.

Otmân retrouve des copains

Le lendemain matin, Baïbars appela Otmân. “Otmân, lui dit-il, ces mamelouks sont encore des bleus, ils ne savent pas s’occuper de leurs chevaux. Tu sais quoi, il faudrait que tu nous embauches quelques palefreniers, des gars costauds. – A tes ordres, mon prince ! J’peux t’en ramener tant qu’t’en veux, y a qu’ça au Caire !”

Le bâton sur l’épaule, il s’en fut tout droit aux grottes de Zaghliyyeh et au Tombeau du gouverneur. Les quarante truands de son ancienne bande s’y trouvaient encore[95] ; c’était maintenant le Fils de la Grande qui était leur chef. Ils accueillirent Otmân avec les larmes aux yeux : “Alors, tu nous as laissés tomber, Otmân ? – Hé là, pas d’rouspétance ! Asseyez-vous un peu, j’ai deux mots à vous dire.”

Ils s'assirent en cercle autour de lui, et il leur tint ce discours :

— Eh, par Dieu, mes frelots, y en a pas un seul de vous qui s'est repenti, et à c't'heure, vous êtes tous pouilleux, fauchés et compagnie, vous avez rien à croûter. Moi, d'mon côté, j'me suis repenti et l'bon Dieu a accepté mon repentir. Vous avez qu'à faire comme moi, et j'vous emmènerai chez le soldat Nénars, vous prendrez du service chez lui. J'vous ferai faire des frusques en bon drap de laine, comme moi, vous aurez d'la bonne bouffe, et j'vous donnerai des sous tant qu'vous en voudrez.

— On viendra avec toi, Otmân, répondirent-ils. Après tout, on n'est pas mieux qu'toi, mon frelot !

— D'accord, qu'la lumière de Dieu soit sur vous !

Il les emmena donc tous au palais et les présenta à Baïbars.

— Regarde-moi ça, soldat ! dit-il fièrement. Ceux-là c'est moi qui les ai tous formés à coups d'taloches : c'est tous des vrais braves.

— Eh bien, tu vas les emmener au hammam, et tu iras leur chercher des vêtements neufs chez notre *darazi bâchi*[96].

— Très bien, qu'la lumière de Dieu soit sur toi !

Il les emmena donc au hammam, et leur donna de bons vêtements en drap de laine. Bien décrassés, rasés de près, l'âme en repos, ils enfilèrent leurs habits neufs ; lorsqu'ils sortirent du hammam, Otmân les emmena tout droit au sanctuaire de la Dame, la Protectrice du Caire, et ils se repentirent devant Dieu de tout ce qui provoque Sa colère ;

désormais, ils furent tous sous la protection de la Dame du Caire (que Dieu l'agrée).

Lorsqu'ils rentrèrent au palais, Baïbars, après avoir félicité Otmân, inscrivit leurs noms sur son registre et fixa à chacun son salaire ; il les plaça sous le commandement du Fils de la Grande. "Si vous marchez droit avec moi comme Otmân, leur dit-il, je vous ferai faire des ceinturons incrustés de pierres précieuses comme le sien, et vous pourrez épater vos amis ! – Bien volontiers, patron", répondirent-ils. Ensuite, il leur donna cinq pièces d'or à chacun. "Ça, c'est un cadeau de bienvenue, en plus de vos salaires. – Que l'bon Dieu te donne longue vie, seigneur !" souhaitèrent-ils en saluant jusqu'à terre.

Cela fait, Baïbars envoya Otmân, accompagné d'une dizaine de truands, chercher leurs affaires chez Najm El-Dîn, après quoi tout le monde alla se coucher. Le lendemain, chacun d'entre eux prit ses fonctions et s'installa définitivement chez l'émir Baïbars. Voilà pour l'achat du sérail de Bâdîs El-Subki.

Harhach le rebelle

Du temps où il ne s'était pas encore repenti, Otmân avait un ennemi juré du nom de Harhach ; ils s'affrontaient sans cesse, chacun à la tête de sa bande : Harhach lui aussi commandait à quarante mauvais garçons. Quand il vit qu'Otmân et ses hommes avaient pris du service chez Baïbars, qu'ils se promenaient de par la ville revêtus de beaux habits neufs et que les gens disaient sur leur passage : "Voilà les hommes de Baïbars", il fut rempli de jalousie, car il se considérait comme l'égal d'Otmân.

Un soir qu'il se trouvait avec ses hommes, dans le courant de la conversation, l'un d'entre eux l'interpella soudain : "Comment ça s'fait qu'les trous-du-cul d'la bande à Otmân y z'avaient qu'des mauvaises tuniques et maintenant, quand y s'baladent dans la ville, on les prendrait pour des *capitanios* tellement qu'y z'ont du jonc plein les poches ?"

Ce discours piqua au vif l'amour-propre de Harhach ; mais il n'osait s'en prendre directement à Otmân, maintenant que ce dernier avait des fonctions officielles. Bref, il ne savait trop que faire. Il finit pourtant par se décider.

— Ecoutez-moi bien, les gars ! Vous croyez vraiment qu'la bande à Otmân vaut mieux qu'nous ? Eh ben moi, j'suis prêt à m'faire crever pour prouver l'contraire ! Si j'réussis, après on vous prendra tous pour des vizirs ; et si j'rate, c'est qu'j'y aurai laissé ma peau !

— Qu'est-c'que tu veux faire, Harhach ? demandèrent-ils.

— Une de ces nuits, on ira attaquer le sérail de Bâdîs ! On fera la peau à Otmân et à sa bande, et aussi à son chef, Baïbars ; et puis on pillera le palais.

— C'est une affaire qui marche ! répondirent-ils en chœur.

Il leur donna donc pour consigne de se tenir prêts la nuit suivante. Nous en reparlerons.

Mais – ô surprise ! – figurez-vous que l'un des truands de la bande à Harhach était un grand ami d'Otmân. Le lendemain, soigneusement déguisé, il alla le voir.

— Salut mon vieux ! s'écria Otmân.

— Otmân ! mon frère, prends garde ! Harhach te veut du mal. La nuit prochaine, il a l'intention d'attaquer le palais !

— Compris. Que la lumière de Dieu soit sur toi.

L'autre s'en fut, laissant Otmân à ses méditations[97]. Il savait bien qu'avec Harhach et ses quarante braves, il se heurtait à forte partie : du temps où lui-même faisait les quatre cents coups, il n'opérait que pendant la nuit ; alors que Harhach, lui, opérait de nuit et de jour.

Il attendit tranquillement que le soir vienne ; il dîna, en compagnie de Baïbars, puis ils s'installèrent pour passer la soirée. Otmân avait pour habitude de dormir dans la même chambre que Baïbars. "Soldat, lui dit-il, j'ai drôlement sommeil, ce soir. – Attends un peu, que nous fassions la prière de la nuit", répondit Baïbars.

Lorsque l'heure arriva, ils firent la prière de la nuit et finirent par leurs invocations, puis ils s'assirent pour bavarder un peu. Mais Otmân ne faisait que bâiller et dodeliner de la tête, si bien qu'il finit par donner sommeil à Baïbars.

— Eh bien, qu'est-ce que tu as, ce soir ? Tu n'as pas l'air dans ton assiette, fit-il enfin.

— Soldat, j'ai mal à la tête. Des fois, ça me prend comme ça. Le seul truc qui me le fasse passer, c'est de dormir. Et c'te nuit, qu'est-c'que j'déguste !

— Eh bien, allons dormir, dit Baïbars. Il se leva, alla dans sa chambre et se mit au lit.

Otmân attendit qu'il soit endormi, puis il se leva, l'enferma à double tour dans sa chambre et sortit ; il boucla également la porte du bâtiment du milieu et se rendit au corps de bâtiment extérieur. Il rassembla les palefreniers et les mamelouks de la troupe de Baïbars et leur dit :

— Eh, les gars, avis à la population : c'te nuit, le premier qu'allume une loupiote ou qui fait du bruit, j'y dévisse le colbac ! Hé, les fils de Haydab !

— On est là, répondirent les truands.

— Vous vous mettez tous en tenue. Quarante d'entre vous restent planqués dans l'écurie, les quarante autres prennent leur gourdin et se tiennent prêts à intervenir. Dans la bande de Harhach, ils sont quarante, avec lui ça fait quarante et un ; j'me prends Harhach et quand j'gueulerai : “A moi les fils de Haydab ! A moi les braves !” vous arrivez, vous vous en prenez chacun un, vous l'chatouillez un peu où c'est qu'ça l'grattouille et vous l'mettez à poil. Bon, maintenant, quand j'gueulerai : “A moi les fils de Haydab !” pour la deuxième fois, tous ceux qu'étaient dans l'écurie sortiront avec des cordes, et chacun ligotera son type ; le premier qui le laissera échapper, j'y dévisse le colbac !

— C'est une affaire qui marche, Otmân ! répondirent-ils.

Otmân fit ensuite venir quarante mamelouks triés sur le volet parmi la troupe de Baïbars : chacun d'entre eux était de taille à tenir tête à une armée[98]. "Bon, vous, les enlukés, vous vous mettez en tenue et vous vous planquez dans vos chambres, leur dit-il. Quand j'gueulerai : «A moi les enlukés !» vous sortirez et vous vous assoirez chacun sur un type." Il appela enfin les porte-flambeaux : "Ce soir, leur ordonna-t-il, vous allez vous planquer avec vos loupiotes. Quand j'gueulerai : «Lumière !» vous les allumez et vous arrivez. – D'accord", répondirent-ils.

Il y avait quatre ou cinq flambeaux allumés dans le corps de bâtiment extérieur ; Otmân alla les éteindre, plongeant les lieux dans l'obscurité. Voilà pour lui.

Quant à Harhach, il avait rassemblé ses hommes dans les grottes de Zaghliyyeh après la tombée de la nuit et avait donné le signal du départ. Ils arrivèrent sur place à la cinquième heure de la nuit ; en marchant, ils faisaient entendre un cliquetis de métal : chaque truand était vêtu d'une armure de trente-six pièces en acier poli.

L'*osta* Otmân s'était posté sur la plus haute terrasse du bâtiment extérieur pour guetter leur arrivée.

Quand il les aperçut, il redescendit quatre à quatre. Il ôta les verrous de la petite porte qui donnait sur l'extérieur et, la laissant seulement fermée au loquet, se cacha derrière.

Sur ces entrefaites, Harhach était arrivé. "Eh ben, v'là l'bébé !" dit-il à ses hommes. Ils regardèrent : ce n'était pas très encourageant. Les murs extérieurs du palais étaient hauts comme des remparts, trop hauts pour qu'ils puissent lancer leurs grappins. En plus, ils étaient solidement bâtis, les pierres étaient jointées avec du plomb : pas moyen de les desceller pour creuser un tunnel. Et, de toute façon, ils étaient trop lourdement armés pour cela.

— Bon, alors, qu'est-ce qu'on fait, capitaine Harhach ? demandèrent-ils, passablement déconfits.

— Y a qu'une seule solution : trouver un truc pour ouvrir la porte, répondit-il.

Il s'approcha en retroussant ses manches et, prenant une profonde inspiration, poussa un grand coup… La porte s'ouvrit d'elle-même. Il ricana de satisfaction et, d'un coup de sifflet, rameuta sa bande.

— V'nez un peu voir c'coup d'bol, les gars ! Le p'tit pédé qu'vous appelez la Fleur des Truands du Caire, il est tellement débile qu'il a oublié d'boucler la lourde !

— Gaffe-toi qu'ce soit pas un coup tordu d'Otmân, capitaine !

— Attendez un peu, j'vais vous dire ça.

Il ôta son turban, le posa au bout de son gourdin, le fit passer par l'embrasure et l'agita de l'autre côté de la porte : comme ça, pensait-il, si quelqu'un était caché derrière, il taperait dessus en croyant que c'était un rôdeur qui essayait d'entrer, et la ruse serait éventée.

Mais Otmân comprit parfaitement l'astuce : "Ah, p'tit trou-du-cul, grommelait-il dans sa barbe, tu veux m'apprendre mon métier ? Non mais, tu prends Otmân pour un plouc, tu crois que j'suis pas capable de faire la différence entre un turban et un gourdin ? Entre, mais entre donc, pauv' cloche ! De quoi t'as peur ?"

Voyant que rien ne se passait, Harhach siffla : seul le silence lui répondit ; il ôta son turban de son gourdin, le mit au bout de son pied et le passa à travers l'embrasure, comme le font habituellement les voleurs : toujours rien. Pendant qu'il s'escrimait à l'agiter dans tous les sens, Otmân ricanait : "Ah la sale brute ! Ah l'enfoiré ! Tu prends l'*osta* Otmân pour un demeuré ou pour un lavedu ? Par le Prophète, mon cerveau c'est une perle !"

Quant à Harhach, il alla rejoindre ses hommes.

— Vous pouvez entrer, leur dit-il. Ayez pas peur.

— Mais, capitaine, on a peur d'la Fleur des Truands du Caire.

— Bande de cloches ! Vous avez peur de ce p'tit trou-du-cul quand j'suis avec vous ?

Et il entra comme une fleur, tombant dans le piège que lui avait tendu l'*osta* Otmân. Ses hommes le suivirent, et tous se retrouvèrent dans la cour du palais qui, comme nous l'avons dit, était plongée dans l'obscurité complète. Otmân en profita alors pour se glisser parmi les truands. “Hé, les gars, fit Harhach, allez repousser la porte ; mais mettez pas les verrous, des fois qu’y faille calter en catastrophe. – D’accord, seigneur Harhach, j’vais la fermer”, dit Otmân en déguisant sa voix.

Il retourna jusqu’à la porte, la ferma, mit en place toutes les barres, tira tous les verrous et revint près de Harhach, qui le prit pour un homme de sa bande : ils étaient tous masqués, et il faisait noir comme dans un four. “J’me demande bien où c’est qu’il garde son fric, le soldat, dit Harhach. – Ben voyons, chef, répondit Otmân, tu voudrais pas qu’y l’ait mis chez les palefreniers ! Y doit être dans l’bâtiment intérieur. Viens, j’vais t’faire voir.”

Ils allèrent donc à la porte du bâtiment du milieu et ils se mirent à tripoter les serrures. “Eh, mais il est là, par terre, le pognon !” s’écria soudain Harhach. En effet, Otmân avait pris la précaution de répandre sur le sol quelques pièces de cuivre, sans valeur.

L’honneur des truands

— Ce soir, c’est du raisiné qu’y va y avoir par terre et c’est d’ton tarin qu’il va couler, eh lopette ! s’écria alors Otmân d’une voix tonnante. Ah, t’as osé dire qu’j’étais juste bon à enfiler une fois ! Cette nuit on va bien voir qui c’est qui va s’faire enfiler !

— Et qui t'es, toi, d'abord, eh ducon ?

— La Fleur des Truands du Caire soi-même en personne, sale cocu !

— Non ! Par le Secret de la Dame, on s'est fait avoir ! A l'attaque les gars, c'est le moment ou jamais !

— Reste où t'es, pauv' cloche ! Tu diras pas que j't'ai pris en traître : ce s'ra toi et moi, ton gourdin contre mon gourdin !

Déjà, Harhach avait empoigné son arme ; Otmân en fit autant. "Harhach, reprit-il, si t'es un homme, t'appelleras pas ta bande au secours ; y s'mettront sur le côté et y regarderont. Pour le reste, c'est toi et moi, d'accord ?"

Ils se mirent en garde et engagèrent le combat, tantôt attaquant et tantôt parant, tantôt corps à corps et tantôt éloignés, tantôt rompant et tantôt revenant à la charge, si rapides que l'œil n'arrivait pas à les suivre, et qu'il est impossible à l'homme de décrire les plus beaux coups qui s'échangèrent entre ces deux héros. Cela ne dura qu'un moment, mais quel moment ! Il y avait de quoi faire blanchir les cheveux d'un enfant à la mamelle.

Mais bientôt il s'avéra que Harhach n'était pas de la même classe que son adversaire, et qu'Otmân l'emportait sur lui comme le quintal sur l'once. Se voyant près de succomber, Harhach appela ses hommes à la rescousse, qui se jetèrent tous ensemble sur Otmân. "Salaud, trouillard ! lui lança Otmân. T'appelles ta bande au secours et t'oses encore t'appeler un homme ? Amenez les loupiotes !" hurla-t-il de toute sa voix.

A ces mots, les porte-flambeaux sortirent, leurs torches à la main, et la cour se trouva éclairée comme en plein jour. “A moi les braves ! A moi les fils de Haydab !” cria encore Otmân. Les quarante gaillards se précipitèrent, plus rapides que l’incendie, et se ruèrent de toutes parts sur ceux de Harhach. “A moi les enlukés !” cria Otmân. Les mamelouks sortirent de leurs chambres, armés de pied en cap, et se mirent un peu à l’écart en attendant la suite.

Pendant ce temps, l’*osta* Otmân avait étendu Harhach d’un coup de bâton sur l’échine. “Ligotez-le, les gars !” dit-il. On le garrotta aussitôt. Les quarante truands de la bande d’Otmân ne tardèrent pas à maîtriser eux aussi chacun son adversaire. Ils cédèrent alors la place aux quarante de la bande d’Oqereb[99], qui sortirent de l’écurie avec des cordes et ligotèrent chacun un des hommes de Harhach.

Ce fut alors au tour des mamelouks d’intervenir : ils retournèrent les prisonniers face contre terre et s’assirent dessus, à raison de deux mamelouks pour un truand, l’un sur le dos, l’autre sur les jambes. “T’as bien l’bonsoir, Harhach ! s’écria alors Otmân. Alors, l’ami, paraît qu’je suis un trou-du-cul ? Eh ben, cette nuit, tu vas voir qui c’est, le trou-du-cul ! Eh, l’fils de la Grande, viens m’le mettre en position !” Celui-ci s’exécuta sur-le-champ.

— Bon, les gars, reprit Otmân, préparez-vous à faire ce que vous avez à faire.

— Mais qu’est-ce que tu vas nous faire, Otmân ? gémit Harhach.

— Ben, écoute donc, on est quarante et un... et si y en a qui veulent remettre le couvert, tant mieux pour toi !

Sur ce, il s'avança et lui souleva ses vêtements : il apparut plus crasseux qu'une vieille cheminée. "Je t'en supplie, Otmân, par ton honneur ! gémit Harhach. – Qu'est-ce que tu viens me parler d'honneur, eh lopette !" répondit Otmân ; et, tirant de son pantalon quelque chose qui devait faire deux pieds de longueur, il s'approcha de lui.

Alors Harhach cria de toutes ses forces : "Pitié, soldat Nénars, par ton honneur ! – Gueule pas comme ça après l'soldat Nénars, eh lopette ! Sinon y s'rait capable de t'entendre et d'croire qu'on t'maltraite !" fit Otmân.

Pendant ce temps, tous les hommes d'Otmân s'étaient eux aussi mis en position et s'apprêtaient à empapaouter ceux de la bande de Harhach ; ils n'attendaient que le signal de leur chef. Alors, d'une seule voix, tous les hommes de Harhach se mirent à crier : "On se met sous ta protection, soldat ! On se met sous ta protection, toi, le propriétaire du palais ! Y a la bande de l'*osta* Otmân qui nous a pris au piège, ils veulent nous enfiler !"

Tout ce vacarme avait fini par réveiller Baïbars ; mais, en sortant de son lit, il s'était retrouvé enfermé dans sa chambre. Il avait appelé Otmân à grands cris, en vain ; alors, il avait défoncé la porte de la chambre mais n'avait pu sortir du bâtiment dont la porte était, elle aussi, hermétiquement bouclée. Et les cris qui continuaient de plus belle dans le bâtiment extérieur ! Et les lumières qui s'agitaient ! "Mon Dieu, mon Dieu, mais qu'est-ce qui se passe ?" se demandait-il. Il criait, il criait, personne ne lui répondait.

Il finit par monter sur la plus haute terrasse, qui surplombait le bâtiment extérieur ; il jeta un coup d'œil… que Dieu nous préserve d'un tel spectacle ! Des mamelouks armés de pied en cap, des palefreniers avec leurs gourdins, des gens ligotés, le derrière à l'air… Et au milieu de tout cela, Harhach couché sur le ventre et Otmân derrière lui, la pine à la main, qui disait : "Attends un peu, eh lopette, c'est pas maintenant qu'y faut gueuler ! Attends un peu que j't'aie défoncé, là tu gueuleras pour deux !"

A cette vue, Baïbars crut perdre la raison ; il était en chemise, le *lett* à la main. "*Olân bora* Otmân !" cria-t-il.

Otmân leva la tête et l'aperçut.

— Ben v'là aut' chose ! s'écria-t-il. Veux-tu aller t'coucher, soldat ! On a vraiment pas besoin d'toi ici pour le moment, l'ami ! Enfin, si t'as vraiment pas sommeil, viens toujours. Après tout, c'est toi la grosse légume, c'est à toi d'te l'taper en premier !

— *Olân*, rhabille-le, *Allah bela versin* !

— Mais viens donc, soldat, viens lui faire sa piqûre !

— Par ton honneur, soldat, cria alors Harhach, pour l'amour du Prophète, dis-leur de nous tuer, mais pas de nous faire ça !

— Non, non y a pas mèche, sale cocu ! répondit Otmân.

— Otmân, je te dis de le rhabiller et de m'ouvrir la porte ! Ou alors, par le Secret de la Dame, je te casse tous les os !

— Ouh là là ! t'es bien pressé d'faire des serments, l'ami !

Otmân finit par remettre de l'ordre dans la tenue de Harhach ; ses hommes en avaient déjà fait autant de leurs prisonniers. Ils ouvrirent la porte et laissèrent sortir Baïbars.

— Eh bien alors, qu'est-ce que c'est que ça ? demanda-t-il.

— Ça, c'est Harhach et ses braves !

— Et qui c'est, ce Harhach ?

— C'est un grand chef chez les truands. Il venait avec sa bande pour nous égorger, nous enfiler et piller le palais.

Baïbars s'avança pour regarder Harhach de plus près ; il lui parut être un jeune homme de bonne mine, avec des moustaches pareilles aux ailes d'un aigle, et une physionomie empreinte de courage et d'honneur.

— Tu n'as pas honte de dire de telles choses sur Otmân ? lui demanda-t-il d'un ton sévère.

— Par ton honneur, soldat ! C'est par ignorance que j'ai dit ça, c'est le diable qui m'a trompé ! Je croyais vraiment que, si Otmân avait pris du service chez toi, c'est parce qu'il était débile.

— Et pourquoi voulais-tu attaquer mon palais ?

— Eh, soldat, tu sais donc pas que pour guigner la fortune d'autrui faut être un homme, et pas un demi-sel ? J'suis venu avec mes gars me faire un peu de fric pour vivre ; car nous autres, c'est seulement de ça qu'on vit.

Baïbars se retira un peu à l'écart et appela Otmân.

— Dis donc, Otmân, c'est vraiment un brave, ce gars-là ?

— Soldat, soldat, j'te dis que c'est Harhach, ça t'suffit pas ? Pour en trouver un pareil, tu peux chercher longtemps ; quand il a son gourdin dans les pognes, y s'arrête pas pour compter les gars qu'il a en face de lui ! Seulement, c'est un voleur, comme moi avant. Ah qué gâchis !

— Bon, eh bien tu vas aller lui dire que, s'il se repent sincèrement devant Dieu, je le prends à mon service avec ses hommes.

— Hé, dis donc, Harhach, maudit fils de pute ! s'écria alors Otmân.

— Qu'est-ce que tu me veux, Otmân ? répondit ce dernier.

— Le bon Dieu est d'accord pour te sauver et te rendre riche à condition que tu deviennes un gars respectable comme mézigue. Non mais écoute un peu, eh maquereau, t'en as pas assez d'faire le voleur et d'mettre le bon Dieu en colère ? T'auras bonne mine, au Jugement dernier, quand Il dira : "Conduisez-moi cet impie en enfer !" Tu t'imagines que tu pourras supporter la chaleur et le froid qu'il fait là-bas, eh sale cocu !

— Oh non, Otmân !

— Bon alors, ouvre bien tes esgourdes, j'vais te dire ce que tu vas faire : tu vas te repentir comme moi j'ai fait, et j'te ferai embaucher chez le soldat. Tu mangeras pareil que moi, t'auras des habits neufs pareils que les miens, et y aura des jaunets pour toi et tes gars.

— D'accord, je me repens, par le Prophète !

Baïbars les fit alors détacher et ils s'engagèrent devant lui à abandonner tout ce qui provoque la colère de Dieu (qu'Il soit exalté). Le lendemain, il les envoya au hammam, leur donna les vêtements qui convenaient à leur nouvel état, et les plaça sous l'autorité de l'*osta* Otmân, dans les écuries. Les habitants de la ville étaient pleins d'admiration pour Baïbars, et se demandaient comment il avait fait pour rendre ces âmes rebelles plus douces que des agneaux.

Drôle de festin !

Le jeudi suivant, Baïbars se leva de bon matin et se rendit au conseil. Il s'avança devant le roi, s'inclina jusqu'à terre, lui rendit hommage, puis alla s'asseoir à sa place.

— Eh bien, Baïbars, lui demanda le roi avec un sourire affectueux, tu as fini d'arranger ton palais ?

— Grâce à ta haute protection, ô Serviteur des Lieux saints.

— Baïbars, tu sais que l'œil aime à voir ce qu'onques n'a vu. Est-ce que tu ne nous avais pas promis de nous faire visiter ton palais, à moi, et aux grands du royaume… sans parler de ton cher oncle le cadi, qui ne se tient plus de joie !

— *Efendem*, je venais justement prier le Commandeur des croyants de bien vouloir honorer ma demeure en daignant y porter ses pas. C'est dans ce seul but que je suis venu aujourd'hui me présenter devant Ta Majesté ; je suis à tes ordres.

— Eh bien, invite-nous pour demain vendredi : le conseil ne siège pas, nous viendrons te rendre visite.

— Sur ma tête et mon œil ! Toutefois, j'avais l'intention, avec l'accord de ta bienveillance, de convier également tous les dignitaires du conseil, y compris ceux du conseil d'en-dehors.

— Que Dieu te bénisse, Baïbars ! Comme on dit : "Tu prends un grain et tout le chapelet vient derrière !"

Baïbars invita donc le vizir Châhîn, Aïbak, et tous les grands du royaume, après quoi il se rendit au conseil d'en-dehors et invita Edamor et Qalaoun[100]. Puis il prit congé, rentra chez lui et appela Otmân.

— Otmân, lui dit-il, il faut que tu me trouves un chef cuisinier.

— Un cuisinier, soldat ? Pourquoi un cuisinier ?

— J'ai invité le roi et les dignitaires de la cour à un festin. De toute façon, j'ai besoin d'un cuisinier à demeure.

— Eh, soldat, c'est pas la peine !
— Et pourquoi donc ?
— Parce que le boss Sâleh il aime que la soupe ! J'y en ferai moi-même, ma mère m'a appris.
— Mais enfin, s'écria Baïbars en riant, est-ce qu'on peut offrir ça à un roi ? Surtout que les grands du royaume doivent venir aussi. Le roi serait seul, je ne dis pas, lui serait capable de se contenter de pain sec, que Dieu le préserve.
— Soldat, assez discuté ! Je fais d'la soupe, un point c'est tout. Ceux qui en voudront en mangeront, et ceux à qui ça plaira pas, ils ont qu'à aller manger chez eux ! De toute façon, ils nous aiment pas, surtout le cadi (que Dieu l'maudisse !) et Nébak[101] l'Enfoiré, et Qalaoun le piqueur de viande[102]. Et dire qu'ils vont manger chez nous ! Ah qué gaspillage, qué gaspillage !
— Ça suffit comme ça. Que veux-tu, il y a des obligations auxquelles on ne peut échapper. Comme dit le proverbe : "Pour l'honneur d'un seul, fais honneur à mille." Bon, allez, va chercher un cuisinier comme je t'ai dit.
— Je m'en remets à Dieu ! soupira Otmân en levant les yeux au ciel.
Il s'empara de son bâton, sortit, et héla Harhach.
— Me v'là, me v'là, *osta* Otmân, répondit celui-ci en accourant.
— Va m'chercher un chef cuisinier qui connaisse bien son métier.
— Mais, *osta* Otmân, j'sais pas où c'est qu'ça s'vend, moi, les cuisiniers !

— Ben v'là aut' chose ! Alors tout c'que tu sais, c'est t'enfiler des rondelles, hein ? Attrapez-le, les gars !

Les hommes d'Otmân se jetèrent sur lui et se mirent à lui appliquer une solide bastonnade, pendant qu'il poussait des cris d'orfraie. Baïbars, entendant ses cris, arriva en courant et aperçut Otmân qui tapait comme un sourd, Harhach qui criait, et Otmân qui lui répondait : "Ta gueule ! Le soldat va t'entendre, y va encore croire que j'te martyrise !"

— *Bora* Otmân ! cria Baïbars. Mais laisse-le tranquille, à la fin ! Qu'est-ce que c'est ce travail, sacré imbécile !

En entendant la voix de Baïbars, Otmân lâcha son bâton et courut se mettre à distance respectueuse.

— Dis donc, Otmân, pourquoi est-ce que tu le frappais ? demanda sévèrement Baïbars.

— Eh, soldat, tout à l'heure tu m'as dit un truc et moi j't'ai répondu un truc, qu'est-ce que c'était ?

— Eh, qu'est-ce que j'en sais ? Tu radotes, ma parole !

— Attends, j'vais te rafraîchir la mémoire ! J't'ai dit : "Pourquoi tu veux un cuisinier ? – Pour préparer le festin", tu m'as répondu. Pas vrai ?

— Oui.

— Alors, l'aut' larbin, là, j'y ai dit : "Va m'chercher un cuisinier. – J'sais pas, j'sais pas !" y m'a répondu !

— Mais qu'est-ce que tu voulais qu'il dise ?

— Ben, j'voulais qu'y m'dise : "A tes ordres, chef !"

— Maintenant, j'ai compris, Otmân, interrompit Harhach. A tes ordres, seigneur.

— Ah quelle merveille, la trique ! s'exclama Otmân. Y a rien qu'elle pour faire dire : "A tes ordres !"

A ces mots, Baïbars éclata de rire. Quant à Otmân, il posa son gourdin sur son épaule et s'en alla.

Il avait parmi ses connaissances un certain Hâjj Abdallah El-Râchidi, maître cuisinier et maître pâtissier réputé. Après avoir connu la prospérité, il était tombé dans la misère et restait désormais enfermé chez lui. Ce jour-là, il discutait âprement avec sa femme sur le thème "je sors-t-y, je sors-t-y pas, et qui est-ce que je vais aller taper ?" quand soudain on frappa à la porte.

— Va répondre, c'est sûrement les créanciers ! lui dit-il.

— Qui est là ? demanda la bonne femme.

— O Hâjj Abdallah ! cria Otmân, viens, je veux te parler.

— Va voir, dit la femme.

Mais l'homme, qui avait reconnu la voix d'Otmân, répliqua à sa femme :

— Ma bonne, je t'en supplie, dis-lui que je ne suis pas là !

— Mais pourquoi donc ?

— C'est l'*osta* Otmân ! Il me "protégeait[103]" du temps où j'étais riche ; chaque fois qu'il me rencontrait, je lui donnais quelque chose ! Apparemment il ne sait pas que je suis tombé dans la mouise.

— Va voir quand même. Si jamais le Seigneur l'envoyait te rendre service ?

Tandis qu'elle parlait ainsi, Otmân criait : "Allons, sors ! aie donc pas peur !" Il finit par se décider à sortir. "Bienvenue à l'*osta* Otmân !" s'écria-t-il, et il se précipita pour lui baiser les mains mais Otmân ne se laissa pas faire.

— Allons, inutile. Tu sais que pendant que tu restes là à te ronger les sangs, le Seigneur pourvoit à tes affaires ?

— Comment ça, *osta* Otmân ?

— Eh bien, Dieu vient de créer un soldat blond aux joues roses et aux yeux noirs. Viens avec moi, tu vas rentrer à son service et tout ira bien.

— A tes ordres, seigneur. Puisse Dieu te combler de bienfaits !

Il rentra dans la maison prendre sa batterie de couteaux et d'aiguisoirs, puis ils se rendirent tous deux au palais de Bâdîs. Otmân l'introduisit auprès de Baïbars ; en entrant, il fit mine de lui baiser les mains mais Baïbars refusa car c'était un homme âgé.

— Soldat, dit Otmân, çui-là, c'est un vrai artiste, y en a pas deux comme lui au Caire.

— Eh bien, mon père, demanda Baïbars, que sais-tu faire comme plats ?

— Soldat, je sais tout faire, les plats de viande, les pâtisseries, les sirops…

— Parfait ! Avant tout, je veux que tu me prépares un repas de quarante plats de viande, parmi les plus raffinés, qui soient dignes de la table des rois et des grands. Demande ce dont tu as besoin, je l'écrirai sur un papier et j'enverrai tout de suite quelqu'un te le chercher et te l'apporter au cellier, pour que tu aies tout sous la main.

Le cuisinier se mit à dicter tandis que Baïbars écrivait. Quand il eut terminé, Baïbars désigna Otmân et ses mauvais garçons pour aller chercher tout cela ; car c'était Otmân qui faisait fonction d'intendant. "Mon père, dit Baïbars, aujourd'hui tu vas commencer par les pâtisseries et demain tu t'occuperas des plats de viande, car l'invitation est pour demain. Viens maintenant prendre possession du cellier et de la cuisine. – A tes ordres."

Le prenant par la main, il le conduisit au corps de bâtiment extérieur ; Otmân les accompagna, poussé par la curiosité. Arrivé au fond du bâtiment, Baïbars ouvrit une grande porte ; ils descendirent trois marches, et pénétrèrent dans la cuisine.

C'était une vaste salle voûtée aux parois recouvertes de marbre, équipée de quarante fourneaux grands et petits. Baïbars ouvrit une autre porte et ils se trouvèrent dans la réserve où l'on rangeait les cuivres : batteries de casseroles, de marmites, de pots, de plats et ainsi de suite. Il ouvrit une troisième porte : il y avait là une quantité de coffres disposés tout autour de la pièce, remplis d'assiettes en porcelaine de Chine, de bols, bref tout ce qui est nécessaire au service.

A cette vue, le cuisinier se précipita pour baiser le pan du manteau de Baïbars.

— Ah, soldat, s'écria-t-il, mais que peux-tu donc être pour posséder une telle fortune ?

— Va, mon père, mets-toi au travail, lui répondit Baïbars.

— A tes ordres, seigneur !

Baïbars avait un mamelouk du nom de Hasan, que lui avait donné le vizir Najm El-Dîn ; le jugeant digne de confiance, il lui dit :

— Tiens, Hasan, voici les clés ; je te nomme économe, tu auras la responsabilité de la dépense.

— A tes ordres, *efendem.*

— Et toi, *osta*, continua-t-il à l'adresse du cuisinier, prends bien soin du repas. Otmân !

— Qu'est-ce qu'il y a, soldat ? répondit ce dernier.

— Je m'en vais ; toi, occupe-toi du cuisinier et donne-lui tout ce qu'il te demandera.

— Et où c'est qu'tu vas, soldat ?

— Je vais chez le vizir Châhîn, pour confirmer mon invitation. Il se pourrait bien que je passe la nuit chez lui, et que je ne revienne que demain, en compagnie du sultan.

— D'accord, l'ami, vas-y. Tu peux être tranquille : demain quand tu reviendras avec le boss Sâleh, tu trouveras tout prêt.

Baïbars se mit donc à cheval et s'en fut chez le vizir Châhîn. Quant au cuisinier et à ses aides, ils se mirent au travail le soir même ; ils eurent bientôt terminé avec les pâtisseries, il ne leur restait plus qu'à les décorer d'amandes, pistaches et noisettes. Le chef alla donc voir Otmân et lui dit :

— *Osta* Otmân, donne-nous des fruits secs du cellier.

— De quoi, de quoi ? Des fruits secs ? Tu peux t'brosser, oui ! Allez, du balai ! Non mais, tu veux ruiner le soldat pour qu'y me r'tombe sur les bras, eh, sale bête, qu'y va falloir que j'vende ma mère la Grosse ou notre esclave noir Farag !

— Voyons, Otmân, donne-les-moi, j'ai du travail.

— Par le Secret de la Dame, tu peux crever, je t'en donnerai pas !

— Allons, c'est pas le moment de plaisanter. Ton maître a invité le roi et les grands du royaume. Qu'est-ce que je vais lui dire, moi, quand il me demandera ce que j'ai fait du repas ?

— Ecoute, l'ami, c'est moi que j'vais faire la cuisine pour le boss Sâleh, avec tous mes gars. On y fera d'la soupe, et pis c'est tout !

— Donne-moi ce dont j'ai besoin pour mon travail ! reprit le cuisinier qui commençait à perdre son sang-froid. Demain, quand le soldat va arriver, il va me massacrer !

— Eh, dis donc, sale cocu, qui c'est qui t'a amené ici, c'est moi ou c'est le soldat ? Tu vas la fermer ou si j'te dévisse le colbac ?

Il prit son gourdin et s'avança d'un air menaçant. “Bon, bon, je me tais, Otmân, dit le cuisinier. Après tout, c'est à toi de savoir, c'est ton travail.”

Otmân ameuta sa bande à grands cris ; ils se rassemblèrent autour de lui.

— Qu'est-ce qu'il y a ? demandèrent-ils.

— V'nez par ici, les gars, on va faire d'la soupe pour le boss Sâleh, et une purée de lentilles au maigre pour les soldats.

— Mais, Otmân, on sait pas faire ça !

— Eh ben alors ? j'vais vous apprendre, moi ! Faudrait pas prendre Otmân pour un demeuré !

— C'est comme tu voudras, Fleur des Truands.

— D'abord, ma mère, la Grosse, elle m'a appris ! Bon, allez me chercher une grande marmite !

Ils descendirent au cellier et en ramenèrent deux chaudrons ; l'un pouvait facilement contenir cinq *chembels*[104] de froment, l'autre était plus petit. "Bon, fit Otmân, remplissez la grande marmite d'eau." Quand ce fut fait, il la hissa sur trois grosses pierres et alluma le feu dessous. Ensuite, il y versa quelque chose comme un *mudd*[105] de sel et deux *ratls* de riz d'Egypte : même un plongeur expérimenté aurait eu du mal à y pêcher un seul grain de riz. Puis il fit asseoir ses gars autour de la marmite et leur cria : "Allez-y les gars, soufflez sur le feu ! Faites : «Fouou ! fouou !»"

Il prit la seconde marmite, y versa de l'eau, de l'huile chaude et un *mudd* de lentilles, puis il alluma le feu dessous. Il occupa le reste de sa bande à piler les lentilles : "Allez-y les gars, cognez ferme, qu'elles soient bien tendres !"

Et il se mit à faire la navette d'une marmite à l'autre. "Allez-y, soufflez !" disait-il aux premiers et, aux seconds : “Hardi les gars, cognez-les jusqu’à ce qu’elles soient bien tendres !” Quant au chef cuisinier, il restait là les bras ballants, mais personne n’osait intervenir. Cela dura ainsi jusqu’à la quatrième heure de la nuit ; à ce moment Baïbars revint. Il était allé chez le vizir pour lui confirmer son invitation, puis il avait pris congé et était revenu.

Lorsqu’il eut mis pied à terre et confié son cheval à Oqereb, il jeta un coup d’œil dans la cour et vit le cuisinier et ses aides, assis par terre, qui se tenaient la tête à deux mains. Apercevant Baïbars, ils se levèrent précipitamment. “Tout va bien, j’espère ? demanda Baïbars. Vous faites une pause, on dirait ? – Ah, s’écria le chef cuisinier, y a pas de doute, c’est l’intercession de la Dame Zeynab qui t’envoie !” Et il raconta comment Otmân l’avait mis au chômage forcé. A ces mots, Baïbars entra dans une fureur noire.

— Et où est-il, Otmân ? demanda-t-il.

— Dans la cuisine, il fait de la soupe.

— Que Dieu le fasse étouffer dedans, la canaille !

Il entra et vit Otmân qui allait d’une marmite à l’autre, en exhortant ses gars : “Allez, souffle, mon vieux ! Souffle, Double Cul ! Souffle, le Putassier !” Puis il passait à la seconde marmite : “Pilez, les gars, pilez les lentilles ; cognez bien, jusqu’à ce que ça fasse de la mousse.” Ils s’escrimèrent tant et si bien qu’ils firent monter une écume plus épaisse que l’amidon. Après quoi, Otmân fit frire un oignon dans un peu d’huile et l’ajouta à la mixture.

— Eh ben, voilà l'travail ! Y a plus qu'à laisser reposer avant d'servir.

— Dis donc, Otmân ! s'écria Baïbars à ce moment-là.

— Tiens, le soldat, quelle bonne surprise ! s'écria Otmân en levant la tête. Salut, l'ami ! Alors, comme ça, t'es revenu de chez le Hâjj Châhoun ?

— Bon sang, mais qu'est-ce que c'est que ça ? demanda Baïbars en montrant le plat de lentilles.

— Ça, c'est un petit plat qu'j'ai mitonné spécialement pour le cadi, Nébak, Qalaoun et tous les types qui nous détestent.

— Mais qu'est-ce que c'est que cette tambouille, malheureux ?

— Pas du tout, l'ami, c'est bien assez bon pour eux, et y en aura pour tout le monde !

— Et l'autre truc, là, c'est quoi ?

— Ça, c'est la bouffe au boss Sâleh et au Hâjj Châhoun, c'est d'la soupe.

— Espèce d'imbécile ! pourquoi est-ce que tu n'as pas donné au chef ce qu'il te demandait ?

— Ah ben bonsoir ! Il a qu'à aller se faire foutre avec ses ingrédients ! Y z'auront rien que d'la soupe, comme y nous en donnaient à la caserne ! Ben quoi, j'ai fait quelque chose de mal ?

— *Hayy*, fils de pute, s'écria Baïbars exaspéré, tu veux nous ridiculiser devant les grands du royaume !

Il sortit son *lett* et s'avança vers Otmân qui lui jeta la clé à la tête et s'enfuit en criant : “C'est bon, l'ami, j'démissionne !”

“Quel singe ! se dit Baïbars. Pas moyen de l’attraper.” Il donna la clé au chef cuisinier. “Dépêche-toi, *osta*, lui dit-il, la nuit est presque finie. – Ne t’inquiète pas”, lui répondit-il.

Il se mit aussitôt au travail. Quant à Baïbars, il monta dans sa chambre et dormit jusqu’au lever du jour. “Réveille-toi, soldat, lui dit alors Otmân, fais tes ablussemuches et tes ièrepris et prononce le nom de ton Seigneur !” Baïbars se leva, fit ses ablutions, récita la prière de l’aube ; après quoi il appela Harhach et lui ordonna de seller un cheval. Avant de partir, il dit à Otmân : “Malheur à toi si tu embêtes encore qui que ce soit ! – Ça va, soldat, j’le ferai plus.”

Il s’en fut au palais du vizir Châhîn, afin de l’accompagner jusque chez le roi, et que tous reviennent ensemble au palais. Il resta quelque temps à converser avec le vizir.

Une fois qu’il fut parti, Otmân appela le Fils de la Grande.

— Tiens, l’ami, lui dit-il, v’là un *riyâl*[106], va nous chercher des épices chez l’père La Muscade.

— Qu’est-c’que tu veux, comme épices ?

— Eh, l’ami, ramène du poivre noir, du poivre gris, d’la cannelle, des clous de girofle, de la cardamome, du musc brut et du safran. Et puis, avec ce *riyâl*-ci, tu vas ramener un *ratl* de suc d’aloès, un *ratl* de sel, un *ratl* d’arsenic, et tu prendras aussi des graines de ricin, ce sera tout.

— Mais qu'est-c'que tu veux faire avec tout ça, Otmân ?

— Eh l'ami, j'en ai besoin pour saupoudrer la bouffe qu'on mettra devant le boss Sâleh !

— Les épices, d'accord, c'est pour la bouffe, mais les drogues amères, c'est pour quoi ?

— Dis donc, sale maquereau, c'est toi qui vas m'apprendre mon métier ? C'est pour les rats qui nous bouffent toutes nos affaires.

Le Fils de la Grande alla donc chez le marchand d'épices, ramena les produits demandés et les donna à Otmân ; ils étaient moulus très fin. Otmân les glissa dans sa ceinture et se mit à tourner autour des cuisiniers en faisant la mouche du coche. "Allez, les gars, au travail, criait-il, le boss Sâleh va arriver tout de suite avec le Hâjj Châhoun et Najm El-Dîn Casse-Noisettes, et Nébak avec son piège à macaronis, et c'te tapette de Qalaoun, le piqueur de barbaque, et le cadi gras du bide. Y seront morts de faim, y voudront s'remplir la panse aux frais du soldat Nénars !"

Voilà pour Otmân. Quant au vizir Châhîn, vers le milieu de la matinée, il se mit en route pour la Citadelle en compagnie de Baïbars et de tous les grands du royaume qui s'étaient rassemblés chez lui. Ils se présentèrent chez le roi, qui était dans ses appartements privés, s'inclinèrent devant lui ; puis Baïbars s'avança, se courba jusqu'à terre et dit : "Je te prie d'honorer ma demeure, comme tu me l'as promis, ô lieutenant de Dieu sur terre, ô toi qui gouvernes selon Sa Loi. – Celui qui est invité se doit de répondre à l'appel, répondit le roi. J'accepte ton invitation."

Le roi se leva et sortit par la poterne ; Abou El-Kheir, son chef palefrenier, lui avait sellé sa mule, la Doyenne. Il se mit en selle, son escorte et ses gardes se rangèrent en file devant lui, pendant que l'émir Baïbars, à pied, marchait à ses côtés. La cavalcade s'ébranla, pendant que la foule acclamait le protecteur des Lieux saints.

Chemin faisant, ils arrivèrent à Râs El-Mahalla ; soudain, la colonne se désagrégea et les troupes cessèrent d'avancer. "Mon Dieu, que se passe-t-il, Baïbars ? demanda le roi. – Par ta vie, je l'ignore", répondit celui-ci. Le roi l'envoya alors aux nouvelles ; il revint quelques instants plus tard, et annonça :

— *Efendem*, il y a là un bras du Nil ; autrefois, il s'y trouvait un pont de pierre, mais il a fini par tomber en ruine. Il a été remplacé par une passerelle de bois et les soldats sont en train de passer un par un, craignant qu'elle ne s'effondre s'ils traversaient tous ensemble.

— Puisse Dieu envoyer un homme généreux pour le reconstruire en pierre ! dit le roi.

— Si notre maître le sultan le permet, suggéra alors Baïbars en s'inclinant pour lui baiser l'étrier, je le reconstruirai en pierre, plus beau encore qu'il n'était auparavant, avec la permission de Dieu.

— Je t'en donne la permission ; et puisse Dieu faire prospérer à travers toi tout l'univers, par la gloire du Prophète ! répondit le roi.

Entre le pont et le sérail de Bâdîs s'étendait un vaste champ de ruines, à l'abandon depuis bien longtemps. Depuis le jour où il avait acheté le palais,

Baïbars avait l'intention de demander au roi l'autorisation de le remettre en état et d'y aménager un souk et des boutiques, afin que son souvenir reste vivant dans la mémoire des gens. Jugeant que l'occasion était bonne, il reprit la parole :

— *Efendem*, je supplie à nouveau ta générosité de me permettre de reconstruire ce quartier abandonné et d'en faire un souk.

— Mon fils, ce lieu appartient à l'Etat depuis Dieu sait quand : il en était déjà ainsi du temps de mon aïeul Nour El-Dîn le Martyr[107]. En ce qui me concerne, je t'en fais cadeau ou, si tu préfères, disons que je te l'ai vendu et que j'en ai touché le prix[108]. Fais-en ce que tu voudras, et reconstruis-le à ton idée et selon ton bon plaisir. Hâjj Châhîn, reprit-il en se tournant vers son vizir, rédige un *khatt-e charîf*[109] en ce sens et donne-le à Baïbars.

— J'entends et j'obéis, répondit-il.

Ils continuèrent ensuite leur chemin jusqu'au sérail de Bâdîs.

Pendant ce temps, Otmân avait rassemblé les truands et les mamelouks et les avait alignés le long de la route, pour former une haie d'honneur. "Bon, alors, les gars, leur dit-il, ouvrez bien vos mirettes ! Faites un grand salut au boss Sâleh, jusqu'à terre, comme ça, une fois, deux fois. Et çui qui saura pas y faire, j'y dévisse le colbac !" Il frappa le sol du bout de son gourdin, le lança en l'air et le rattrapa au vol. "Ho les gars ! V'là l'boss Sâleh avec toute sa bande !" Puis il s'avança au-devant du roi.

— Bienvenue à toi, boss Sâleh, saint homme de Dieu ! Tu nous fais bien d'l'honneur ! Toi, tu nous aimes bien. Tiens, v'là c'gros cocu d'Nébak avec son piège à macaronis, et l'cadi peau d'gland avec ses yeux bleus ! Pourquoi qu'tu l'as amené, que Dieu l'maudisse ? Y nous aime pas du tout, çui-là, l'ami ! Sans oublier ce p'tit trou-du-cul d'Qalaoun, le piqueur de viande. Ouais ouais, j'l'ai vu d'mes yeux qui piquait la viande dans la soupe ! Salut, Hâjj Châhoun, oublie pas tout le sucre que tu t'es enfilé pour pas un rond ! Tu vois, aujourd'hui, c'est encore nous qu'on t'invite. Et toi, Hâjj Najm El-Dîn Casse-Noisettes, tu pourras plus nous frimer avec ton palais comme quand on habitait chez toi. Eh ben, de c'coup-ci, si ça t'dit, t'as qu'à amener tes enlukés et t'installer chez nous comme on s'est installé chez toi, tu pourras manger et boire à l'œil, on te demandera pas un rond ! Allez, rentre donc voir le palais de Badzif[110] ! Ceux à qui ça plaît tant mieux, et les autres ils peuvent crever !

— Ça suffit, Otmân ! protesta le vizir Najm El-Dîn en riant. Tu commences déjà à nous enguirlander avant qu'on t'ait mordu ! Nous n'avons encore rien avalé !

— Eh, rentre donc, l'ami ! Le bon Dieu nous a donné de quoi faire crever le cadi de jalousie !

Précédés de Baïbars, le roi et le vizir pénétrèrent dans le corps de bâtiment extérieur ; ce qu'ils virent... mais toute propriété ne vient que de Dieu, l'Unique, le Triomphateur ! "*Mâ châ Allah*, ô Hâjj Châhîn ! Par la majesté du Seigneur, gloire à Celui qui t'a donné tout cela !"

Et le roi se mit à faire le tour du propriétaire, accompagné du vizir Châhîn ; il était émerveillé des magnifiques ornements de l'édifice. Lorsqu'il eut visité le bâtiment extérieur, il se dirigea vers la porte du bâtiment du milieu ; il le trouva encore plus splendide et admirable que le premier. Il y passa un bon moment.

Quant aux grands du royaume, ils étaient littéralement éblouis devant l'agencement du palais ; ceux qui aimaient Baïbars s'en réjouissaient, et ceux qui le détestaient étaient morts de dépit. Ils firent le tour du bâtiment, soucieux de tout voir.

Le roi finit par se fatiguer d'avoir tant déambulé dans le corps de bâtiment du milieu.

— Mon fils, dit-il à Baïbars, où sont le cadi, Aïbak et Qalaoun ?

— *Efendem*, ils visitent le corps de bâtiment extérieur.

— Châhîn, par la majesté du Seigneur, je commence à être fatigué. Eh oui, frère, nous sommes deux vieux bonshommes, toi et moi… et toi, Baïbars, Dieu t'a comblé. Que peut faire l'envieux contre le Dispensateur de tous les bienfaits ? Oui, eh bien moi, j'ai bien envie de me reposer dans la grande salle de Bâdîs El-Subki. Quant aux grands, qu'ils fassent ce que bon leur semblera.

Le roi entra donc dans la salle principale ; or, comme nous l'avons dit plus tôt, il y avait deux salles de réception contiguës l'une à l'autre. Les Kurdes ayyoubides entrèrent avec le roi, de même que le vizir Châhîn.

Ecoutez maintenant ce que fit Otmân. Laissant les grands du royaume à leur examen du bâtiment extérieur, il ameuta Harhach et Oqereb.

— Les gars, leur demanda-t-il, vous savez jaspiner l'turco ?

— Ah bien, pour ça non !

— Bon, ben j'vais vous apprendre le turco.

Vous vous souvenez sans doute que Baïbars avait fait aménager deux salles de réception ; l'une était la grande salle de Bâdîs, et l'autre était située à gauche. Otmân posta Harhach à la porte de la salle où était entré le roi, à droite, et Oqereb à la porte de la salle de gauche.

— Bon, toi, Harhach, quand je crierai *tutmuch* tu réceptionneras le type qui arrive et tu l'enverras chez le boss Sâleh, dans la salle de droite. Toi, Oqereb, quand je crierai *chafa*[111] tu feras entrer ton type dans la salle de gauche.

— On a compris, *osta* Otmân ! Chouette, maintenant on connaît l'turco !

— Bon, alors tâchez d'ouvrir vos esgourdes et d'piger la manœuvre !

— On est prêt.

Otmân alla se poster à la porte du bâtiment central ; le premier à arriver fut Qalaoun. "Salut, beaux yeux bleus ! s'écria Otmân. Salut, piqueur de viande dans la soupe quand on était dans la caserne ! *Chafa*, Oqereb !"

Oqereb l'aiguilla donc vers la salle de gauche. Puis arriva Edamor. "Salut, seigneur Yaktemor ! Par le Prophète, toi tu nous aimes bien, que l'bon Dieu te rende heureux ! Hé, Harhach ! *Tutmuch !*"

Edamor n'en menait pas large : il s'imaginait qu'ils voulaient l'attraper pour lui donner la bastonnade ! Mais Oqereb se borna à lui dire : "Entre par ici, seigneur." Et il l'introduisit auprès du roi, dans la salle de droite.

Les grands du royaume, ayant fini de visiter le corps de bâtiment extérieur, arrivèrent ainsi un à un ; Otmân les aiguillait tantôt à droite, tantôt à gauche. Aïbak et le cadi arrivèrent les derniers. "Salut à toi, Nébak, salut, ô enfoiré ! fit Otmân. Oqereb, mon frère, *chafa* !"

Aïbak se trouva donc dans la salle de gauche. Quelques instants après, ce fut au tour du cadi Salâh El-Dîn. "Salaud à toi[112] cadi ! s'écria Otmân. Salut, peau d'gland, aubergine mal décalottée ! Hé, Oqereb, mon frère, *chafa* !"

Oqereb le fit entrer dans la salle de gauche. Lorsqu'il eut pris place, Baïbars alla s'incliner devant le roi.

— Ta visite est pour nous un grand honneur, ô Serviteur des Lieux saints.

— Que Dieu te bénisse, mon fils Baïbars, et qu'Il bénisse ce palais. Mais dis-moi, mon garçon, il me semble que les grands du royaume ne sont pas encore là, sans doute n'ont-ils pas fini de visiter le corps de bâtiment extérieur ?

— *Efendem*, ils sont arrivés ; ils se sont installés dans l'autre salle, répondit Baïbars.

— C'est bien curieux : ton cher oncle le cadi n'est pas venu ici, et Aïbak non plus !

— *Efendem*, le cadi *efendi* et Aïbak se sont installés avec les membres du conseil d'en-dehors.

— Eh, qui se ressemble s'assemble ! répondit le roi. Dieu fait bien ce qu'il fait.

Baïbars s'inclina profondément devant le roi.

— Seigneur, lui dit-il, les musiciens viendront quand tu l'ordonneras.

— Demande l'avis du Hâjj Châhîn[113].

— Eh, pourquoi pas, mon fils, répondit ce dernier.

Baïbars sortit donc chercher les musiciens et les amena devant le roi. Après avoir accordé leurs instruments, ils jouèrent du luth et de la cithare, interprétant les airs les plus variés, et chantèrent ces vers en l'honneur du souverain :

L'Aimé est là ! ô jour de liesse
notre bonheur est à son plein
la coupe de notre allégresse
passe de main en main.

Salut à toi et bienvenue
toi de ce siècle l'ornement
dont la gloire toujours accrue
est un astre éclatant !

Les échansons passèrent entre les convives, leur servant des rafraîchissements. Ils burent et en furent fort aises ; le roi était particulièrement satisfait. Quant à Baïbars, il avait retroussé ses manches et s'occupait du service.

— Viens t'asseoir, mon garçon, lui dit le roi. Repose-toi un peu !

— *Efendem*, grâce à ton regard bienveillant, je suis parfaitement heureux ainsi. Ne m'en veuille pas…

— Tu as vu, Hâjj Châhîn, comment se tient mon fils, reprit le roi. Il reste debout, pour nous servir lui-même. Ah, comme il avait raison, celui qui a dit : "Le chef de la nation n'est que le premier de ses serviteurs" !

Alors, s'inclinant profondément devant le roi, Baïbars récita ces vers :

Mes hôtes sont précieux leur visite m'est chère
ils honorent mon seuil en y posant leurs pas
l'accueil y est modeste et modeste la chère
mais l'honneur qu'ils me font ne se mesure pas.

— Voilà qui est très bien dit, mon fils Baïbars ! s'écria le roi. Je demande au Créateur de tous les êtres de te maintenir dans la prospérité et de te guider dans la Voie du bien ; de raffermir ton sabre contre tes ennemis et de te donner tout ce que tu désires ; de t'éviter de tomber dans l'égarement et le malheur.

Baïbars salua profondément le roi, recula de sept pas, puis reprit la parole : "*Efendem*, ordonnes-tu qu'on serve maintenant, ou préfères-tu attendre ?
– Mon garçon, le temps passe, et la journée du vendredi paraît toujours plus courte que les autres…"
Baïbars s'inclina de nouveau, sortit de la salle et se rendit à la cuisine ; il appela le chef et lui dit de servir. Celui-ci commença alors à verser les mets dans des plats d'argent qu'il posa sur les dalles

pour laisser refroidir. Pendant ce temps, Baïbars s'occupait de faire étendre les nattes.

Otmân, sur ces entrefaites, était entré dans la cuisine ; il interpella le chef :

— Hé, dis donc, toi, Ducuistot, fais voir un peu la bouffe que tu vas envoyer dans la salle du cadi.

— *Osta*, c'est la même bouffe pour tout le monde ; ton soldat m'a dit de pas faire de différence et d'envoyer de tout dans chaque salle.

— Ecrase, maquereau ! C'est qui qui t'a amené ici, non mais ? Bon alors où y sont, les plats qu'tu vas envoyer dans la salle de gauche, où y a l'cadi, Qalaoun et Nébak ?

— Ils sont par là.

Otmân en prit quelques-uns et les mit de côté. "Ceux-là, y vont dans la salle de gauche ! Si tu fais pas comme j'te dis, par le Secret de la Dame, j'te dévisse le colbac et j'vais cracher sur la tombe de ton père ! – Oh bon, bon, comme tu voudras", répondit le chef. Sortant alors le sachet où il avait mit la poudre d'aloès, le piment rouge, l'arsenic et le sel, Otmân en saupoudra généreusement les plats qu'il avait mis de côté pour le cadi, Aïbak et Qalaoun. "Eh mais ! qu'est-ce que tu fais là, *osta* Otmân ? s'écria le chef, affolé. – De quoi j'me mêle, eh cocu ? Ah là là, c'est juste bon à empiler les assiettes et ça s'dit cuisinier ! Eh ben, c'est d'la cannelle, d'la cardamome, d'la girofle et d'la muscade pour parfumer la bouffe et chasser l'odeur du graillon." Croyant qu'il disait la vérité, le chef n'insista pas.

Les mamelouks se mirent à apporter les plats de la cuisine ; ils les passaient à Baïbars, qui les posait sur les plateaux, dans la salle où se trouvait le sultan. Quant à Otmân, il se posta dans la salle de gauche et se mit lui aussi à disposer les plats. "Hé, mes frelots, souffla-t-il à Harhach et Oqereb, allez donc chercher les plats où j'ai mis des épices." Il voulait dire : ceux que j'ai saupoudrés de suc d'aloès.

Quand il eut terminé de dresser la table, il appela les convives : "Passe donc à table, cadi peau d'gland ! Et toi aussi Qalaoun, l'piqueur de viande dans la soupe. Et pis toi, Nébak l'Enfoiré, sans oublier Alay El-Dîn[114], l'voleur de fèves ! V'nez bouffer la graille à mon soldat, c'est tout bon, parce que lui c'est un type généreux, c'est pas un rapiat comme vous ! – Que Dieu multiplie vos biens, cheikh Otmân", fit le cadi, qui alla aussitôt prendre place devant le plateau en invitant les grands du royaume à le rejoindre. Aïbak et Qalaoun s'empressèrent de s'asseoir à ses côtés.

Le cadi trouva devant lui une assiette de *ballôza*[115] ; en regardant bien, il s'aperçut qu'elle était saupoudrée de petits grains noirs. Croyant que c'était du musc et de l'ambre, il glissa à Aïbak : "Vois, Aïbak, combien Baïbars est riche : il a même répandu de la poudre d'ambre et de musc sur les plats !" Il s'empara de la cuiller[116], la plongea dans le plat et s'enfourna une énorme bouchée de *ballôza.*

Il commença à mâcher et, soudain, sentit une horrible amertume lui brûler le ventre et les tripes. Prêt à rendre l'âme, il ne laissa pourtant rien paraître, tant il était malfaisant et rusé, ce maudit ! Aïbak prit la cuiller à son tour, se l'enfourna dans la bouche, mâcha... et, sentant l'amertume, recracha toute la bouchée dans le plat. Tout le monde s'arrêta de manger et s'éloigna du plateau. "Cadi *efendi*, s'écria Aïbak, dans la bouche c'est poison amer, ton tripe il brûle, *tfou* ! *Allah bela versin !* Quel festin ça ?"

En entendant les cris, Baïbars accourut voir ce qui se passait. "Mon fils, lui répondit le cadi, ce repas n'est que suc d'aloès ! Quoi, chercherais-tu à nous empoisonner ? Quel tort avons-nous envers toi ?" Baïbars s'approcha et goûta au plat : sa bouche se remplit d'amertume au point qu'il ne put avaler. Il appela le cuisinier à grands cris : "Traître, lui dit-il quand il arriva, qu'est-ce que c'est que ça !" Et déjà il s'avançait sur lui pour le frapper. "Pitié, seigneur ! supplia l'autre. Ce n'est pas ma faute, c'est celle d'Otmân ! C'est lui qui a mis des épices sur les plats !"

Baïbars se retourna et aperçut Otmân qui se tenait les côtes, près de la porte qui menait à la salle du roi. Il sortit son *lett* et se précipita vers lui pour le corriger, mais Otmân se réfugia près du roi en criant : "Protège-moi, boss Sâleh ! Y a l'soldat, y veut m'cogner avec sa foutue boulette ! – *Allah*, ô Eternel !" répondit le roi. Pendant ce temps, Baïbars était entré dans la salle.

— Sors d'ici, misérable, cria-t-il à Otmân.

— Oh non, oh non, j'sors pas ! Hé, boss Sâleh, v'là l'soldat, protège-moi !

— Eh bien, mon fils Baïbars, intervint le roi, qu'est-ce qu'Otmân t'a donc fait pour que tu veuilles le frapper ?

Baïbars leur raconta l'affaire du suc d'aloès ; le roi partit d'un grand éclat de rire.

— Mais qu'as-tu donc mis dans le plat, *osta* Otmân ? demanda-t-il.

— Ecoute donc, cheikh des matous[117], j'vais tout t'raconter. J'ai dit au père La Muscade : "File-moi des épices" ; apparemment y s'est gouré et y m'a r'filé du suc d'aloès.

— Eh bien alors, fit le roi avec un large sourire, ce n'est pas la faute d'Otmân : c'est le Créateur qui a guidé la main du marchand d'épices... Ne lui fais pas de reproches, mon fils, pour m'être agréable. Va plutôt chercher le cadi, Aïbak et Qalaoun, qu'ils viennent manger avec nous.

Baïbars s'en fut convier tout le monde à venir près du roi. "Eh bien, cadi, fit le roi, comme dit le proverbe : «L'or reste or et le plomb reste plomb où qu'ils se trouvent»... mais ça ne fait rien, prends place avec ta troupe, et mangez." Le cadi n'osait piper mot ; il n'en mangea que davantage...

Lorsque le repas fut fini, que les convives se furent lavé les mains et qu'on leur eut servi le café et les rafraîchissements, le roi dit à Baïbars : "Lève-toi, mon fils, et fais-nous visiter le bâtiment intérieur. – A tes ordres, *efendem*", répondit-il en se levant. Il alla ouvrir la porte et pria le roi d'entrer. Le cortège pénétra dans le bâtiment et se mit à déambuler d'une salle à l'autre ; Baïbars fermait la marche.

Soudain, il sentit quelque chose lui effleurer l'épaule. Il se retourna et aperçut le djinn.

— Sois le bienvenu, frère djinn, lui dit-il. Quel bon vent t'amène, à cette heure ?

— J'avais envie de te revoir.

— Parfait ! Frère, surveille un peu mon trésor ; je me méfie des grands du royaume, la plupart d'entre eux sont contre moi.

— Bien sûr, répondit le djinn, c'est mon travail.

Le roi, pendant ce temps, était rempli d'admiration pour tout ce qu'il voyait.

— Gloire à l'Eternel qui n'a ni commencement ni fin, disait-il. Gloire à Celui qui t'a comblé de Ses dons, Hâjj Châhîn !

— Hé, boss Sâleh, interrompit Otmân, t'as qu'à vendre ton palais et à en acheter un pareil, si y t'plaît tant[118] !

— Non, frère, non ! Que Dieu en fasse une bénédiction pour vous ; et quant à nous, qu'Il nous maintienne dans la Foi, par la gloire du seigneur des fils d'Adnân.

Nous avons dit, ô nobles seigneurs, que ce jour-là était un vendredi ; comme l'heure de la prière approchait, le roi s'apprêta à sortir. "Eh, boss Sâleh, où tu vas ? s'écria Otmân. L'soldat t'a pas encore montré là où y a toute la joncaille, les diams et les perlouzes. Ah la gueule du cadi quand y va voir ça, dis donc !" En l'entendant parler ainsi, Baïbars, furieux, se mordait les lèvres jusqu'au sang. "Ça fait rien, soldat, ça fait rien, reprit Otmân. Le boss Sâleh y nous aime bien." Baïbars n'osa rien dire.

Prenant le roi par le bras, Otmân l'entraîna vers la salle au trésor. Il y avait là de ces choses... en vérité il n'est de propriétaire que de Dieu, l'Unique, le Tout-Puissant ! Des lingots d'or, des objets travaillés dans des métaux précieux, des colliers de pierreries, comme s'il en pleuvait ! "Ah, cadi, s'exclama le roi, toi qui aimes tant Baïbars, comme tu dois te réjouir pour lui ! En ce qui me concerne, en tout cas, Hâjj Châhîn, je m'émerveillerai toujours de la bonté de Dieu, qu'Il soit exalté. – *Efendem*, puisse Dieu lui prodiguer toujours de nouveaux bienfaits ; c'est notre fils chéri, le bienfaiteur du royaume, et il mérite plus que cela encore !" renchérit le cadi. Il disait cela, mais il était vert de rage...

Sous couleur de vouloir examiner les colliers de plus près, il tendit la main et en rafla une bonne dizaine qu'il dissimula dans sa manche ; il les destinait à sa femme, celle qu'on surnommait la Peste Arménienne. Il ne savait pas que le trésor du palais était sous la garde d'un djinn et que seul Baïbars avait le droit d'en ôter quelque chose. Quelques instants plus tard, le roi quitta la salle, en compagnie du vizir Châhîn, du cadi et des grands du royaume ; alors qu'ils arrivaient à la porte du bâtiment, une main se matérialisa soudain et appliqua au cadi une gifle retentissante qui le projeta les quatre fers en l'air et lui fit perdre son grand turban.

— Rends ça, voleur, s'écria une voix qui semblait sortir des murs, ou bien je fais périr tous ceux qui sont ici !

— Seigneur, accorde-nous Ta protection aux jours de malheur ! s'exclama le roi. Que la peste t'emporte, cadi ! Dis-moi, Hâjj Châhîn !

— Oui, seigneur.

— Tu n'as rien volé, au moins ?

— Certainement pas, seigneur, se récria le Hâjj Châhîn passablement indigné. Par ta tête, je n'ai jamais rien volé de ma vie !

— Protège-nous, ô Hassîbeh ! fit Otmân. Eh, cadi d'mes fesses, t'es tombé sur l'grand chef des mauvais esprits, mon salaud !

On s'occupa alors de relever le cadi qui avait perdu connaissance ; les pierres précieuses tombèrent de sa manche, sous les yeux de toute l'assistance.

— Ah ben bravo ! vociféra Otmân. Non mais il faut pas t'gêner, eh cocu ! Pourquoi tu nous voles, on peut savoir ?

— Mais enfin, cadi, pourquoi as-tu fait cela ? demanda le roi d'un ton sévère. Comment as-tu pu t'abaisser à une chose pareille, que la peste t'emporte ! Eh bien, c'est une bénédiction que nous ne t'ayons pas écouté le jour où tu nous as tant tarabusté pour que nous confisquions ce trésor. Je n'ose penser au sort que nous aurait fait subir ce djinn.

— Par ta vie, gémit piteusement le cadi, je n'ai jamais eu l'intention de les voler, je voulais seulement les examiner à la lumière du jour pour m'assurer si ce sont des pierres véritables ou des imitations… Tout de même, il incombait à l'émir Baïbars de nous avertir d'avance : Ta Majesté aurait pu avoir la même idée que moi, et…

— Oh non, cadi ! coupa le roi. Me prendrais-tu pour un imbécile ? Enfin, grâce à Dieu, le pire a été évité.

Ils sortirent de la crypte ; Baïbars se réjouissait fort d'avoir ce djinn pour ami : désormais, il savait que son trésor était en sécurité, et qu'avec un tel gardien, personne ne pourrait s'en approcher.

Le roi se mit en selle, les grands du royaume l'entourèrent ; les soldats de l'escorte, qui l'avaient attendu à la porte du sérail de Bâdîs, se formèrent en colonnes, la fanfare royale sonna et le cortège s'ébranla en direction de la mosquée Abou Bâbayn. Ils firent la prière du vendredi, terminèrent par les invocations, et le roi s'en retourna à la Citadelle passer le reste de la journée dans sa salle privée.

Quant à l'émir Baïbars, il s'en revint au sérail de Bâdîs ; il était fort mécontent d'Otmân.

— Mais enfin, malheureux, lui dit-il, tu veux me perdre ou quoi ? Pauvre imbécile, qu'est-ce que tu avais besoin d'emmener le roi visiter la salle du trésor, et d'étaler notre fortune sous le nez de tout le monde ?

— T'en fais donc pas, mon pote. J'ai fait tout ça rien que pour donner la jaunisse au cadi et à Nébak l'Enfoiré ; tant mieux si ça fait d'la peine à tes ennemis et du plaisir à tes amis ! Et en plus, ni l'boss Sâleh ni personne d'autre osera plus s'y frotter, maintenant qu'y savent qu'y a des mauvais esprits chez nous. Si jamais on part en voyage, on peut être tranquille : personne ira nous piquer not' pognon. C'est pas vrai, ça, mon frangin ? Alors tu trouves toujours qu'j'ai mal agi ?

— Bon, n'en parlons plus. Maintenant, j'aurais besoin que tu me trouves un maître maçon qui connaisse bien son métier.

Le pont aux Lions

Il lui expliqua l'affaire du pont et du terrain vague qu'il voulait rebâtir. "On y va, on y va !" lui dit Otmân. Il se rendit au souk et revint peu après, accompagné d'une quarantaine d'artisans.

— Mais enfin, bougre de fils de pute ! s'écria Baïbars exaspéré, je t'avais dit de m'en amener un, pas un régiment !

— Ben alors, qu'est-ce que t'y perds ? T'as qu'à prendre çui qui t'plaira, les autres tu m'les envoies et j'les fous dehors à coups d'pied au cul !

— Ah oui, ça c'est vraiment ce qui s'appelle être correct ! ricana Baïbars.

Il renvoya tous les maçons, après leur avoir distribué un peu d'argent pour les dédommager, et ne garda que l'un d'entre eux, un artisan très honorablement connu, nommé Hâjj Hasan El-Banna. Baïbars prit un bout de papier et lui fit un croquis du pont qu'il voulait construire. "*Osta*, lui dit-il, tu bâtiras ce pont suivant ce modèle ; et que ce soit du beau travail, tu m'entends ? Vois de quoi tu as besoin et dis-moi ce qu'il te faut. – A tes ordres, mon garçon", répondit le Hâjj Hasan.

Le lendemain, le chantier s'organisa et les ouvriers commencèrent à s'affairer. Baïbars avait assigné un salaire de quinze *paras* par jour au maître maçon et dix aux compagnons ; en sus, il leur faisait porter deux repas par jour.

Quand ils eurent posé les fondations et monté les piles, et qu'il ne leur resta plus qu'à dresser les arches, Baïbars dit au patron, le Hâjj Hasan : "*Osta*, je voudrais que, sur chacune des arches, tu sculptes l'image de deux lions, comme ceci. – Mon émir, lui répondit l'artisan, je ne peux faire ça que si un décret du sultan m'y autorise, car l'image du lion est réservée aux édifices construits par les rois. – Et si je t'apportais un firman allant en ce sens ? demanda Baïbars. – En ce cas, sur ma tête et mon œil."

Le lendemain, Baïbars se rendit à la Citadelle ; il se présenta devant le roi, s'inclina jusqu'à terre, et appela sur lui les bénédictions de Dieu.

— Sois le bienvenu, mon garçon, lui dit-il. Je suppose que la construction du pont est en bonne voie.

— Oui *efendem*, par l'effet de ta haute bienveillance, il ne s'en faut que de peu qu'il soit terminé. Mais je viens prier le serviteur des Lieux saints de me permettre d'y faire sculpter, sur chaque arche, l'image de deux lions. Je l'ai en effet demandé au chef maçon et il m'a dit qu'il fallait pour cela un firman, rédigé de la main du vizir Châhîn et émanant de Ta Majesté, ô serviteur des Lieux saints !

A ces mots, le cadi, qui était mollement étalé sur un siège, se redressa d'un coup, le turban frémissant de colère, et se mit à vitupérer :

— Malheur à la religion ! Malheur à l'islam ! La corruption est apparue parmi les fidèles ! Comment, Baïbars, tu pousses l'orgueil jusqu'à vouloir singer le Commandeur des croyants[119] ! Après en avoir appelé à Dieu, je prononce que tu dois être mis à mort ; et si mon avis n'est pas écouté, j'enfourche ma mule et je retourne en Perse[120] car telle est la volonté de Dieu !

— Tais-toi, cadi, que Dieu te fourche la langue ! s'écria le roi d'une voix tonnante. Par la gloire de Dieu, tu es aveugle, tu as un bandeau sur les yeux ! Hâjj Châhîn, rédige un firman comme quoi Baïbars est autorisé à agir comme bon lui semble et à construire ce qu'il veut.

Le vizir s'exécuta aussitôt et rédigea de sa main un firman que le roi honora de son sceau et de son paraphe avant de le remettre à Baïbars. “Va, mon fils, lui dit-il. Fais ton travail.” Baïbars s'inclina jusqu'à terre et s'en revint au sérail de Bâdîs. Il fit venir le maître maçon et lui montra le décret royal ; l'autre le porta à ses lèvres, puis à son front. “Maintenant, seigneur, dit-il, tu peux considérer ton souhait comme accompli.”

Il sculpta les lions dans la pierre et acheva l'édification du pont ; et c'est depuis ce jour que le quartier porte le nom de Pont-aux-Lions[121].

Le souk des va-nu-pieds

Quand ce fut terminé, Baïbars fit venir à nouveau le maître maçon et lui dit : "*Osta*, je voudrais également reconstruire ce quartier abandonné. Va voir ce qu'il est possible d'en tirer." L'autre prit sa toise, alla mesurer le terrain, calcula la superficie, puis revint dire à Baïbars : "Mon garçon, je peux te construire un souk de quatre-vingts boutiques, quarante de chaque côté ; chacune disposera d'un dépôt et d'une petite chambre d'étage, avec un bout de terrasse. Au fond du souk, il y aura une mosquée et, du côté opposé, un petit hammam. Ainsi, ceux qui habiteront dans leur boutique pourront ranger leurs marchandises dans le dépôt, et ceux qui auront femme et enfants les installeront à l'étage. En somme, ce sera un quartier totalement indépendant. Le soir, on pourra le fermer des deux côtés, en verrouillant les portes, et les habitants n'auront rien à craindre des rôdeurs[122]. – Tout cela me paraît très bien, répondit Baïbars. Tu peux commencer ton travail."

Le lendemain même, le chantier fut mis en route. Quelque temps plus tard, le travail était achevé : gros œuvre, charpente, peinture, rien ne laissait à désirer. Baïbars alla inspecter les travaux : c'était un vrai bijou. Il récompensa royalement les chefs des différents corps de métier, leur manifesta sa reconnaissance, et leur donna gracieusement congé.

— Eh bien, mon vieux, fit-il alors à Otmân, il n'y a plus qu'à attendre que Dieu (qu'Il soit exalté) nous envoie quelques honnêtes gens pour prendre ces boutiques en location et y travailler.

— Soldat, ça marchera pas comme ça, y viendront pas d'eux-mêmes. Mais si tu veux, moi j'peux t'en amener.

— Tiens ! tu as des accointances avec la corporation des boutiquiers, toi, Otmân ?

— Ben tiens ! Le Caire, comme on dit, c'est ma génisse, fille de ma vache. Eh, par le Prophète, j'peux t'amener des gars comme t'en as jamais vu !

— Eh bien d'accord. S'ils sont comme tu les décris, c'est tout à fait ce qui convient.

Otmân, gourdin sur l'épaule, s'en fut tout droit à la Bourse-au-Kif, là où se rassemblent tous les clochards de la ville pour fumer l'herbe et mastiquer la confiture ; ils avaient à cette époque un chef qui se nommait le Hâjj Khalaf. Du temps où il faisait les quatre cents coups, Otmân leur rendait fréquemment visite pour leur extorquer de l'argent. Ce jour-là, ils étaient justement au grand complet, trente-neuf, en train de parler de l'*osta* Otmân :

— Dis donc, Hâjj Mohammad, disait l'un, ça fait une paye qu'on a pas vu Otmân, la Fleur des Truands du Caire... Il a peut-être bien quitté la ville.

— Mais non, frère, il est toujours là ; seulement il s'est repenti et il a pris du service chez un soldat, l'émir Baïbars, le secrétaire aux placets.

— Dieu soit loué ! Nous voilà bien débarrassés de lui !

Pendant ce temps, Otmân s'était approché d'eux par-derrière ; "Salut les gars !" s'écria-t-il soudain d'une voix retentissante.

— Non, pitié, Fleur des Truands ! Par le Prophète, on a pas un sou sur nous, on a rien à t'donner !

— Ayez donc pas peur, les gars. Tel que vous m'voyez, à c't'heure, j'me suis repenti, j'me putréfie aux cabinets, j'fais mes ablussemuches et mes ièrepris[123] et j'connais tous les trucs de ma religion. Bon, dites donc, les gars, vous croyez pas qu'c'est l'moment d'faire comme moi ? Comme ça, j'vous emmènerai voir mon soldat, y vous donnera des boutiques et vous pourrez faire un métier honnête ; et si y vous manque du fric, j'vous en donnerai.

— T'as raison, Fleur des Truands ! Par le Secret de la Très-Pure, on s'repent !

— Eh ben alors, venez avec moi.

Et il les emmena directement au sérail de Bâdîs. Pendant ce temps, Baïbars était tranquillement assis à l'attendre ; soudain, Otmân entra sans crier gare, escorté d'une bande de va-nu-pieds couverts de haillons et à l'aspect lamentable.

— Mais qu'est-ce que c'est que ces types ? demanda-t-il étonné. Pourquoi les ramènes-tu chez nous ?

— Soldat, c'est eux les gars que j't'ai causé ; c'est eux qui vont s'installer dans le souk et le faire marcher.

— Espèce d'imbécile ! s'exclama Baïbars. Ça se voit comme le nez au milieu de la figure que c'est des clochards et des propres à rien. Comment veux-tu que je leur confie les boutiques, ils n'ont pas un sou de capital devant eux !

— Eh, frangin, y vont s'repentir et faire leurs ièrepris comme moi. T'as qu'à leur avancer du fric pour s'installer, j'me porte garant pour eux. Comme ça, l'bon Dieu t'aura à la bonne ; Il aime bien ceux qui rendent leur dignité aux autres. Et puis, soldat, on est tous les créatures de Dieu ; on peut pas savoir d'avance de qui on sera l'obligé.

Ce discours produisit une forte impression sur Baïbars ; il garda le silence et s'abstint de renvoyer les clochards : il se disait que nul n'est à l'abri des coups du sort. "Cet Otmân n'est pas un homme ordinaire, pensait-il. Dans tout ce qui lui passe par la tête, il y a une bénédiction cachée. C'est sûrement Dieu – qu'Il soit exalté – qui lui a inspiré l'idée d'amener ces gens."

Il se leva donc, emmena tout le monde au souk, et confia à chacun une boutique avec son dépôt et sa chambre d'étage ; il leur avança également de l'argent pour s'installer, à chacun selon son métier : ceux qui voulaient se mettre crémiers, il leur donna cent sequins[124], ceux qui voulaient être bouchers ou marchands de légumes, il leur en donna cinquante et ainsi de suite. Il écrivit le nom de chacun d'entre eux sur un registre à part et leur ouvrit à chacun un compte en leur débitant les sommes avancées – enfin, vous connaissez le système. L'*osta* Otmân fut nommé intendant : c'est lui qui se chargerait de percevoir chaque mois le loyer des boutiques et les traites de remboursement – là aussi vous savez de quoi je veux parler.

"Maintenant, mes amis, dit Baïbars, j'ai quelques recommandations à vous faire ; et n'oubliez pas que celui qui suit de bons conseils récoltera bienfaits et bénédictions dans ce monde et obtiendra la plus haute place dans l'autre. Voici : n'achetez aux halles que des marchandises de bonne qualité, gardez-vous bien de tromper le client et faites toujours bon poids, comme l'a ordonné Dieu. Ne manquez pas de faire vos cinq prières par jour à la mosquée. Si vous agissez ainsi, tout ira bien pour vous, car contentement passe richesse. – Si Dieu le veut, on fera tout ça, répondirent-ils. Qu'Il nous accorde de faire comme tu as dit."

Ils allèrent chercher leurs familles qu'ils installèrent dans les chambres d'étage ; puis ils se mirent au travail. Un peu plus tard, Baïbars dit à Otmân : "Frère, il reste encore à trouver quelqu'un pour occuper la boutique vide ; nous en ferons le *bazar-bâchi*[125]. – C'est bon, j'm'en charge", répondit Otmân.

[Le transmetteur a dit :] Nobles seigneurs, priez sur celui qui a l'éclat de la lune en son plein, sur la lampe qui nous guide dans l'obscurité, le prophète du Seigneur omniscient, que la prière de Dieu et Son salut soient sur lui chaque fois que roucoule la colombe.

Otmân connaissait justement au Caire un homme, *bazarbâchi* de son métier ; fort riche, mais probe et pieux, il ne manquait jamais de faire les cinq prières par jour et ne se nourrissait que de pain. C'était la seule créature au monde à qui Otmân n'avait jamais fait de mal, lui qui n'épargnait personne ; la cause en était que cet homme, le Hâjj Mohammad, ne manquait jamais de le nourrir, de le réconforter ou de lui donner un peu d'argent, chaque fois qu'il le voyait.

Et puis, la roue de la fortune avait tourné pour lui et il avait fait faillite. Depuis quelque temps, il vivait enfermé chez lui, ne sortant plus ; il ne lui restait plus rien, il avait vendu jusqu'à sa literie et à sa batterie de cuisine, et vivait dans un dénuement absolu, lui, sa femme et ses enfants. Ce jour-là, ils n'avaient rien mangé depuis la veille : leurs dernières provisions étaient épuisées.

— Eh, mon homme, lui dit sa femme, jusqu'à quand tu vas rester enfermé à la maison sans rien faire ? Est-ce que le bon Dieu veut pas qu'on se remue, dans la vie ? Depuis ce matin, on n'a plus rien à manger dans la maison.

— Mais où veux-tu que j'aille, ma bonne amie ? soupira le malheureux. Je suis à bout de ressources, j'ai épuisé tous les recours. Si je sors, mes créanciers vont me tomber dessus et me faire mettre en prison, et je devrai supporter la honte et les humiliations...

A ce moment-là, on frappa à la porte.

— Qui est là ? demanda le Hâjj Mohammad.

— C'est Otmân ! Ouvre, l'ami !

— Vas-y, ma femme, dit le Hâjj Mohammad, dis-lui que ton mari n'est pas là !

— Mais qui c'est ? demanda-t-elle. C'est un créancier à qui tu dois de l'argent ?

— Non, par Dieu, ma bonne, c'est un brave garçon un peu simplet qu'on appelle Otmân fils de la Grosse ; dans le temps, je lui rendais quelquefois service et je lui donnais souvent un peu d'argent ; apparemment, il ne se doute pas que je suis ruiné, et il vient me demander quelques secours. Ah, malheur, et moi qui n'ai rien à lui donner ! Dire que nous n'avons même pas de quoi lui offrir à manger !

— Eh, mon homme, va quand même lui ouvrir ; de toute façon, il a entendu ta voix, il sait que tu es là. Tu n'as qu'à lui dire la vérité ; je ne pense pas qu'il t'en voudra de le renvoyer les mains vides.

Convaincu par ces paroles, le Hâjj Mohammad se leva et alla accueillir Otmân ; il le salua et le fit entrer dans la maison, après avoir dit à sa femme de rabattre son voile[126]. “Ah, quelle honte pour moi, mon garçon ! dit-il en fondant en larmes. Hélas ! le sort nous a cruellement éprouvés et la malchance accablés de ses traits. Ah, rien ne dure en ce monde, tout n'est que flux et reflux, et chaque jour de bonheur se paie d'une année de souffrances. Le destin est impitoyable, et nul ne peut espérer de lui la moindre faveur !”

En l'entendant se plaindre de la sorte et en voyant l'état de misère où il était réduit, Otmân fondit en larmes à son tour. “Ah, mon vieux dabe, soupira-t-il, j’savais bien qu’t’avais des ennuis, mais j’me doutais pas qu’t’en étais arrivé là ! Ecoute, t’as toujours été gentil avec moi, j’peux bien t’rendre un peu la pareille.” Et, tirant cinq pièces d’or de sa poche, il les glissa discrètement à la femme. Sans doute n’était-ce pas son genre de se comporter avec tant de générosité et de délicatesse ; mais, à ce moment-là, c’est Dieu qui le guidait. Il emmena donc le Hâjj Mohammad avec lui et alla le présenter à Baïbars.

— Hé, frangin, v’là le Hâjj Mohammad, le *bazarbâchi* ; c’est un vieux briscard, y connaît bien l’métier. Il est d’une bonne famille mais il a eu des malheurs ; à part ça, c’est un bon type, t’en trouveras pas beaucoup des comme lui au Caire !

— Bon, comme tu veux, frère, répondit Baïbars. Voyons maintenant pour l’avance… Eh bien, mon père, reprit-il à l’adresse du Hâjj Mohammad, de quelle somme as-tu besoin pour t’installer ?

Mais l’autre restait coi, gardant les yeux baissés. Eh, forcément, il était d’une bonne famille, il avait sa fierté… Puisse Dieu épargner une telle humiliation à tous ceux qui proclament Son Unicité !

— Eh bien, l’ami, parle ! insista Baïbars.

— Soldat, soldat, fit Otmân, t’as qu’à y filer mille pièces jaunes : ça y f’ra un capital pour s’installer et avec le reste y payera ses dettes. De toute façon, j’me porte garant pour lui.

Baïbars, interloqué, le regardait d’un air de dire : “Non mais, qu’est-ce que tu racontes ?”

— Mais tu vas les lui filer à la fin ! éclata Otmân. Non mais, sans blague, tu crois qu'le pognon y vient d'ton père ? C'est du bon Dieu qu'y vient, ton pognon ! Si le Hâjj Mohammad peut pas t'les rembourser, tes jaunets, c'est moi qui l'fera d'mon fric à moi. Dis donc, frangin, toi non plus, quand t'es venu d'Damas, t'avais pas un rond ; et l'bon Dieu il a été généreux avec toi. Alors tu crois pas qu't'as intérêt à être généreux avec les serviteurs du bon Dieu ? C'est vrai, ça, ou c'est pas vrai ?

Sans plus discuter, Baïbars versa mille pièces d'or au Hâjj Mohammad ; il le mit en possession de la boutique et le nomma *bazarbâchi* du souk, en recommandant aux autres marchands de lui obéir en toute chose.

Un ripou

Comme les marchands ne vendaient que des produits d'excellente qualité et faisaient toujours bon poids, les clients s'y pressèrent bientôt en foule. Comme on dit : "Rien de tel qu'une réputation pour faire fortune." Il se trouvait à proximité un autre souk qui appartenait à Aïbak le Turkmène ; devant une telle concurrence, celui-ci se trouva bientôt déserté. Les boutiquiers s'en émurent : ils étaient sur le point de rendre l'âme. Après s'être consultés entre eux, ils décidèrent d'aller se plaindre à

Aïbak le Turkmène. “De deux choses l’une, se disaient-ils : ou bien il baisse ses loyers, ou bien il ferme le souk.” Et, accompagnés de leur *bazarbâchi*, ils allèrent le trouver pour lui exposer leur triste situation.

Aïbak en fut ulcéré ; il était fermement décidé à ruiner le souk de Baïbars, mais comment ? Un beau jour, il prit à part le cadi Salâh El-Dîn et se plaignit des mauvaises affaires de son souk. “S’il te plaît, *efendi*, toi aider pour supprimer ce tapette Baïbars ! *Vallah ballah*, si tu pas trouves une truc, Aïbak il mort cœur brisé ! – Mon cher émir, répondit l’autre, j’ai une grande affection pour Baïbars… Mais enfin, par égard pour toi, je consens à prêter la main à ton entreprise. Laisse-moi cependant quelques jours pour arrêter un plan.” Sur ce, ils se séparèrent.

Le palais du cadi Salâh El-Dîn se trouvait dans le Vieux-Caire, à côté d’un couvent chrétien qui se nommait le Deir El-Tîn. La fenêtre de sa chambre donnait sur l’entrée de ce couvent. Une nuit qu’il était assis à la fenêtre, l’œil aux aguets, comme d’habitude, il vit arriver un homme, habillé à la façon des musulmans ; il s’avançait furtivement vers la porte du couvent, une lanterne sourde à la main. Le cadi l’observa attentivement : il reconnut le chef de la police du Caire, Hasan Agha. Arrivé à la porte, celui-ci frappa un petit coup discret, un moine vint lui ouvrir, et il entra.

Son manège n'avait pas échappé au cadi ; il se leva d'un bond, appela son famulus Mansour, lui ordonna d'allumer une lanterne et ils sortirent, l'un derrière l'autre ; trouvant la porte du couvent ouverte, ils pénétrèrent dans l'enceinte. En voyant arriver le cadi, les moines se précipitèrent vers lui pour lui baiser les mains.

— *Padre*, dirent-ils, pour quelle raison t'es-tu dérangé, à une heure pareille ?

— Eh bien, *figlioni*, répondit-il, quel est cet homme qui vient d'entrer ?

— C'est Hasan Agha, le chef de la police, ô fils d'Asfout ! C'est un *Cristiano*, il ne vient ici que la nuit du samedi au dimanche, afin de prier dans la chapelle ; il nous donne bien de l'argent car c'est un homme d'une piété fervente dans la religion des chrétiens.

— Parfait ! reprit le cadi. Ah çà, gare à vous si vous lui dévoilez ma véritable identité !

— Certes non, *padre*, nous ne sommes pas fous ! répondirent les moines.

— Bien. Où est-il, à présent ?

— Là-bas, il prie dans la chapelle.

Laissant son famulus dans la cour du couvent, le cadi se glissa dans la chapelle, marchant sur la pointe des pieds afin que l'autre ne l'entende pas arriver. Il vit Hasan Agha qui, ayant ôté son turban blanc et s'étant coiffé à la place d'un chapeau à trois cornes, faisait la prière des chrétiens, tourné vers l'orient. Le cadi s'avança à pas de velours, arriva juste derrière lui, et… "Ha ha, je t'y prends, misérable ! hurla-t-il soudain. Que Dieu te fasse périr et t'envoie à la perdition ! Comment, tu es chrétien et tu te fais passer pour musulman ! Et, non content de cela, misérable impie, tu as osé t'infiltrer parmi les dignitaires de l'Etat, tu es devenu chef de la police, chargé de rendre la justice au nom de l'islam ! Je te ferai crucifier, bâtard, scélérat ! Il faut faire un exemple !"

En voyant arriver le cadi, Hasan Agha s'était effondré ; à moitié mort de peur, il se voyait irrémédiablement condamné au supplice ; il s'était jeté à ses pieds et les baisait tant et plus.

— *Amân !* gémissait-il. Pitié, *efendi*, je t'en supplie, ne dévoile pas mon secret. Par ma religion, je te donne tous mes biens, tout ce que je possède, sans rien garder pour moi !

— Bon, écoute, reprit l'autre d'un ton radouci, j'ai une mission à te confier. Si tu la mènes à bien, tu es sauf et je te laisserai ta fortune. Mais si tu échoues, par la Science sacrée, je fais confisquer tous tes biens après ton exécution et j'égorge tes enfants sur ton cadavre ! Lève-toi et viens dans mon palais.

— J'entends et j'obéis. Par l'honneur de ma religion, je ferai tout ce que tu me demanderas, quand bien même j'y perdrais la vie.

Le cadi retourna donc dans son palais, suivi de Hasan Agha ; il le fit monter dans sa chambre.

— Mon garçon, lui dit-il, sache que la mission te concerne particulièrement et que toi seul peux t'en acquitter, pour la raison que tu es, au moins pour le moment..., chef de la police, habilité à user de la force vive. Voici de quoi il s'agit : le jeune Baïbars, le secrétaire aux placets, a fait construire un souk à proximité du Pont-aux-Lions, ce qui fait péricliter le souk de l'émir Aïbak, le *seri askar*[127] du royaume. Or Aïbak, qui est mon ami, est venu se plaindre à moi de cet état de choses et me demander mon aide pour ruiner le souk de Baïbars ; ce que j'attends de toi, c'est que tu t'arranges, sous un prétexte quelconque, pour faire démolir ledit souk et en disperser les habitants. Voilà tout ce que je te demande.

— *Efendem*, que Dieu te donne longue vie, répondit Hasan Agha, je m'attendais à quelque chose de bien plus difficile. Avec ta permission, je vais m'en occuper immédiatement.

L'autre lui donna congé, et il s'en fut.

Hasan Agha avait, quelque temps auparavant, dispersé les hommes de sa patrouille avec qui il faisait habituellement sa tournée, la nuit. C'est donc tout seul qu'il se rendit au souk de Baïbars ; voyant les portes verrouillées, il se tapit dans une encoignure et attendit patiemment. Quelques instants plus tard, un homme arriva, une lampe à la main. C'était l'un des ouvriers de la boulangerie du souk ; il venait prendre son travail et arrivait droit de son lit, dormant encore à moitié.

Le chef de la police attendit qu'il soit juste devant la porte ; à ce moment-là, il bondit hors de sa cachette et, le prenant en traître, lui planta son poignard entre les deux omoplates. Le malheureux s'écroula, tué sur le coup, dans une mare de sang.

Abandonnant là le cadavre, le chef de la police s'en fut aussitôt prévenir le cadi ; celui-ci se montra fort satisfait : il avait désormais un prétexte pour aller chercher noise aux gens du souk de Baïbars. Voilà pour ces deux-là.

Mais, pendant ce temps, Otmân, la Fleur des Truands du Caire, était en proie à l'insomnie. Désespérant d'arriver à fermer l'œil, il appela le Fils de la Grande : “Eh, mon frelot, viens, on va aller s'asseoir un peu sur le pont aux Lions !” Ils sortirent tous les deux et se dirigèrent vers le pont ; mais, en passant devant le souk, ils tombèrent sur le cadavre, étendu juste contre la porte, dans une mare de sang encore frais. “Ah ben bravo ! s'exclama Otmân. Vise un peu ça, mon frelot ! Qui ça peut bien être, et qui c'est qui l'a laissé là ? Oh, par le Prophète, j'le reconnais ! Ah qué malheur, le pauv' gars ! Sûr que c'est encore un coup tordu aux aut' maquereaux. Bon, eh ben on va leur faire voir ! Eh, l'ami, reprit-il à l'adresse du Fils de la Grande, retourne voir au palais et ramène-nous un grand sac en toile.”

Le Fils de la Grande s'en fut dare-dare chercher ce qu'on lui demandait. Pendant ce temps, Otmân, usant d'un procédé qu'il connaissait bien, avait recousu la blessure du cadavre pour éviter qu'il perde son sang ; il le mit alors dans le sac et dit au Fils de la Grande : “Bon, maintenant tu vas m'faire disparaître toutes les traces de sang. Si j'ai l'malheur d'en trouver encore en revenant tout à l'heure, ça va être ta fête ! – D'accord, on y va", répondit l'autre.

Otmân prit le sac sur son dos et s'en alla vers le palais du cadi ; une fois arrivé à destination, il en sortit le cadavre et l'étendit sur le seuil de la porte. Puis il alla retrouver le Fils de la Grande, qui avait fait disparaître toutes les traces de sang. Ils s'en revinrent tous deux au sérail de Bâdîs et allèrent dormir.

Le lendemain matin, le cadi s'éveilla de bonne heure et s'apprêta à se rendre au conseil. Au moment où il allait sortir, il entendit un grand tumulte de l'autre côté de la porte ; il alla ouvrir... et crut perdre la raison en voyant un cadavre devant sa porte, et un attroupement tout autour. "Eh bien, bonnes gens, s'écria-t-il, eh bien, ô Communauté de Muhammad, qui donc a tué ce malheureux et l'a déposé contre ma porte d'entrée ? – On sait pas, *efendi*, lui répondit-on. On passait, on l'a trouvé comme ça."

Déjà le bruit de cette découverte s'était répandu, on avait averti la famille et les amis de la victime qui arrivaient en toute hâte ; sa femme et ses six enfants étaient du nombre. Cette femme était la plus redoutable commère de toute la ville.

Or, il se trouvait qu'un an plus tôt, l'un des serviteurs du cadi avait tué un homme, froidement et en plein jour, à la suite d'une prise de bec. Il avait été appréhendé par les autorités mais le cadi avait réussi à obtenir sa libération en faisant invalider la plainte portée par les parents de la victime, sous toutes sortes de prétextes fallacieux et mensongers. Depuis ce moment-là, il avait acquis une réputation détestable auprès des gens du peuple.

Donc, quand la femme arriva, et qu'elle vit le cadavre de son mari étendu à terre juste devant la porte du cadi, elle perdit complètement la tête ; elle arracha son voile, montra son visage à nu et se mit à crier d'une voix suraiguë : "Mort au cadi ! Vive le boss Sâleh, que Dieu l'aide à se débarrasser de toi !" Et, ramassant dans le ruisseau de grosses poignées d'ordures et de fange, elle se mit à en bombarder le cadi. "Voyez-moi l'hypocrite ! glapissait-elle. Il protège tous les voyous et les assassins de la ville pour qu'ils tuent les créatures de Dieu !"

Sentant les choses mal tourner, le cadi se hâta de rentrer dans son palais où il se barricada. Alors les parents de la victime allèrent chercher du noir de fumée et en badigeonnèrent sa porte, comme on fait pour les pestiférés. Quelques autres se rendirent à la Citadelle et, poussant force cris et gémissements, se présentèrent devant le roi. "Mon Dieu, mon Dieu, que se passe-t-il ?" dit celui-ci. Ils lui apprirent toute l'affaire.

— *Allah* ô Eternel ! fit le roi. Punition pour les méchants, ô Seigneur des mondes ! Châhîn !

— Me voici devant toi, à ton service, ô puissant roi, répondit ce dernier.

— Par la gloire de Dieu, ce cadi est un bien méchant homme ! Comment, ses serviteurs osent traiter ainsi les créatures de Dieu ! Où est le chef de la police ?

Hasan Agha se présenta devant lui, s'inclinant jusqu'à terre. "Va-t'en examiner cette affaire, lui dit le roi. Tu n'as pas l'air bien empressé de pourchasser les criminels, on dirait ? Par la gloire de Dieu, tu m'inquiètes, mon ami : n'oublie pas que tout méchant finira par tomber sur plus méchant que lui..."

L'autre s'inclina à nouveau et s'en fut. Entretemps, les parents du mort s'étaient également retirés, emportant le cadavre, et le cadi était arrivé. Il se présenta devant le roi et commença à vitupérer.

— Cela n'est pas permis par Dieu, ô serviteur des Lieux saints ! Comment, les voyous jettent des cadavres devant la porte des hommes de religion, les exposant aux avanies de la populace ! *Efendem*, que Ta Majesté daigne envoyer quelqu'un pour examiner la porte de mon palais, dans quel état ils l'ont mise !

— Cadi, par la gloire de Dieu, c'est toi qui es responsable, car tu donnes abri à des malfaiteurs. Par la gloire de Dieu, tu avais sûrement intérêt à faire périr ce malheureux. En tout cas, je t'ordonne de verser le prix du sang à sa famille ; ça t'apprendra à embaucher des criminels. Si tu obéis, ça vaudra mieux ; sinon c'est ton affaire, moi, frère, je ne m'en mêle pas[128].

On appela les parents du défunt, et le cadi leur versa trois mille pièces d'or ; ils se déclarèrent satisfaits et l'incident fut clos. Mais le cadi faillit en crever de dépit ; il se demandait qui avait pu lui jouer ce vilain tour et, surtout, ce qu'était devenu le cadavre qui aurait dû se trouver devant la porte du souk de Baïbars, et dont personne ne semblait avoir entendu parler. Quand la séance fut levée, il retourna dans son palais, tout penaud, et convoqua le chef de la police :

— Eh bien alors, espèce de chien ! lui dit-il, c'est comme ça que tu avais laissé un cadavre devant le souk de Baïbars ! Tu m'as menti, hein ? Tu voulais m'emmener en bateau ?

— Non, par ta vie, *efendi* ! Je ne sais vraiment pas qui a pu le transporter jusque devant le palais de Ton Excellence !

— Tu veux dire que c'est lui l'homme que tu as assassiné ? s'écria le cadi qui commençait à comprendre.

— C'est exactement cela, *efendem* !

Le cadi se mit à grognasser entre ses dents, comme font les chiens. "Par la Science sacrée, dit-il, je crois bien savoir qui nous a joué ce tour-là ! Mais il ne triomphera pas longtemps, ou mon aïeul n'est pas Jalâl El-Dîn El-Irâqi ! Bon, maintenant écoute-moi, Hasan Agha : j'exige que tu coules ce souk ; nous te soutiendrons par tous les moyens, Aïbak et moi. – J'entends et j'obéis", répondit Hasan Agha.

Le lendemain, le roi prit place en son conseil, entouré des vizirs, des grands du royaume et des titulaires des hautes charges de l'Etat. La coutume voulait en effet que le chef de la police, le *mohtasib*[129] et les autres officiers de même rang viennent chaque jour s'aligner devant le roi ; ils attendaient que celui-ci leur donne congé pour vaquer à leurs occupations. Ce jour-là, donc, le roi se tourna vers le chef de la police et lui dit : “Va, Hasan Agha, et crains Dieu.”

Sur ce, chacun partit de son côté. Seul nous intéresse le sort du chef de la police. Il monta à cheval, rassembla ses hommes et, flanqué à sa droite de l'exécuteur des hautes œuvres et à sa gauche du chef des mouchards, se dirigea tout droit vers le souk de Baïbars et y entra.

Les boutiquiers furent assez étonnés de le voir débarquer chez eux. “Eh, Hâjj Khalîl, mon frère, dit l'un d'entre eux à son voisin, qu'est-ce qui se passe donc ? Qu'est-ce qui lui prend, au chef de la police, de s'pointer ici si tôt l'matin ? – Eh, qu'il aille se faire foutre, de toute façon, il a rien à nous reprocher. Peut-être bien qu'il est venu juste pour regarder, par curiosité.”

Le chef de la police s'approcha de la boutique du Hâjj Mohammad, le *bazarbâchi*.

— Dis donc, mon bonhomme, lui fit-il, comment ça se fait que tous les soirs vous restez ouverts après la tombée de la nuit ? Vous refusez d'obéir au règlement ou quoi ?

— Pas du tout, seigneur ! On n'a rien fait de mal, tout se passe régulièrement, ici : quand la nuit tombe, dès le dernier appel de la prière, on ferme et on rentre chez nous ; en plus on a un gardien de nuit, il n'ouvre à personne et personne ne peut passer.

— Non mais, tu te crois tout permis, espèce de chien ! Votre souk c'est un repaire de truands et de maraudeurs ! Désormais, dès l'appel à la prière du soleil couchant, vous fermerez vos boutiques et vous bouclerez le souk.

— Seigneur, répondit Hâjj Mohammad, il n'y a pas de raison qu'on soit traité différemment des autres. On ne peut pas fermer à cette heure-là : on fait toutes nos affaires entre la prière du soleil couchant et celle de la nuit tombée ! Si c'est comme ça, autant rendre le souk à son propriétaire, l'émir Baïbars, et aller gagner notre vie à la grâce de Dieu !

— Maudit chien, rugit le chef de la police, pour qui tu te prends ? Tu crois que tu me fais peur avec ton Baïbars ? Attrapez-les, mes gars !

Aussitôt, ses sbires encerclèrent les marchands de toutes parts ; ils empoignèrent le Hâjj Mohammad, le jetèrent à terre, lui administrèrent cinquante coups de baguette solidement appliqués, puis en usèrent de même avec les autres marchands. C'était la première fois de sa vie que le Hâjj Mohammad subissait un tel outrage, lui sur qui personne n'avait jamais levé la main. "A partir d'aujourd'hui, si vous n'êtes pas fermés au coucher du soleil, par la gloire de Dieu, je vous fais couper la tête sans autre forme de procès !" déclara le chef de la police en s'en allant.

— Bon, qu'est-ce qu'on fait les gars ? demanda le *bazarbâchi* à ses collègues. Par la gloire de Dieu, jamais je n'avais reçu la moindre bastonnade de ma vie, et il a fallu que ce soit cette crapule de chef de la police qui commence ! Allez, creusez-vous un peu les méninges, il faut trouver une solution : si on ne réagit pas, ce fils de pute va se croire tout permis et on est perdu.

— Eh l'ami, répondit l'un d'eux, à mon avis le mieux c'est d'aller tous ensemble nous plaindre à l'émir Baïbars ; comme on dit, "contre le fer il faut le fer"…

— Bonne idée, on fait comme ça, opinèrent les autres.

Lorsque vint le coucher du soleil, ils firent la prière et fermèrent leurs boutiques ; puis le Hâjj Mohammad, accompagné de quelques anciens, se rendit au sérail de Bâdîs. On les introduisit auprès de Baïbars qui se trouvait seul, sans la moindre compagnie ; en effet, ce soir-là, Otmân était parti rendre visite à sa mère la Grosse. Baïbars vint à leur rencontre, les salua, ils burent le café ; après quoi, il leur demanda comment allaient les affaires.

— Notre émir, répondit le Hâjj Mohammad, en ce jour, le chef de la police, Hasan Agha, s'est rendu chez nous ; il nous a cherché querelle sous de mauvais prétextes et nous a intimé l'ordre de fermer nos boutiques avant le coucher du soleil. "Mon agha, lui ai-je répondu, il n'y a pas de raison que nous soyons traités différemment des autres souks." Pour toute réponse, il m'a infligé une bastonnade terrible. Nous venons donc te prier d'intervenir auprès de lui pour qu'il nous laisse en paix et qu'il comprenne que nous sommes sous ta protection.

— Mes amis, répondit Baïbars quelque peu embarrassé, c'est le chef de la police, il exerce ses fonctions de par un décret du roi, qu'est-ce que vous voulez que je lui dise ? Non, vous ne pouvez pas faire autrement que lui obéir, et fermer à l'heure où il vous a dit de fermer. Après tout, c'est Dieu qui pourvoit à la subsistance de Ses créatures.

Il leur fit servir à dîner, donna cinq pièces d'or au *bazarbâchi* et deux à chacun des marchands qui l'avaient accompagné puis, les ayant rassérénés par de courtoises paroles, les congédia aimablement. Ils retournèrent chez eux en se disant : "Eh, on a pris une raclée mais, au moins, ça nous a rapporté quelque chose !" Le lendemain, ils se remirent au travail ; conformément à la consigne qui leur avait été donnée, ils fermèrent boutique un peu avant le coucher du soleil ; il en fut de même le lendemain et le surlendemain.

Le quatrième jour, alors que le chef de la police s'apprêtait à partir faire sa tournée, ses hommes lui demandèrent :

— Où nous emmènes-tu, notre agha ?

— Au souk de Baïbars, répondit-il.

— Eh, notre agha, l'excès en tout est un défaut ; crois-nous, ménageons plutôt Baïbars… surtout qu'il a avec lui la Fleur des Truands du Caire et tous les mauvais garçons de la ville. Ça pourrait devenir dangereux.

— Je ne suis pas aux ordres de Baïbars ni d'Otmân ! s'écria Hasan Agha à qui les oreilles commençaient à chauffer. Allez, en avant et pas tant de bavardages !

De sombres sentiments s'emparèrent du cœur des marchands quand ils les virent entrer dans le souk. Hasan Agha se dirigea droit vers la boutique du *bazarbâchi*.

— Dis donc, l'ami, lui fit-il, votre souk est bien mal éclairé ! Désormais, vous allumerez quatre-vingts lampes, une à chaque boutique ; comme ça, ça découragera les rôdeurs et ça les empêchera de se cacher chez vous !

— Mais qu'est-ce que c'est que cette histoire ! se récria le *bazarbâchi*. On n'a jamais vu ça ! De toute façon, on ferme avant le coucher du soleil et après, le veilleur de nuit allume trois lampes : comment veux-tu que les rôdeurs puissent entrer ? C'est à croire que ta seigneurie cherche tous les prétextes pour nous obliger à partir d'ici et à abandonner nos boutiques !

— Non, mais dis donc, espèce de chien ! Tu oses me parler sur ce ton, avec ta sale gueule de raie ?

Il l'empoigna par le col, le tira hors de sa boutique et le frappa de sa cravache jusqu'à ce qu'il tombe évanoui ; après quoi, il fit subir le même sort aux autres marchands qui y passèrent l'un après l'autre, sans exception. Cela fait, Hasan Agha s'en fut, non sans les avoir menacés des pires châtiments en cas de désobéissance.

"Ecoutez, les gars, dit le Hâjj Mohammad quand il fut parti, il n'y a plus qu'une chose à faire : aller voir Baïbars et lui rendre les clés de nos boutiques.

Le Très-Haut pourvoira à nos besoins, comme Il pourvoit à ceux de toutes Ses créatures. De toute façon, il est clair que cette sale brute est bien décidée à couler le souk." Les autres marchands inclinaient à penser comme lui et s'apprêtaient à se ranger à son avis, quand l'un d'entre eux intervint. C'était un pauvre vieux bonhomme, un ancien clochard. "Eh, les gars, protesta-t-il, ça tient pas debout votre idée ! Quand on a un métier pour gagner sa croûte, on le laisse pas tomber. Par le Secret de la Très-Pure, sûr qu'on va retomber dans la fumette et les bêtises, comme avant. Non, moi, ce que je dis, c'est qu'il faut aller se plaindre à Otmân, le fils de la Grosse. On lui dira tout ce qu'il nous a fait, l'autre salopard, et alors il lui cassera la gueule et il lui fera bouffer ses morts ! – C'est toi qui as raison, dirent les autres, c'est comme ça qu'il faut faire : si on va voir Baïbars, il nous fera encore l'aumône, c'est gênant pour nous et ça ne nous avance à rien."

A la nuit tombée, ils se rendirent donc au sérail de Bâdîs et allèrent voir Otmân qui était assis sur son lit, entouré des palefreniers. Il se leva pour les accueillir, les salua, et fit asseoir le Hâjj Mohammad à côté de lui.

— Eh ben, les gars, qu'est-ce qu'y s'passe ? s'enquit-il.

— Mon fils, lui répondit le Hâjj Mohammad, on vient te demander d'intervenir auprès de Baïbars pour qu'il nous règle nos comptes et qu'il reprenne son souk ; et on souhaite bien du plaisir à ceux qui nous succéderont !

— Et pourquoi t'est-ce ? Qu'est-ce qui s'est passé ?

Le *bazarbâchi* lui rapporta alors ses démêlés avec le chef de la police et la démarche infructueuse qu'ils avaient accomplie auprès de Baïbars. "Que veux-tu, mon fils, conclut-il pour finir, à mon âge, on ne supporte plus les coups."

Otmân, qui était à moitié étendu, se redressa soudain sur son siège, les yeux injectés de sang ; tout le monde se mit à trembler à sa vue. "Eh, les fils de Haydab, *tutmuch* ! hurla-t-il d'une voix de tonnerre. Ah bande de maquereaux, par le Prophète, j'vais vous crever les yeux !"

Les truands s'élancèrent et empoignèrent les marchands.

— Grâce, Fleur des Truands ! gémirent-ils. Mais qu'est-ce qu'on t'a fait ?

— Attendez, j'vous donne d'abord la bastonnade, j'vous dirai pourquoi après.

— Mon fils, intervint le *bazarbâchi*, tu es leur bienfaiteur, vas-tu maintenant les maltraiter ? C'est grâce à toi qu'ils se sont repentis, c'est toi qui les as sortis de la déchéance et en as fait d'honnêtes gens. Dis-nous d'abord ce qu'ils ont fait de mal, après, si tu le veux, tu les frapperas.

— Ben écoute, Hâjj Mohammad, demande-leur un peu à ces maquereaux qui c'est qui les a amenés ici et qui leur a donné leurs boutiques.

— C'est toi, Fleur des Truands, répondirent-ils en chœur.

— Et qui c'est qui vous a donné du fric ?

— C'est toi.

— Et qui c'est qui tient vos comptes et qui touche les loyers ?

— C'est toi.

— Bon, eh ben si c'est moi qu'je suis l'taulier et que j'm'occupe de tout, pourquoi que la première fois qu'y vous a frappés, c'salaud, vous êtes allés voir le soldat, au lieu d'venir me prévenir tout d'suite ?

— Par la gloire de Dieu, on a eu tort, répondirent-ils. Maintenant on a compris la leçon. On croyait bien faire…

— C'est bon, j'passe l'éponge. Seulement demain matin, faudra qu'vous m'ameniez dix marmites de Hâjj Abou Afîs avant l'aube, pour le petit déjeuner des fils de Haydab. Après ça, j'en fais mon affaire, de c'cocu d'chef perdreau !

— On entend et on obéit. Par le Secret de la Dame, on t'en apportera vingt marmites, de Hâjj Abou Afîs !

Ils prirent congé et rentrèrent chez eux ; ils passèrent la nuit à préparer du *ftît*, bien gras et bien sucré, qu'ils allèrent livrer à Otmân, un peu avant l'aube.

"Hé, les fils de Haydab, mes frères v'nez par ici !" cria-t-il ; les truands accoururent. "V'là vot' petit dèje, les gars ! Vous savez pour quoi ? C'est pour qu'on rectifie l'chef de la police et sa bande et qu'on leur fasse les poches. – C'est une affaire qui marche ! répondirent-ils. On te suit jusqu'à la mort."

Ils s'attablèrent et commencèrent à manger. "Vous, les gars, dit Otmân aux gens du souk, vous allez ouvrir vos boutiques, on vous suit." Quand les truands furent repus, il leur ordonna de prendre leurs armes, de se munir de leurs gourdins et de se rendre au souk. "Bon, les fils de Haydab, leur dit-il, vous allez vous cacher chacun dans l'arrière-boutique d'un de nos gars. Toi, Harhach, mon frelot, tu t'planques derrière la porte d'entrée du souk et tu te laisses pas voir par les gars au chef perdreau. Toi, Oqereb, tu fais pareil pour l'autre porte. Dès qu'y rentrent, vous bouclez la lourde des deux côtés et vous en laissez pas sortir un seul. – Ça marche !" répondirent les truands en chœur.

Ils se mirent en route ; Otmân arriva le dernier, vérifia que le dispositif était en place et alla se cacher dans l'arrière-boutique du Hâjj Mohammad. Ils attendirent l'arrivée du chef de la police, ruminant sa perte. Voilà pour eux.

Quant à Hasan Agha, il se rendit ce matin-là au conseil et attendit les ordres du sultan. Le lecteur du Coran récita quelques versets, l'invocateur fit ses invocations, puis le roi se tourna vers le chef de la police. "Va, Hasan Agha, lui dit-il ; crains Dieu et n'oublie pas qu'au-dessus de tout pouvoir il en est un autre et que le pouvoir de Dieu est au-dessus de tous. Hé oui, tant va la cruche à l'eau qu'à la fin elle se casse. Il y a bien des choses qui t'échappent, Hâjj Châhîn !"

Le chef de la police vint s'incliner devant le roi et sortit de la Citadelle pour rassembler ses hommes.

— En avant pour le souk de Baïbars ! ordonna-t-il.

— Notre agha, allons plutôt ailleurs ; pourquoi toujours t'en prendre à eux ? Crois-nous, il vaut mieux ne pas trop t'exposer au danger… et nous y exposer avec toi.

— Non mais, c'est à vous de me donner des ordres à présent ? Vous ne vous imaginez tout de même pas que j'ai peur d'Otmân, ou de qui que ce soit d'autre !

Ils n'osèrent pas discuter davantage et se mirent en route ; arrivés à destination, ils entrèrent dans le souk, le chef de la police en tête ; celui-ci s'arrêta devant la boutique du Hâjj Mohammad le *bazarbâchi*. "Eh bien alors, espèce de chien ! Je vous avais dit d'installer quatre-vingts lanternes, pourquoi vous ne l'avez pas fait ? – Tes lanternes, tu peux te les accrocher où je pense ! riposta le Hâjj Mohammad. On les installera pas, même pas pour te pendre après !" Otmân, qui était caché derrière lui, lui tapa sur l'épaule en lui glissant dans l'oreille : "Bravo, mon vieux dabe ! Allez, allez, du cran !"

Le chef de la police, en entendant cela, faillit étouffer de rage. "Misérable, rugit-il, pour qui tu te prends de me parler sur ce ton ? Tu es devenu fou ou quoi ?" Et, ameutant ses hommes à grands cris, il s'avança pour l'empoigner et le tirer hors de sa boutique afin de lui donner la bastonnade. Mais à ce moment, la voix d'Otmân retentit : "Ah bande de cocus ! Par le Prophète, j'vais t'faire bouffer tes morts, maudit fils de pute !"

Son gourdin s'abattit sur l'échine du chef de la police qui alla rouler dans la poussière comme un pantin disloqué. "A moi les fils de Haydab !" s'écria alors Otmân ; et les truands de débouler des boutiques comme autant de démons. Pendant ce temps, Oqereb et Harhach avaient fermé les portes du souk à double tour. "Allez mes frelots ! hurla Otmân. Chatouillez-les bien, frottez-leur les côtes, mais les tuez pas ! Et mettez-les à poil !"

Les truands se jetèrent à bras raccourcis sur les sbires du chef de la police et firent pleuvoir sur eux une grêle de coups, à réduire les rochers en poussière. Comme ils étaient quatre-vingts et leurs adversaires quarante, ils eurent tôt fait de les plaquer au sol et de leur ôter leurs vêtements, les laissant tels que leurs mères les avaient mis au monde… pas besoin de vous faire un dessin !

Otmân se chargea personnellement de déshabiller le chef de la police, après l'avoir roué de coups ; il ne lui laissa que sa chemise. "Eh, mon frelot, lui lança Harhach, mets-le donc à poil comme les autres ! Prends-y sa liquette, tu la refileras à un d'tes gars !
– Non, faut y laisser, au contraire ! rétorqua Otmân. Faut bien qu'les gens voyent que c'est lui l'chef !"

Il dit alors à Oqereb d'ouvrir la porte et les poussa dehors. Peut-on s'imaginer situation plus piteuse que la leur ? Tout nus, une main par-devant, une main par-derrière, ils marchaient en rasant les murs. Tous les passants les regardaient en se tenant les côtes, on les prenait pour des fous échappés de l'asile. Ils finirent tout de même par arriver à la conciergerie, c'est ainsi qu'on appelait le siège de la police, où ils trouvèrent de quoi adopter une tenue plus décente ; ils pleuraient de rage et d'humiliation et se répandaient en récriminations contre Hasan Agha. "Eh, mes amis, rétorqua ce dernier, je suis logé à la même enseigne que vous ! Comment est-ce que je pouvais savoir que ce fils de pute nous avait monté un traquenard ? Mais ça ne fait rien, j'ai un plan : vous allez me déposer dans un cercueil et me porter jusqu'à la Citadelle ; là vous porterez plainte devant le roi El-Sâleh, en accusant Otmân et sa bande de m'avoir assassiné. Le cadi vous soutiendra à fond, ainsi qu'Aïbak le Turkmène, mon maître, et ils s'arrangeront pour qu'Otmân soit condamné à mort. – Bon, comme tu voudras !" lui répondirent-ils.

Ils allèrent donc chercher un cercueil à la mosquée la plus proche, y déposèrent le chef de la police, toujours en chemise, et l'enveloppèrent d'un linge blanc ; deux hommes le chargèrent sur leurs épaules et ils se mirent en route vers la Citadelle, en se relayant de temps à autre pour porter le fardeau. Comme ils poussaient des cris et menaient grand tapage, les passants se mirent à les accompagner, marchant devant et derrière ; toute la ville fut bientôt en émoi.

Pendant ce temps, le roi El-Sâleh siégeait en son conseil, entouré des chefs de son armée et des grands dignitaires ; entendant les clameurs et le tumulte, il interrogea son vizir : “Eh bien, Châhîn, que se passe-t-il ? – Je l’ignore, *efendem*”, répondit ce dernier. A cet instant, les hommes du chef de la police apparurent à la porte, tenant le cercueil levé à bout de bras. “Protège-nous du malheur, mon Dieu ! s’exclama le roi. Châhîn, va leur indiquer le chemin de la nécropole. Ce n’est pas un cimetière, ici !”

Le vizir se leva et s’avança vers les nouveaux venus. “Eh bien, leur dit-il, que se passe-t-il ? Qu’est-ce que c’est que ce cercueil ? – *Efendem*, il s’agit d’un meurtre : c’est le chef de la police du Caire qui a été assassiné par Otmân, le fils de la Grosse, et sa bande de truands, les fils de Haydab. En plus, ils nous ont volé tous nos vêtements et nous ont roués de coups.” Et ils lui racontèrent leur version des événements.

A ces mots, le cadi se leva d’un bond, le turban en bataille, la barbe frémissante et se mit à déclamer : “Sus aux ennemis de Dieu ! Malheur à la religion ! Malheur à l’islam ! La corruption est apparue parmi les fidèles ! Otmân et ses hommes de main doivent être mis à mort. Comment, canaille, pendard, reprit-il en se tournant vers Baïbars, tu donnes abri à des mécréants et à des bandits ! Mais tu ne vaux pas plus cher qu’eux ; c’est toi qui les incites à assassiner les créatures de Dieu pour promouvoir tes desseins perfides et augmenter ta fortune ! Je déclare solennellement que tu dois être mis à mort : telle est la volonté de Dieu. En compensation, je m'engage à donner moi-même cent mamelouks et dix mille pièces d'or au Trésor des musulmans. Et toi, émir, lança-t-il à l'adresse d'Aïbak, en feras-tu autant ? Accepteras-tu de te joindre à moi dans cette œuvre pie ? – Oui, par Dieu très grand, je donner !" répondit ce dernier.

[Le transmetteur a dit :] Nobles seigneurs, priez sur celui qui a l'éclat de la lune en son plein, sur la lampe qui nous guide dans l'obscurité, le prophète du Seigneur omniscient, que la prière de Dieu et Son salut soient sur lui chaque fois que roucoule la colombe. Sachez qu'en ce temps-là, c'était à Aïbak qu'appartenait la charge de chef de la police ; il l'avait confiée à Hasan Agha, son mamelouk et son favori, qui l'exerçait sous ses ordres. Aussi, quand il apprit que celui-ci avait été tué, il faillit en perdre la tête, et la haine qu'il éprouvait pour Baïbars en fut décuplée.

Mais le roi El-Sâleh prit alors la parole :

— Cadi, tu dis n'importe quoi et ça commence vraiment à bien faire ! Au nom de quoi, de quelle Loi et de quel Livre, t'arroges-tu le droit de demander la tête de ce garçon ?

— Seigneur, que Dieu te donne longue vie, Baïbars héberge sous son toit quatre-vingts truands dont le chef est le nommé Otmân, un criminel endurci qui n'a aucun respect envers Ta Majesté et qui est capable de tuer un homme comme il boit un verre d'eau ; et il est avéré que c'est lui qui a assassiné le malheureux que voici.

— Eh bien, Baïbars, intervint le roi, c'est ainsi que se comporte ton palefrenier Otmân ? Et toi, tu le laisses donc faire ?

— Par ta glorieuse vie, ô serviteur des Lieux saints, j'ignore tout de cette histoire. Quand je suis parti ce matin me mettre au service de Ta Majesté, je l'ai laissé au palais, avec tous ses hommes.

— Eh bien va le chercher, pour que nous l'interrogions sur les causes de cette triste affaire.

Baïbars s'inclina profondément devant le roi et s'en fut ; il se mit en selle et descendit vers son palais, fort préoccupé. Voilà pour lui.

Quant à Otmân, après avoir dépouillé le chef de la police et ses hommes, il dit aux truands de prendre leurs vêtements et tous s'en retournèrent au sérail de Bâdîs, où il procéda à la distribution du butin, selon le principe : "Les frusques des pékins c'est pour les pékins, les frusques de l'officier c'est pour l'officier et les frusques du soldat c'est pour le soldat." Baïbars le surprit en pleine activité.

— Tiens, s'écria Otmân, salut mon frelot ! Par le Secret de la Dame, j'avais compté avec toi : v'là ta part, c'est les frusques du chef perdreau !

— Bougre de fils de pute ! Maudit bâtard ! Non mais tu parles d'un profit ! Tu vas me ruiner, oui !

Mais enfin, sacré imbécile, quel besoin avais-tu de t'attaquer au chef de la police et de le tuer ? Qu'est-ce qu'y t'avait fait ?

— Ben tiens, sans blague, et lui, pourquoi il est venu sur les gars d'notre souk à coups de nerf de bœuf ? J'l'ai cogné et j'l'ai foutu à poil, bien fait pour sa gueule.

— Mais enfin, à supposer qu'il ait frappé les marchands et qu'il les ait maltraités, ce n'était pas une raison pour le tuer !

— Eh bé v'là aut' chose ! s'exclama Otmân ébahi. Est-c'que j't'ai dit qu'j'y avais dévissé l'colbac ? Eh non, par le Prophète, j'l'ai juste chatouillé un peu là où qu'ça l'grattouillait.

— Je te dis qu'il est mort ! Ses compagnons l'ont amené jusqu'au conseil dans un cercueil, ils ont porté plainte contre toi devant Sa Majesté le sultan !

Excédé, Baïbars sortit son *lett* et l'abattit entre les épaules d'Otmân qui alla mordre la poussière.

— Ah, mes côtes, gémissait-il. Ah, tu m'as tué, sale bête ! Par le Prophète, c'est fini, j'démissionne ! Faisons nos comptes et paie-moi mes gages. T'es un vrai fils de Turc, toi, même ton Seigneur, tu connais pas son nom ! Maudit Persan d'mes fesses, depuis qu't'es devenu secrétaire aux placets et que la Dame Naffous est venue te voir, t'es devenu impossible !

— Maudit fils de pute ! rétorqua Baïbars, tout aussi hors de lui. Tu ne m'as jamais valu que les pires ennuis ! A cause de toi, tout le monde me considère comme un criminel ! Et pourtant, tu le savais bien que le cadi et Aïbak sont nos pires ennemis !

Et, lui enfonçant le bonnet des criminels[130] sur la tête, il l'emmena à la Citadelle ; arrivé à la porte de la salle du conseil, il lui ôta ses liens et le conduisit devant le roi. Otmân entra en vociférant :

— A bas le boss Sâleh et le Hâjj Châhoun ! Dis donc, Hâjj Châhoun, mon frelot, rappelle-toi un peu du sucre de Banha et du gueuleton qu't'as bouffé chez nous ! Et, après ça, tu laisses le soldat m'cogner avec sa boulette ?

— Malheur à toi, Otmân, buveur de sang, mangeur d'*afîseh* ! Pour quelle raison as-tu tué le chef de la police ?

— Mais non ! Par le Secret de la Très-Pure, saint homme de Dieu, j'l'ai pas buté pour de vrai, j'l'ai juste chatouillé là où qu'ça l'grattouillait, entre quat'z'yeux !

— Mais que raconte-t-il, Châhîn ? demanda le roi. Je n'ai rien compris.

— *Efendem*, il dit qu'il ne l'a pas tué pour de bon, il l'a seulement frappé un peu.

— Mais oui, c'est ça, c'est comme y dit le Hâjj Châhoun ! s'exclama Otmân. Par la vie du Prophète, j'l'ai pas buté pour de bon.

— Mais enfin, cheikh Otmân, reprit le roi d'un ton sévère, regarde-le, il est mort là, devant toi, dans ce cercueil.

— Ah ben ça alors ! C'est une blague, par le Prophète ; attends, j'vais voir ça d'plus près.

Otmân s'avança et souleva le linceul, découvrant la poitrine du prétendu cadavre : elle portait deux croix tatouées, l'une à gauche et l'autre à droite !

"Ah le salaud ! s'écria Otmân, c'est un peau d'gland comme le cadi, que Dieu l'maudisse ! Attends qu'je voye son aubergine comment qu'elle est décalottée." Il le découvrit par en bas : il n'était pas circoncis. Empoignant l'objet en question, Otmân s'écria triomphalement : "Mate un peu ça mon frelot, saint homme de Dieu !"

Déjà, il avait son poignard à la main ; vif comme l'éclair, il en transperça la poitrine du chef de la police. Les membres du conseil accoururent l'examiner ; le roi lui-même se déplaça. Il apparut clairement qu'il était chrétien.

Le roi entra dans une grande colère ; quant au cadi, il se mit à sermonner Aïbak : "Comment, émir, tu ne crains donc pas Dieu ? Tu as un mamelouk chrétien, et tu lui confies la charge de chef de la police ? A ce compte-là, il a dû en commettre des injustices, ce mécréant ! Non, vraiment, c'est quelque chose qu'on ne saurait admettre et qui ne plaît point à Dieu et à Son prophète."

Aïbak ne savait plus où se fourrer ; il jura ses grands dieux qu'il ignorait totalement que son esclave était chrétien ; il ne s'en était jamais aperçu bien qu'il l'ait élevé depuis son enfance.

"Bon, eh bien, enlevez-le d'ici et allez l'enterrer, dit le roi. Et toi, cheikh Otmân, que Dieu te récompense de tes peines ; tu es vraiment le roi des dégourdis, dans tout ce que tu fais, il y a une bénédiction cachée. Toi Hâjj Châhîn, tu vas percevoir immédiatement les dons que le cadi et Aïbak s'étaient engagés à verser au Trésor des musulmans, et tu les remettras à Baïbars ; ce n'est que justice, puisqu'il est apparu innocent de ce dont on l'accusait. – J'entends et j'obéis", répondit le vizir qui les obligea à s'acquitter sur-le-champ et expédia le tout au sérail de Bâdîs. Ils en étaient verts de rage.

— Hâjj Châhîn, reprit le roi, j'ai l'intention de nommer Baïbars à la place de Hasan Agha, et de le faire chef de la police du Caire car il sort victorieux de toutes les épreuves et ses ennemis sont toujours déconfits.

— *Efendem*, voici une décision fort sage. Baïbars est digne de ta confiance.

— Apportez un cafetan d'honneur, avec les bénédictions de Dieu, proclama le roi.

— Qu'il soit béni ! firent les *chaouichs*, quand on l'eut jeté sur les épaules de Baïbars. Par quoi l'a-t-il obtenu et quel sera son rang ?

— Je le fais chef de la police nocturne[131] avec pleine délégation de pouvoir. Rédige le firman, Hâjj Châhîn.

Une fois le firman rédigé, le roi le prit, y apposa son sceau et son paraphe et le remit à Baïbars. Les grands du royaume et les hauts dignitaires le félicitèrent. "Il en est digne, proclamait le cadi à qui voulait l'entendre. C'est l'enfant chéri de la dynastie des Kurdes." Lorsque Baïbars sortit de la salle du conseil, il tomba sur Otmân qui s'exclama :

— Hé dis donc, soldat, qu'est-ce que c'est que ça ? Tu t'es encore encafetané, on dirait ?

— Eh oui, frère, le roi m'a nommé chef de la police.

— Ah ben bravo ! s'écria Otmân indigné. Elle est raide celle-là ! Alors, mon pote, c'est Otmân qui ramasse les coups d'boulette et qui s'fait ligoter, et toi t'en profites pour prendre du galon ! C'est ça qu'elle avait dit, la Hassîbeh ? Bon, allez, on fait nos comptes, tu m'paies mes gages et j'm'en vais, j'veux plus travailler pour toi. Tiens, ramasse tes étrilles et tes brosses.

— Allez, ne fais pas la tête, le rabroua Baïbars. Bon, c'est vrai, c'est toi qui avais raison mais, comme on dit, celui qui abandonne son ami, même pour mille erreurs, ne fait pas une bonne affaire.

Sur ce, il sortit cent pièces d'or de sa poche et les lui donna. “Grand bien te fasse ! s'écria Otmân brusquement radouci. Par le Prophète y en a pas deux comme toi, que Dieu te rende toujours prospère. Dis donc, t'as vu comment j'l'ai buté, l'aut' peau d'gland, que Dieu l'maudisse !” Là-dessus, ils retournèrent ensemble au sérail de Bâdîs.

La chute du parrain

Le lendemain matin les hommes de Hasan Agha vinrent se mettre au service de Baïbars ; celui-ci, pour compenser l'humiliation qu'ils avaient subie, leur accorda une gratification. Dorénavant, il était accompagné dans ses tournées par quatre-vingts hommes[132], les quarante fils de Haydab et les quarante hommes du précédent chef de la police.

Baïbars s'apprêtait à se rendre au conseil, quand Otmân l'arrêta : "Ben alors, soldat, qu'est-c'qu'on a à branler au conseil du boss Sâleh ? Allez, viens, on va à la conciergerie, c'est le siège de la police." Ils se mirent donc en route vers la conciergerie ; quand ils passaient par un souk, tout le monde se levait ; ce n'était pas l'habitude de faire cela pour le chef de la police, mais c'était parce qu'on aimait Baïbars.

Passant par le souk des tailleurs, à la Tarbî'a, Baïbars, en jetant par hasard un coup d'œil dans une boutique située vers le milieu du souk, aperçut à l'intérieur un personnage qui l'intrigua : c'était un homme petit et râblé, à moustaches blanches ; il portait une cape richement brodée d'or, jetée sur les épaules, le reste de son costume à l'avenant ; son turban était fait d'une pièce de brocart.

Il se prélassait mollement sur son siège, les jambes insolemment croisées et jouait avec négligence d'une trique effilée aux deux bouts. Lorsque tout le monde se leva pour aller saluer Baïbars, il ne bougea pas de sa place et se contenta d'interpeller le patron de la boutique à haute voix : "T'as vu ça, Hâjj Hasan ? Aujourd'hui, c'est les anciennes tapettes qui nous commandent."

Cette parole n'échappa pas à l'oreille de Baïbars ; il l'entendit parfaitement mais n'en laissa rien paraître et passa son chemin comme si de rien n'était. Une fois arrivé à la conciergerie, il s'installa dans la pièce qui lui était réservée et Otmân se porta volontaire pour le servir.

— Dis-moi, frère, fit Baïbars, tout à l'heure, quand nous sommes passés par le souk des tailleurs, tu n'as pas vu le type assis dans une boutique, vers le milieu du marché ? Un type assez vieux, très râblé, avec des moustaches blanches, qui se prélassait sur son siège ? Tu l'as peut-être remarqué, toi aussi ? Tu vois qui c'est ?

— Pour sûr, que j'l'ai vu ! Qu'est-ce que tu lui veux, qu'la peste emporte sa sale gueule ?

— Mais qui est-ce donc ? Que fait-il dans la vie ?

— Ecoute, mon frelot, ce type, c'est Muqallad. T'as rien à faire avec lui ; j'vais t'donner un bon conseil, te mêle pas d'ses affaires, c'est une ordure, il a peur de personne, ni d'toi ni du boss Sâleh. A côté d'lui, mes truands c'est des petits saints. Il est plus méchant qu'ceux qu'ont égorgé la chamelle.

— Bon, eh bien tu vas aller me le chercher ; tu lui diras que j'ai besoin de lui parler pour une affaire importante.

— Ecoute, soldat, j'te dis d'pas t'en mêler, répondit Otmân qui était devenu tout pâle. En tout cas, moi j'y vais pas, par le Prophète !

— Comment, se récria Baïbars, toi, Otmân, la Fleur des Truands du Caire, tu as peur de ce type ! C'est bien la première fois que je te vois trembler. Qu'est-ce que ça doit être !

— Ecoute, frelot, par le Secret de la Très-Pure, moi j'suis p't'être la Fleur des Truands du Caire, mais lui c'en est l'patron ! Ben oui soldat, qu'est-c'que t'as à faire les yeux ronds ? Lui c'est l'parrain, l'capitaine en chef, l'roi du milieu ! Moi, j'te l'dis, soldat, j'm'y frotte pas.

— Par la majesté de Dieu, c'est toi qui iras le chercher et personne d'autre... ou alors gare à tes os !

— Eh, soldat, te presse pas tant d'faire des serments ! Ah, malheur, faut qu'j'y aille maintenant ! Enfin, tant pis pour moi. Bon, ben t'iras saluer la Grosse de ma part, tu y diras d'ligoter une *Fâtiha* pour le salut d'mon âme. Parce qu'il pourrait bien m'rectifier, l'cap'taine Muqallad.

Le gourdin sur l'épaule, il s'en fut au souk des tailleurs. Il entra, marcha jusqu'à la boutique où se trouvait Muqallad... et passa son chemin, en essayant de prendre l'air dégagé. Arrivé à l'autre bout du souk, il revint sur ses pas ; il passa à nouveau devant la boutique sans s'arrêter, puis il fit demi-tour, et ainsi de suite, si bien que Muqallad finit par s'apercevoir de son manège.

— Eh, fiston ! lui cria-t-il. Fleur des Truands ! Eh ben, qu'est-ce que t'as à aller et à venir ? Tu veux quelque chose ? Ça fait une paye que j't'ai pas vu, t'étais en voyage on dirait ?

— Ben non, capitaine, figure-toi que j'me suis repenti y a déjà un bout d'temps ; j'ai pris du service chez l'chef de la police, Nénars. C'est lui qui m'envoie après toi, y m'a dit d'te saluer d'te demander d'venir le voir, vu qu'il a à t'parler d'une affaire.

— Eh, très bien, mon gars, répondit Muqallad. Marche devant, j'te suis.

Otmân s'en retourna donc à la conciergerie. "Et où il est, le bonhomme ? lui demanda Baïbars. Je parie que tu n'y es pas allé, tu n'as pas osé lui parler. – Il arrive, que la peste vous empoisonne tous les deux !" gronda Otmân. Sur ces entrefaites, le capitaine Muqallad apparut, suivi d'un jeune homme d'une quinzaine d'années, qui semblait être un bon serviteur. Dès qu'il le vit arriver, Baïbars se leva d'un bond pour l'accueillir. "Sois le bienvenu, ta visite est une bénédiction pour nous ! Mille saluts, mon père", lui dit-il ; il le prit par le bras, le fit asseoir à côté de lui, lui offrit du café et des rafraîchissements. Devant tant d'amabilité, Muqallad se sentit obligé de rendre la pareille ; il était fort agréablement surpris de la courtoisie que manifestait l'émir Baïbars.

— Eh bien, mon garçon, si tu me disais pourquoi tu m'as envoyé chercher ? Si je peux faire quelque chose pour toi, j'en serai fort honoré.

— Tu es vraiment trop aimable, capitaine. Le fait est que Sa Majesté le roi El-Sâleh Ayyoub vient de me nommer chef de la police du Caire ; or, j'ai grand-peur de ne pas être à la hauteur de cette tâche, car j'ignore tout ce qu'il faudrait savoir. En effet, je suis étranger à la ville et, comme on dit, sorti de son pays, l'homme le plus perspicace ne vaut guère mieux qu'un aveugle et, à nouveau venu, nouvelle surprise. D'autre part, l'on m'a dit beaucoup de bien de ta seigneurie ; j'ai appris que tu tiens Le Caire comme une bague à ton doigt et que tu y connais tout le monde, les bons et les méchants, les riches et les pauvres, les misérables et les puissants. Or je crains, quant à moi, les manœuvres de certains vauriens : s'il disparaissait quelque chose chez l'un ou chez l'autre, le roi m'en tiendrait responsable… Bref, je souhaiterais que ta seigneurie me tienne sous son regard bienveillant et que tu me considères comme l'un de tes fils. Je pense en effet que, si nous collaborions, toi et moi, j'aurais la haute main sur toute la ville et je serais respecté des puissants comme des humbles.

A ces mots, Muqallad se leva, prit Baïbars dans ses bras et le baisa au front.

— Ah mon fils ! s'écria-t-il. Mais que dis-je, par le Secret de la Dame, tu m'es plus cher qu'un fils, je donnerais joyeusement ma vie pour toi ! Tant que tu resteras dans ces bonnes intentions, tu feras une fortune immense sans te fatiguer à faire des patrouilles. Confie-moi la ville et moi je te donnerai tout ce que tu voudras en échange. Seulement, j'aimerais te poser une question.

— Je t'en prie.

— Le roi El-Sâleh, il a fixé ta caution annuelle[133] à combien ?

— A vrai dire, capitaine, il ne m'a rien dit à ce propos. Tout ce que je sais, c'est que Hasan Agha, mon prédécesseur, versait deux cents bourses au Trésor ; ça devrait être la même chose pour moi.

— Oui, oui, on connaît la musique… mais, dis-moi, de combien as-tu besoin pour tes dépenses courantes, celles de tes mamelouks et de tes palefreniers, leur nourriture et leur habillement, et pour les diverses gratifications que tu fais aux uns et aux autres ?

— Il me faut également deux cents bourses.

— Bien, et maintenant, combien veux-tu pour toi ?

Baïbars baissa les yeux et ne dit rien, prenant l'air confus.

— Allons, mon garçon, ne sois pas timide ! Bon, je t'accorde d'autorité cinq cents bourses ; cela fera neuf cents en tout. Je te les ferai verser tout de suite et tu n'auras plus qu'à te reposer, je réponds de tout ce qui pourrait arriver.

— Mais, mon père, fit Baïbars d'un air finaud, c'est une somme considérable ; tu risques de te ruiner ! Même si les pièces d'or se ramassaient par terre comme des petits cailloux, un homme seul aurait de la peine à en rassembler autant. Moi, je ne conclus cet accord avec toi que si tu me montres comment tu t'y prends pour gagner ta vie : alors, je serai entièrement tranquillisé sur ton compte[134]. Autrement, je passerai toute l'année à me ronger les sangs et je n'aurai pas une minute de tranquillité.

— Eh, mais tu as tout à fait raison, mon fils ! Par la gloire de Dieu, si je ne t'avais pas pris en affection, que dis-je, si tu ne m'étais pas plus cher que mon âme, je ne te dévoilerais pas mes secrets.

Il appela le jeune garçon qui était venu avec lui. "Mohsen ! Viens là, fiston !" L'autre s'approcha et lui baisa la main. "Trouve-moi un des vingt-quatre et amène-le ici, reprit-il. – J'entends et j'obéis", répondit le garçon.

Quelques instants plus tard, il était de retour, accompagné d'un vieillard tout courbé par l'âge, d'aspect infiniment digne et respectable. Il s'inclina profondément devant Muqallad.

— A tes ordres, mon maître, lui dit-il.

— Dis-moi, l'ami, tu es de quel secteur ? C'est où que tu opères ?

— Je suis de Bâb El-Chaariyyeh, capitaine.

— Bon. Et tu contrôles combien de gens ? Qui te verse les pourcentages ?

— Eh bien, seigneur, il y a d'abord cent cinquante filles de joie et cent entôleuses. Les entôleuses, ajouta-t-il à l'intention de Baïbars, ce sont celles qui ont de beaux habits et qui vont se poster dans la rue, devant leur porte. Elles attendent qu'un fils de riche marchand passe, elles l'aguichent et le font entrer chez elles ; à ce moment-là, la fille envoie une vieille me prévenir, j'arrive, je fais semblant de lui donner une raclée et j'embarque toutes les affaires du client, en ne lui laissant que sa chemise et son caleçon. Je touche le quart du bénéfice, la fille autant, et l'autre moitié va au capitaine Muqallad.

J'ai encore cinquante garçons qui font le tapin ; là encore, c'est la même chose, un quart pour lui, un quart pour moi, la moitié pour le capitaine. Il y a aussi quarante vieilles maquerelles, cinquante cambrioleurs et cent tire-laine. Tout ce monde-là est enregistré chez moi, sous des noms d'emprunt, et le capitaine Muqallad touche toujours la moitié de ce qu'ils gagnent.

— Mon garçon, reprit Muqallad, songe que la ville est divisée en vingt-quatre secteurs, et qu'à la tête de chaque secteur il y a un agent comme celui-ci, qui veille sur mes intérêts…

Baïbars calcula que la caution, plus les frais, plus le bénéfice personnel que l'autre lui avait offert revenaient en un an au produit d'un seul secteur.

— Mon père, fit-il à Muqallad, tu m'as convaincu ; je n'ai plus peur de te ruiner… Mais il serait nécessaire que tu me présentes aux vingt-quatre chefs de secteur, ainsi qu'aux voleurs, aux truands, aux filles, aux garçons et aux vieilles. Comme ça, plus tard, s'il y en a un qui tombe, il n'aura qu'à me donner un signe convenu et je m'arrangerai pour le faire libérer et lui éviter d'avoir des ennuis avec les autorités ; et nos affaires continueront à tourner. Que dis-tu de cette idée ?

— Bravo, mon fils ! Eh bien, par le Prophète, je vois que tu es un garçon astucieux. Ah, il n'y en a pas deux comme toi ! C'est exactement ce qu'il faut faire… Oui, mais je pense à une chose, mon garçon : comment les voir tous d'un coup ? C'est que ça fait du monde ; même à Remeileh et Qaramidân ils ne tiendraient pas tous.

— Eh bien, mon père, il n'y a qu'à choisir un endroit très spacieux. Qu'en penses-tu, si nous tenions cette réunion dans les jardins de Ghayt El-Hilli ? Nous pourrions même donner une petite fête ; j'en profiterai pour faire connaissance avec les uns et les autres et leur indiquer le signe convenu. Pourquoi pas demain ?

— Parfait, répondit Muqallad. Je me charge du vin ; et pour ce qui est des garçons et des filles, ils seront là de toute façon. N'hésite pas à te servir si le cœur t'en dit…

— *Bora* Otmân, cria alors Baïbars.

— Me v'là, soldat.

— Va me chercher un cafetan, tu choisiras ce qu'il y a de mieux. Et puis tu diras aux palefreniers de seller notre meilleur cheval pour le capitaine Muqallad.

— A tes ordres, répondit Otmân qui se retira. "Ah mon frelot, ah fils de pute ! glissa-t-il à l'oreille de Harhach en jubilant, ce soldat, quel mec ! Tu vas voir, comment y va l'entuber, l'aut' maquereau !" Il choisit un de leurs meilleurs chevaux et une selle aux parures dorées, ainsi qu'un cafetan tout passementé d'or qu'il vint jeter sur les épaules de Muqallad. Celui-ci prit alors congé et, fièrement monté sur son nouveau cheval, s'en fut rassembler sa troupe.

"Bon, fit Baïbars quand il se fut éloigné. Maintenant, mon vieux, tu vas avertir nos mamelouks d'avoir à se tenir prêts et sous les armes demain avant l'aube. Même chose pour les quatre-vingts truands. Tu les mettras sous le commandement de Harhach et tu leur diras de se poster en embuscade à Ghayt El-Hilli, autour de tel jardin."

Baïbars disposait alors de quatre mille mamelouks ; il en avait acheté quelques-uns lui-même, d'autres lui venaient du cadi et d'Aïbak, d'autres enfin lui avaient été donnés par le roi, le vizir et les grands du royaume qui étaient de son côté. Il leur donna l'ordre de se disperser autour de Ghayt El-Hilli, de bloquer toutes les routes et tous les chemins et de ne laisser personne s'échapper, garçon ou fille. Ils allèrent aussitôt se préparer.

Le lendemain, l'émir Baïbars se mit en route vers le milieu de la matinée, accompagné d'Otmân et de deux de ses truands ; les autres étaient déjà à leur poste, eux et les mamelouks. Il arriva donc à Ghayt El-Hilli ; les tentes étaient dressées, le vin était prêt, les filles arrivaient avec les garçons ; on aurait dit des anémones ou des fleurs des champs... Ils marchaient en ondulant des fesses, les cheveux au vent. Derrière, venaient les vieilles maquerelles et les pourvoyeurs de plaisirs interdits, puis les cambrioleurs, les tire-laine et les tueurs à gages ; enfin, les vingt-quatre chefs de secteur, qui fermaient la marche, comme il se doit puisqu'ils étaient les plus avancés dans l'impiété.

Baïbars s'avança vers le capitaine Muqallad qui se leva pour l'accueillir avec le plus grand empressement ; il le salua et le fit asseoir à son côté. Quant à Otmân, il était comme ivre...

— Dis donc, fils de pute, glissa-t-il à Oqereb, t'as vu ces gonzesses ? Ah qué malheur d'être repenti, par la vie du Prophète !

— Eh, Fleur des Truands, j'suis pas repenti, moi ! répondit Oqereb. Par l'honneur de la Grosse, laisse-moi aller dire deux mots au p'tit mignon, là-bas.

— Eh ben, mon salaud ! Si t'as l'malheur d'abandonner les chevaux, par la vie du Prophète, tu vas voir ta gueule !

Les filles ôtèrent leur voile, découvrant leur visage… et bonjour les œillades et les minauderies. "Tu as vu ces beautés, mon fils ? disait Muqallad à Baïbars. Ah quelle belle matinée ! Tu sais, soldat, il n'y a vraiment personne qui soit aussi riche que moi."

A ce moment-là, Baïbars, voyant que tous les participants étaient arrivés et qu'ils étaient désormais à sa merci, jeta bas le masque : "Dis-moi, mon père, fit-il à Muqallad, tu ne sais pas que tout cela est interdit et provoque la colère de Dieu et de Son prophète ? Pourtant tu es un homme âgé ; ne ferais-tu pas mieux de m'écouter, d'abandonner le péché et l'ivrognerie ? – Mon fils, répondit l'autre, je te jure bien que, tant que le ciel sera bleu, je ne me repentirai pas. Eh, mon pauvre garçon, comment peut-on penser au repentir quand on a tant de jolies filles sous les yeux ?"

Alors Baïbars se leva d'un bond, comme un lion furieux et, tirant son *lett* de dix *ratls*, l'abattit sur l'échine de Muqallad qui alla mordre la poussière, plus mort que vif.

"Qu'le bon Dieu te donne toujours la victoire, mon frelot ! Du premier coup, tu l'as eu !" s'exclama Otmân qui accourut se jeter sur Muqallad, lui passa l'entrave et lui ligota pieds et poings.

La panique s'empara de l'assistance qui chercha à s'enfuir ; mais Otmân se mit à crier : "Que personne ne bouge, bande de maquereaux ! Hé mes frelots ! Hé les fils de Haydab ! Attrapez-les !" A ce signal, les truands bondirent hors de leurs cachettes et se jetèrent sur la foule en jouant du gourdin. Pendant ce temps, les vieilles maquerelles poussaient des cris d'orfraie, ajoutant à la confusion.

Le tumulte alerta les mamelouks de Baïbars ; la moitié d'entre eux se jetèrent dans la mêlée tandis que les autres bloquaient les issues et cueillaient les fuyards.

Quand tout ce joli monde fut pris et garrotté, on les présenta un à un à Baïbars, en commençant par les vingt-quatre chefs de secteur, tous des vieillards à barbe blanche. "Vous n'avez pas honte, misérables criminels ! leur dit-il. Vous n'êtes donc pas musulmans ? Dites-moi un peu, qu'est-ce que c'est que cette dépravation ? Vous ne savez donc pas que les méchants iront en enfer et que le paradis, jamais ils n'en verront la couleur ? Qu'est-ce que vous direz, le jour où vous serez présentés devant Dieu ? – Pitié, soldat ! répondirent-ils. Par le Nom Suprême de Dieu, ce n'est pas notre faute, c'est le capitaine Muqallad qui nous forçait à agir ainsi, nous ne pouvions pas lui désobéir ! Mais à partir de maintenant, nous prenons Dieu à témoin que nous nous repentons devant toi et devant Lui."

Baïbars leur fit alors prêter serment et prit des garanties, puis leur donna un travail pour leur permettre de vivre honnêtement : il leur confia la gérance de ses boutiques et de ses propriétés. Cela fait, il fit venir les filles, les persuada de se repentir, et les maria aux jeunes gens qui se repentirent également. Il agit de même avec les cambrioleurs et les coupeurs de bourse : ceux qui se repentirent, il les prit à son service, et ceux qui refusèrent, il les bannit de la ville. Il procéda de la même façon pour les vieilles maquerelles.

Cela fait, il s'en revint au Caire avec Muqallad, toujours garrotté ; il le jeta dans la prison de la conciergerie.

— Hé, soldat, s'écria Otmân, envoie-le donc six pieds sous terre !

— Non, Otmân, il restera en prison, lui répondit Baïbars.

— Si tu l'rectifies pas, mon frelot, par la vie du Prophète, tu t'en mordras les doigts.

— Eh bien je m'en mordrai les doigts ! C'est mon affaire après tout.

— Tu verras, tu verras !

La pêche au menu fretin

[Le transmetteur a dit :] Ce soir-là, Baïbars, après avoir dîné et fait la prière du soir et celle de la nuit tombée, appela Otmân.

— Me v'là, me v'là soldat, soldat ! fit ce dernier.

— Va dire aux porte-flambeaux d'allumer leurs torches : je vais faire une tournée d'inspection, cette nuit !

— Ah ben bravo ! ricana Otmân. Et bonjour les loupiotes ! Non mais t'es vraiment un bleu, par la vie du Prophète ! Bon, j'vais t'apprendre un truc, mon frelot : si tu t'balades la nuit avec une loupiote devant toi, t'es sûr qu'les rôdeurs et les bandits y t'verront et qu'toi tu les verras pas. Résultat y s'barreront tous et ta tournée elle aura servi à rien !

— Et comment on fait, alors ? demanda Baïbars incrédule. Tu veux qu'on aille dans le noir ?

— Ben un peu, ouais ! Et pis, tu mettras des patins en feutre sous les sabots d'ton gaille, comme ça personne nous entendra. Et, en plus, on sera tous habillés en noir. Moi j'prendrai une lanterne sourde et j'marcherai devant. Quand j'verrai quèque chose, j'enverrai la lumière juste là où y faut, et j'saurai du premier coup d'œil à qui j'ai affaire. Ça t'va-t-y comme ça ?

— D'accord, Otmân, par la vie du Prophète, tu as raison. Fais comme tu l'entends, je te donne carte blanche.

Otmân alla retrouver les truands et leur donna l'ordre de faire tout ce que nous avons dit. Baïbars se mit en selle et s'en fut par les rues du Caire. Au bout de quelques minutes, il aperçut au bord du chemin un cadavre qui gisait dans une mare de sang ; il semblait avoir été tué à l'instant. Tirant sur les rênes, il s'arrêta net et appela Otmân à grands cris ; si vous vous en souvenez, il marchait un peu en avant de la troupe.

— Qu'est-c'que t'as, mon frelot ? Qu'est-c'que tu veux encore ? demanda-t-il.

— Regarde, frère, il y a un cadavre ! Je me demande qui a bien pu le tuer.

— Eh t'occupe pas l'ami, qu'est-c'que t'en as à foutre ? C'est moi que j'l'ai suriné.

— Malheureux ! Mais pourquoi as-tu fait ça ? Qu'est-ce qu'il t'avait donc fait, ce pauvre homme ?

Ayant ordonné à l'un des truands d'apporter de la lumière, il descendit de cheval et examina le cadavre : c'était un cheikh, un homme de religion connu et respecté. Il avait encore son grand turban et sa cape, insignes de sa profession. "Maudit fils de pute ! s'écria Baïbars furieux. Pourquoi tu l'as tué, ce saint homme ?" Il avait déjà le *lett* à la main, quand Otmân s'écria : "Eh, cogne pas, qu'la peste t'emporte avec tous les ploucs dans ton genre ! Mais y comprend donc rien ! Non mais, écoute soldat, t'excite pas ! Regarde-le, d'abord, ton saint homme de mes deux, comment y s'purifie dans l'ordure !"

Baïbars retint son coup ; Otmân s'approcha du cadavre et lui ôta son grand manteau, dévoilant une véritable quincaillerie ; l'homme était armé jusqu'aux dents et portait toute la panoplie du parfait truand.

— Mais alors tu avais raison, sacré dégourdi ! s'exclama Baïbars tout étonné. Ne m'en veuille pas, par le Nom Suprême de Dieu, j'ai vraiment cru que c'était un cadi.

— Eh, mon frelot, oublie pas qu'Le Caire c'est ma vache, fille de ma génisse. C'est moi l'cheikh de tous les truands qui y habitent, j'les connais tous. Bon, allez, en avant, mon gars.

Baïbars se remit en selle et s'en fut jusqu'à l'Ezbekiyyeh ; arrivé là, il trouva un second cadavre : un mendiant aveugle. Il appela à nouveau Otmân. "M'enfin, mon frelot, s'écria-t-il exaspéré, j't'ai dit d'me foutre la paix avec tes questions ! Regarde-le, ton aveugle." Baïbars mit pied à terre et Otmân, ouvrant le volet de sa lanterne sourde, jeta un rai de lumière sur le cadavre. Il s'approcha, souleva ses haillons : il était armé. Puis il prit la besace et la vida ; elle contenait l'attirail du parfait cambrioleur, grappin, échelle de corde, pince-monseigneur, jeu de fausses clés... "Mais enfin, s'écria Baïbars, c'est un aveugle, comment peut-il voler ? – Ah ouais, eh ben, viens l'voir, ton aveugle !" lui répondit Otmân. Et, se penchant, il arracha deux emplâtres qui couvraient les paupières de l'"aveugle" ; ses yeux apparurent parfaitement sains. C'était là un truc très peu connu. Baïbars n'en revenait pas de l'astuce d'Otmân. "Par la gloire de Dieu, se disait-il en lui-même, c'est vraiment un fou inspiré, mieux vaut ne pas imiter son exemple."

Ils continuèrent leur tournée jusqu'à l'aurore et Otmân tua encore plusieurs bandits et rôdeurs. A ce régime, au bout d'une dizaine de jours, il n'y avait plus un seul mauvais garçon dans la ville, et le loup y paissait avec les agneaux. Désormais on pouvait laisser toute sa fortune dans la rue sans que personne y touche. Les gens ne tarissaient pas d'éloges sur l'émir Baïbars. "Ah, si seulement c'était lui notre sultan ! se disaient-ils. Le roi El-Sâleh Ayyoub serait mieux à sa place dans une mosquée, à adorer Dieu."

Un beau jour, Baïbars se mit en selle vers le milieu de la matinée et, accompagné d'Otmân, se dirigea vers l'un des souks de la ville, proche de la conciergerie ; chemin faisant, il passa près d'un caravansérail, situé dans ce souk, nommé le Khân El-Sabîl ; c'était le plus important du Caire, celui où descendaient les riches négociants, ceux qui pratiquent le commerce au long cours.

Un groupe de marchands était justement assis devant la porte, sur un divan richement couvert de satin et de soie, garni de coussins en duvet d'autruche. Le *chahbandar*[135] trônait à la place d'honneur ; c'était un homme âgé, au maintien empreint de dignité et de respectabilité.

En voyant Baïbars arriver, ils se levèrent et se portèrent à sa rencontre, le saluant avec la plus grande courtoisie.

— Soldat, l'invitèrent-ils, fais-nous l'honneur de prendre un rafraîchissement avec nous.

— Considérez qu'il est déjà bu, ô *khawâjas*[136], répondit Baïbars, car je suis très pressé.

— Impossible, tu ne peux nous refuser cet honneur ; ce serait nous offenser.

Bref, ils le pressèrent tant d'accepter qu'il ne put décemment se dérober ; il mit pied à terre et s'assit parmi eux. On apporta le café, il but et en fut bien aise ; la conversation s'engagea sur le ton le plus affable.

— Emir, lui dirent les marchands, nous avions justement l'intention de nous présenter tous ensemble devant ta seigneurie, afin de te féliciter de ta nomination et de te remettre le présent d'usage, de façon à ce que tu sois associé à notre compagnie... N'est-il pas vrai que seul est vraiment heureux celui dont les affaires sont en règle et l'âme en repos ? Mais ta seigneurie est venue d'elle-même, et cette heureuse rencontre a assurément été décrétée par le Créateur de toutes choses.

— Tout va bien, s'il plaît à Dieu ? répondit Baïbars intrigué. Qu'y a-t-il, seigneurs *khawâjas* ? Y a-t-il quelque chose que je puisse faire pour vous ? Vous disiez que vous comptiez venir me voir pour me donner le présent d'usage ; mais quel est donc cet usage ?

— Soldat, nous avons coutume de verser chaque année une gratification de mille piastres au chef de la police du Caire ; c'est là une initiative que nous avons prise afin que la protection de nos marchandises déposées dans ce caravansérail soit prise en charge par le chef de la police, et qu'il se porte garant pour tout ce qui pourrait y être dérobé.

— Eh, mon père, répondit Baïbars au *chahbandar*, même sans argent, je suis responsable de vos biens, comme de ceux de tout le monde !

— Non, seigneur, cela ne se peut pas, il faut que tu acceptes cette somme. Ainsi le veut la Loi : "Celui qui a touché le salaire est responsable du travail." Donne-toi la peine de venir avec nous au tribunal, nous ferons rédiger un procès-verbal comme quoi tu te portes garant pour nos biens.

— Fort bien, allons-y, répondit Baïbars.

— Soldat, soldat, interrompit Otmân, t'es pas du tout obligé d'faire ça. Ecoute-moi, mon frelot, t'porte pas garant !

— Vas-tu te taire ! lui répondit Baïbars agacé. Mais enfin, Otmân, en quoi est-ce que ça te concerne ? Ça fait partie de mes attributions, et ce que disent ces marchands est parfaitement raisonnable et légal. Si tu veux bien venir avec moi, mon père, reprit-il à l'adresse du *chahbandar*.

Ils s'en furent donc au plus proche tribunal et dressèrent un contrat de garantie en bonne et due forme, sous le témoignage des employés du tribunal ; Baïbars perçut ses mille piastres, qu'il distribua aussitôt à ces derniers, après quoi chacun s'en fut à ses affaires. Mais Otmân était toujours mécontent.

— Non mais, écoute donc, mon frelot, pourquoi t'as fait ça ? demanda-t-il à Baïbars. On a déjà suffisamment de gens qui nous veulent du mal.

— Mais enfin, Otmân, s'écria l'autre, si je ne me porte pas garant pour les biens de tout le monde, qui va le faire à ma place ? Le roi Sâleh, ou le vizir peut-être ? De toute façon, on est garant pour toute la ville.

— Eh, démerde ! répondit Otmân excédé.

Un mois se passa ainsi ; et puis, un beau jour, Baïbars revint de sa patrouille nocturne, fit la prière de l'aurore, termina par les invocations, puis s'en fut dormir quelques heures, selon son habitude.

Soudain, il fut réveillé par un grand tumulte. “Eh, Otmân, que se passe-t-il ? cria-t-il. – Ben c’est les marchands du Khân El-Sabîl, les v’là qu’y s’pointent tous en gueulant comme des putois, mais j’sais pas pourquoi. – Accorde-nous Ta protection aux heures de détresse, Seigneur !”

Sur ces entrefaites, les marchands apparurent, poussant force cris et lamentations.

— Que Dieu nous épargne le malheur ! s’écria Baïbars. Eh bien, mes amis, que vous arrive-t-il ?

— Notre émir, hier soir, nous avons fermé nos magasins et verrouillé la porte du caravansérail, puis nous sommes rentrés chez nous ; ce matin, nous sommes arrivés à l’heure habituelle et avons trouvé la porte close, verrouillée de l’intérieur. Nous avons frappé aussi fort que nous le pouvions, mais personne ne nous a répondu. Il y a pourtant douze gardes à l’intérieur mais nous ne savons pas ce qu’ils sont devenus. D’autant que ce caravansérail est une véritable forteresse ; il est impossible d’en escalader les murs. Aussi, comme nous sommes assez inquiets pour nos marchandises, nous sommes venus te prier de venir avec nous et d’examiner la situation ; en tant que chef de la police, tu es directement concerné.

— Et c’est pour ça que vous mettez tout sens dessus dessous ? s’écria Baïbars. Si ça se trouve, les gardiens se sont simplement endormis du sommeil du juste après avoir veillé toute la nuit ; ils ne vous auront pas entendus.

Il se leva, s’habilla et se mit en route avec eux, accompagné d’Otmân, de Harhach et de quelques-uns des truands. Arrivé devant la porte, l'émir Baïbars s'empara d'une grosse masse de fer et se mit à taper sur la porte de toutes ses forces ; personne ne lui répondit. "Ça ne sert à rien, émir, lui dirent les marchands. Par la gloire de Dieu, on a dû t'entendre jusqu'à la Citadelle ! Les gardiens doivent être tous morts, ce n'est pas possible qu'ils soient simplement endormis."

Baïbars était bien embarrassé et ne savait trop que faire. Les murs étaient trop hauts pour qu'on les escalade : les grappins des truands n'arrivaient pas à mi-hauteur.

Les choses en étaient là quand soudain Baïbars vit la foule refluer en désordre et s'enfuir dans tous les sens. Il se retourna pour voir ce qui se passait, et aperçut deux hommes qui s'avançaient vers lui, deux gigantesques gaillards. De loin, on les aurait pris pour des palmiers. Ils avaient les bras comme des poteaux, les jambes comme des piliers, ils étaient coiffés de turbans cramoisis et vêtus de longs cache-poussière roses soutachés d'or ; ils étaient armés jusqu'aux dents, et leurs espadons battaient contre leurs jambières d'acier.

[Ces deux terribles gaillards sont évidemment des fidaouis *ismaéliens ; ce sont même, pour tout dire, les deux Saqr, qui ont terminé leur bouderie et sont venus retrouver leur ami Baïbars. C'est ce qui s'appelle arriver à point nommé : comme tous leurs congénères, ils disposent d'une multitude*

d'astuces pour s'introduire dans les citadelles les mieux gardées et ne se séparent jamais de leur trousse à outils, dont le contenu "standard" a déjà été détaillé dans Les Enfances de Baïbars.

Grâce à leur aide, notre héros n'a donc aucun mal à reprendre possession du caravansérail et à découvrir le fin mot de cette étrange affaire : le bâtiment a été investi par ruse, dans la nuit, par une bande de desperados chrétiens, commandés par un certain Zaghawîl, et venus tout exprès de la montagne libanaise. Le commando-suicide, habilement drogué par les deux Saqr, tombe sans coup férir aux mains de Baïbars : ce dernier va aussitôt en référer au roi qui, comme d'habitude, est déjà au courant.]

— Sois le bienvenu, Baïbars, fit le roi. Peut-être as-tu récupéré les biens qui se trouvaient au Khân El-Sabîl ?

— Si fait, seigneur, répondit Baïbars : par l'effet de ta haute bienveillance et de tes prières, je les ai récupérés et j'ai mis la main sur les coupables : il s'agit de quatre-vingts hommes venus des monts du Kesrawân[137].

— Mon Dieu, mon Dieu, s'écria le roi, protège-nous du malheur ! Dis-moi, Hâjj Châhîn, mon frère, qu'est-ce que les gens du Kesrawân viennent donc faire en Egypte ?

— Je ne sais pas, ô serviteur des Lieux saints, répondit celui-ci.

Pendant qu'ils parlaient ainsi, Otmân entra dans la salle du conseil en criant :

— Eh, boss Sâleh ! Dis : "Gloire à Dieu !" Dis : "Honneur à Dieu !" Dis : "Il n'est de divinité que Dieu !" T'es un grand matou, t'es le cheikh de tous les matous les uns par-dessus les autres ! Ligote la *Fâtiha* avec nous et, après la *Fâtiha*, puisses-tu n'entendre que de bonnes nouvelles !

— Salut, cheikh Otmân ! répondit le roi.

— Que Dieu t'bénisse, boss Sâleh, mon frère ! Dis donc, le Zaghnoun[138], c'maquereau, imagine-toi qu'il est comme le cadi peau d'gland, que Dieu le maudisse ! Frère, j'le ramène attaché par la zézette, c'est-y pas bien comme ça ?

Le roi partit d'un grand éclat de rire, accompagné par toute l'assistance, qui n'en était pas moins impressionnée par le courage et l'adresse d'Otmân. Le roi se tourna vers Zaghawîl et lui dit :

— Malheur à toi, l'homme, pourquoi as-tu fait ça ? Qu'y a-t-il donc entre toi et ce jeune homme, Baïbars ?

— Par l'honneur de ma religion, ô *rey*, répondit-il, il n'y a rien entre lui et moi et je ne l'ai jamais vu. J'ai agi sur l'ordre de l'un de nos prêtres, qui se nomme le *rey pappa* Jaouane, fils d'Asfout, fils de Chaqrân : j'ai reçu de lui une lettre qui m'ordonnait de faire ce que j'ai fait. Je n'ai osé lui désobéir, de peur qu'il ne fasse descendre la terre et monter la mer, et que le monde entier périsse noyé. Je suis donc venu du Kesrawân avec mes hommes, et j'ai fait tout cela.

— Allah ô Eternel ! s'écria le roi. Dis-moi, mon fils Baïbars, il t'en veut donc bien, ce Jaouane ? Qu'est-ce que tu lui as donc fait ?

— Pardonne-moi, seigneur ! Par ta vie je ne le connais pas ; avant aujourd'hui, je n'avais entendu prononcer son nom qu'une seule fois.

Alors le roi se tourna vers le cadi et lui dit :

— Et toi, cadi, Jaouane et toi… vous vous connaissez ?

— Pardonne-moi, seigneur, s'exclama-t-il. Je ne le connais point mais il m'est revenu aux oreilles que c'est un chrétien fort pernicieux ; seigneur, ce maudit est un fort grand personnage parmi les chrétiens.

— Dieu fasse qu'il soit coupé en morceaux et jeté au feu ! Dis *amen* !

— *Amen !* murmura le cadi en faisant la grimace.

Le roi se tourna ensuite vers les marchands et s'enquit :

— Eh bien, *khawâjas*, vous manque-t-il quelque chose de vos marchandises ?

— Pardonne-nous, ô roi toujours prospère ! répondirent-ils. Par l'effet de ta haute bienveillance, nous n'avons rien perdu : nous avons repris possession de nos biens en totalité.

— En ce cas, vous pouvez disposer, leur dit-il puis, s'adressant à Baïbars : Qu'as-tu l'intention de faire de ces misérables, mon fils ?

— Seigneur, ce que Ta Majesté m'ordonnera de faire.

Le roi se tourna vers le cadi.

— Eh bien, *efendi*, à quoi faut-il les condamner, d'après toi ?

— Je suis d'avis qu'il faut les mettre à mort car ils ont voulu détruire notre fils bien-aimé, l'émir Baïbars.

— Alors prends-les, Baïbars, et fais-en ce que tu voudras. Je ne puis pas aller contre le jugement de ton cher oncle le cadi...

L'émir Baïbars s'inclina profondément devant le roi et descendit à la conciergerie. Arrivé là, il fit venir le chef de la corporation des forgerons et lui dit : "Je veux que tu me fabriques un arbre de fer muni de quatre-vingts crochets, avec un pal de fer à la partie supérieure. Tu monteras la partie inférieure sur un tambour, de sorte qu'il soit possible de le faire tourner sur lui-même en le poussant de la main." Il lui fit un croquis sur une feuille de papier et lui donna de l'argent. "J'entends et j'obéis mille fois !" répondit l'autre qui s'en fut sur-le-champ se mettre au travail.

Le lendemain, il apporta l'objet et le présenta à Baïbars qui s'en montra fort satisfait et donna l'ordre de l'installer à Remeileh et Qaramidân. Quand ce fut fait, il appela Otmân et lui dit : "Frère, va-t'en chercher Zaghawîl et ses hommes à la conciergerie."

Quand il les eut amenés, Baïbars ordonna de suspendre chacun des hommes à un crochet et de planter Zaghawîl tout en haut, sur le pal. Les crochets étaient longs d'une coudée, afin que le patient tienne bien en place et ne se détache pas ; ils étaient rangés en six étages superposés. On mit l'appareil en branle et il se mit à tourner au gré des vents, comme les ailes d'un moulin.

Les gens du Caire étaient pleins d'admiration pour l'ingéniosité de Baïbars ; les notables et les grands du royaume vinrent jouir du spectacle, de même que le roi, accompagné du grand pourri… je veux dire du grand cadi Salâh El-Dîn.

A cette vue, ce dernier sentit ses cheveux se dresser sur la tête. Otmân se jeta sur lui en criant : “A mort le cadi peau d'gland !” Il le prit sous le bras et l'entraîna, faisant mine de l'accrocher tout en haut de l'appareil. “*Amân !* Grâce, ô Commandeur des croyants !” gémissait le malheureux.

— Non, cheikh Otmân ! s'écria le roi. Ne fais pas de mauvaises plaisanteries à ton oncle le cadi. Laisse-le, mon garçon, ce n'est pas le moment.

— C'est bon, d'accord, dit Otmân en le lâchant. Ben quoi, j'voulais juste rigoler un peu avec toi, eh cocu !

Le repentir de Muqallad

L'on a dit, nobles seigneurs, que les hommes du château de Zaghawîl restèrent accrochés ainsi pendant deux jours ; le troisième, on les détacha et on les jeta dans le Nil. Quand cela fut terminé,

Baïbars ordonna d'élargir tous les prisonniers et fit venir le capitaine Muqallad.

— Eh bien, capitaine Muqallad, que penses-tu de ta situation ? lui dit-il. Pourquoi ne pas suivre mon conseil : repens-toi et reviens vers Dieu, le Très-Haut. Car, sache-le, Dieu ne repousse jamais le repentir sincère de Ses serviteurs. Et puis, tu es un homme âgé, et comme a dit le poète :

Ce vieux corps tout perclus et ces cheveux tout blancs
sont messagers certains du trépas approchant
la mort est un portail que chacun passera
mais nul ne sait ce que derrière il trouvera.

— Oui, tu as raison, mon fils, répondit Muqallad. Hélas, je suis un grand misérable, chargé de crimes devant Dieu !

Et il versa des flots de larmes, tout en s'accablant de reproches et en souhaitant la mort.

— Dis-moi, mon fils, demanda-t-il ensuite à Baïbars, crois-tu que, si je me repentais, Dieu accepterait mon repentir et me pardonnerait mes péchés et mes crimes ?

— Eh, bien sûr ! répondit l'autre, ravi de l'entendre parler ainsi.

— En ce cas sois témoin, ô émir Baïbars, que je me repens et renonce à tout ce qui provoque la colère de Dieu, et que mon repentir est sincère et définitif.

— Grand bien te fasse, mon père ! A présent, tu es libre : Dieu t'a affranchi.

Comme la barbe lui avait poussé pendant son séjour en prison, il fit venir le *barbarbâchi*[139] ; après qu'ils eurent récité la *Fâtiha* sur le Prophète, il tailla la barbe de Muqallad, qui apparut toute blanche, comme des fils d'argent pur.

Cela étant fait, Baïbars lui offrit un vêtement d'honneur et lui donna une bonne somme en or, et lui dit : "Mon père, dorénavant tes péchés retomberont sur ta tête. Chaque fois que tu auras besoin d'argent ou d'autre chose, viens me voir et je te donnerai tout ce que tu voudras." Muqallad se retira, se répandant en bénédictions.

Mais Otmân, qui avait assisté à la conversation et qui avait vu combien Baïbars s'était montré généreux avec Muqallad, trouva la chose fort peu à son goût.

— Soldat, soldat, lui dit-il, pourquoi t'as fait ça ? Tu crois qu'y va s'repentir, c'maquereau. Eh, par le Prophète, quand les gens s'repentiront d'bouffer du pain, lui y s'repentira d'faire le mal !

— Tais-toi, Otmân, répondit Baïbars. Il ne nous appartient de juger que selon les apparences ; seul le Seigneur connaît les intentions secrètes.

— Attends seulement un peu voir !

Quant à Muqallad, il se revêtit d'une tunique en grosse toile et se mit à fréquenter assidûment les mosquées, les lieux de prière et les assemblées mystiques. Il passait son temps en oraisons, suivait l'enseignement des maîtres spirituels et des chefs de confrérie, faisant les cinq prières d'obligation au moment voulu, avec l'imâm[140]. Le reste du temps, il se promenait dans les souks du Caire, une lampe allumée à la main même en plein jour, chaussé de socques en bois munies de grelots ; il marchait doucement, à petits pas prudents, tout en proclamant d'une voix retentissante l'Unicité divine.

Il devint ainsi un saint homme aux yeux des gens du Caire qui venaient passer la nuit chez lui pour bénéficier de son intercession. Il leur préparait des amulettes contre la fièvre et leur récitait des charmes contre la colique. Quand on lui demandait pourquoi il se chaussait de socques et portait une lampe et des grelots, il répondait : "Eh, bonnes gens, vous vivez dans l'ignorance ! Si je mets des socques, c'est pour éviter que mes pieds soient souillés par des matières impures ; quant aux clochettes, c'est à cause des bestioles, fourmis et autres vermisseaux : quand je marche avec mes socques, ils entendent le bruit des grelots et s'écartent du chemin, ainsi je ne les écrase pas. Quant à la lampe, c'est à cause de l'aveuglement du cœur." En l'entendant parler ainsi, les gens disaient : "Gloire à Celui qui t'a guidé dans la Voie droite et t'a fait le réceptacle du Secret et de la Preuve[141] !" Et ils lui offraient de l'argent, mais lui refusait d'accepter quoi que ce soit.

La majeure partie de son temps, il la passait chez Baïbars à qui il rendait fréquemment visite. Chaque fois qu'il arrivait, ce dernier lui baisait la main et la portait à son front, puis il lui disait : "Seigneur, puisses-tu invoquer Dieu pour nous" ; ce qu'il faisait toujours.

Quand Otmân voyait Baïbars agir ainsi, il lui reprochait : "Soldat, tu baises la main à c'maquereau ! Eh, sa main c'est comme une patte de poule qui pataugé dans la crotte. Ecoute, frère, par la vie du Prophète, çui-là, il est d'la confrérie de Saint-Clébard, y s'purifie dans l'ordure !"

— Trêve de calomnies, Otmân ! répondait Baïbars. Le Créateur accepte le repentir de tous ceux qui se repentent. Vraiment, tu as l'entendement bien épais ! N'oublie pas que

La bonté du Seigneur est une mer sans fin
dont une goutte fait de la terre un jardin
un seul regard de Lui fait d'un pécheur un saint.

— Tu verras, tu verras, ricanait Otmân.

Quelque temps plus tard, un beau jour que Baïbars était assis dans la conciergerie du palais, le cheikh Muqallad se présenta. Baïbars vint l'accueillir et l'installa à ses côtés. Il le salua, lui souhaita la bienvenue, et ils commencèrent à s'entretenir de la vie future, des récompenses que Dieu a préparées pour Ses serviteurs vertueux et des châtiments qu'Il réserve aux impies.

La griffe du parrain

Pendant qu'ils étaient à parler ainsi, arriva le *chahbandar* du Khân El-Sabîl, celui qui s'était fait voler ses marchandises. Il les salua respectueusement ; l'émir Baïbars se porta à sa rencontre :

— Salut, *khawâja*, puisse ta venue être une bénédiction pour nous !

— Seigneur, nous venons te prier, en cette soirée bénie, de nous faire l'honneur de venir fouler le sol de ma maison et ceux qu'il te plaira d'amener. En effet, l'on doit réciter chez moi le *Mawlid Charif*[142] en accomplissement d'un vœu que j'ai fait le jour où on m'a volé mes biens, ainsi que ceux de mes collègues : j'ai décidé que, si je les recouvrais, je ferais réciter le *Mawlid* pour la gloire de Dieu, qu'Il soit exalté. C'est ce soir que j'ai fixé pour m'acquitter de ce vœu. Pourrais-tu venir un peu après la prière du milieu de l'après-midi ?

— J'entends et j'obéis, répondit Baïbars. Mais, mon père, je ne puis absolument pas venir à ce moment-là ; nous viendrons à la troisième heure de la nuit : une fois que j'aurai expédié les patrouilles et terminé mon travail. J'aurai alors le loisir de venir chez toi.

— Fort bien, qu'il en soit ainsi.

Le *chahbandar* but une tasse de café puis s'en fut à ses affaires. Baïbars se tourna alors vers le cheikh Muqallad.

— Seigneur, lui dit-il, te plairait-il de venir avec nous boire le café et prendre quelque nourriture ?

— En ce qui me concerne, pas du tout, seigneur ! répondit-il. A Dieu ne plaise (qu'Il soit exalté et glorifié) ! Sache, mon fils, que j'ai fait serment de ne jamais fréquenter les riches et les hommes d'argent, de ne jamais manger de mets de choix ni prendre du bon temps. Je fais ma société des pauvres et des ascètes errants, et nous ne nous nourrissons que de croûtons de pain et de *zaatar*[143]. Car, ô mon fils, les nourritures trop riches renforcent l'âme pécheresse !

— Puisse Dieu augmenter encore ta piété, s'exclama Baïbars saisi d'admiration. Gloire à Celui qui t'a comblé de Ses bienfaits et t'a guidé dans la Voie droite !

Le cheikh Muqallad resta encore quelque temps, puis il se leva et s'en fut chez lui. "Dis-moi, toi qui sais tout, demanda alors Baïbars à Otmân, tu connais le palais de cet homme, le *chahbandar* ? – Eh, bien sûr que j'le connais, il habite à la Tarbî'a. Qu'est-ce qu'on va s'enfiler ce soir comme Hâjj Abou Afîs !"

L'émir Baïbars attendit l'appel de la prière de la nuit tombée ; il pria, après quoi il désigna les patrouilles et expédia les affaires des postes de police. "Préparez-vous, les gars, dit-il aux deux Saqr, vous venez avec nous." Il prit aussi avec lui une vingtaine de truands, l'élite de la bande d'Otmân, et la troupe se dirigea vers la maison du *chahbandar*. Arrivés à proximité, ils entendirent un grand bruit de lamentations, de pleurs, de gémissements et de cris : tout le quartier était en émoi.

— Que Dieu nous protège ! s'exclama Baïbars. Viens ici, Otmân !

— C'est quoi qu'tu veux, soldat ?

— Qu'est-ce qui se passe ? Pourquoi ces cris ?

— Eh quèqu' j'en sais, moi ? Ça vient d'la maison du *chahbandar*.

Otmân leva la tête et aperçut les femmes massées sur les terrasses des maisons voisines. Il interpella l'une d'entre elles :

— Hé, la p'tite dame, c'est quoi qu'y s'passe ?

— Et qui tu es, toi, l'homme ?

— Ben quoi, tu m'reconnais pas ! C'est moi Otmân, le fils à la Grosse, on a une maison à El-Maghâra près d'la Grand-Tombe !

— Malheur à toi, Otmân ! s'écria la bonne femme. Que Dieu te maudisse ! Tu viens encore faire l'innocent et nier le mauvais coup que vous venez d'accomplir ! Voilà à peine une heure que vous êtes venus, toi et tes copains, la bande du chef de la police Baïbars, vous avez attaqué la maison du *chahbandar* qui recevait justement tous les plus riches marchands du Caire pour entendre réciter le *Mawlid*, vous les avez battus, vous leur avez pris leurs biens et jusqu'à leurs vêtements et, en plus, ton patron a tué un petit enfant de deux ans qui dormait dans son berceau ! Et qu'est-ce que tu diras, demain, quand tu seras devant Dieu ? Et maintenant vous venez demander ce qui se passe !

— Ben v'là aut' chose ! s'écria Otmân. Dis donc, espèce de pouffiasse, c'est-y seulement qu'tu nous as vu d'tes yeux faire tout ça ?

— Bien sûr, et tous les gens du quartier aussi !

— Ah ben bravo, tu parles d'un coup tordu, par la vie du Prophète !

Otmân revint près de Baïbars et lui expliqua ce qu'avait dit la femme. Lorsque ce dernier entendit cela, il faillit en perdre la raison. "Ecoute, frère, dit-il à Otmân, va demander à la femme quelle route nous avons prise après avoir pillé la maison du *chahbandar*." Otmân alla poser la question. "Vous êtes descendus dans des caïques qui vous attendaient à la porte donnant sur l'eau, et vous avez traversé le fleuve", répondit-elle.

[Le transmetteur a dit :] Nobles seigneurs, priez sur celui qui est plus lumineux que le clair de lune, celui qui éclaire les ténèbres, le prophète du Seigneur omniscient ; que la prière de Dieu et Son salut soient sur lui chaque fois que roucoule la colombe. Sachez que ce quartier était situé en bordure du Nil, et qu'il s'y trouvait de nombreux caïques qui effectuaient la traversée d'une rive à l'autre.

Baïbars héla un passeur qui arriva à force de rames.

— Hé, toi ! lui cria-t-il. Où sont passés les bandits ? Par où ont-ils traversé le fleuve ?

— Qu'est-ce que tu me racontes là, seigneur ? Est-ce que ce n'est pas toi qui es descendu dans ma barque avec tes compagnons, à l'instant ? Même que vous ne m'avez pas donné un sou et que vous vouliez me tuer, et que vous l'auriez fait si je vous avais pas tant suppliés et baisé les pieds. Vous emportiez les biens du *chahbandar* et des plus gros marchands du Caire. Et v'là qu'à cette heure tu viens me poser toutes ces questions ! Non mais, qu'est-ce que c'est que cette histoire ?

— Ah mon salaud ! tonna Otmân. Non mais qu'est-c'que c'est qu'ces salades de merde ! Attends un peu, j'vais t'arracher les yeux et cracher sur la tombe à ton père, par la vie du Prophète !

Il se saisit de son bâton mais Baïbars s'interposa et lui ordonna de laisser l'autre tranquille. Puis, se tournant vers le *kaïkadji*[144], il lui dit : "Ecoute, cheikh, prends-nous dans ta barque et dépose-nous à l'endroit où tu nous as déposés la première fois. Tiens, voilà ton salaire pour les deux traversées." Et, mettant la main à la poche, il lui donna une pièce d'or. L'autre les fit embarquer et les emmena sur l'autre rive.

Lorsqu'ils arrivèrent à la terre ferme, Otmân fut le premier à débarquer et, les devançant, se mit à suivre les traces des bandits ; pourtant, il faisait nuit noire, car on était dans les derniers jours du mois[145].

Alors qu'il courait, il aperçut une vague forme humaine qui se profilait à l'horizon ; il se dirigea vers elle et, arrivé à proximité, s'écria : "Qui vive, bande de cocus ! Parle ou j'te dévisse le colbac !" Il battit le briquet, fit de la lumière et aperçut une femme d'âge mûr qui portait dans ses bras une tête coupée. C'était une tête de femme et elle n'avait pas dû être tranchée depuis longtemps, car du sang en coulait encore.

— Hé là, la p'tite dame, s'écria-t-il, qu'est-ce que c'est qu'ça ? Qu'est-ce tu fais là ?

— Laisse-moi tranquille, mon garçon, et passe ton chemin. Seulement, si tu es un honnête homme, indique-moi où je puis trouver l'émir Baïbars, le chef de la police, pour que je porte plainte devant lui du mal qui m'a été fait.

— Ben ça tombe bien, la p'tite dame, justement j'suis son copain, au chef perdreau Nénars. C'est quoi ta plainte, dis voir ?

Sur ces entrefaites, Baïbars arriva avec le reste de la troupe, pour voir ce qui se passait. La femme, en l'apercevant, le reconnut. Pleurant à chaudes larmes, elle l'implora : "Seigneur, viens à mon aide et venge le tort qui m'a été fait, car toi seul peux le faire, avec la permission de Dieu." Et elle lança vers lui la tête coupée. "Qu'est cela, ma bonne femme ? lui demanda-t-il. Qui t'a fait du tort ?"

Histoire de la tête coupée

"Seigneur, dit-elle, si tu veux savoir qui je suis, sache que je suis une honnête femme, issue de la lignée du Prophète, et originaire de ce village, Chîr El-Kanîs. J'avais un mari, qui est mort cette année, me laissant une fille d'une grande beauté. C'est à elle qu'appartenait cette tête coupée.

Or, il y a, dans notre village, un homme nommé Husâm El-Dîn et surnommé «fils de Cornes de Gazelle». Il est plus voleur qu'une souris, plus destructeur que le feu, plus mauvais que le démon ; il passe son temps dans la débauche, la crapule et les turpitudes. Il s'est fait construire une maison dans le village ; lorsque le soir est venu et que la nuit est bien noire, il dit alors : «Voilà ma journée qui commence !» Tous les gens du village filent doux devant lui, tant ils le craignent."

— Eh ben bravo, ça y est maintenant, frère, interrompit Otmân. Par le Secret de la Très-Pure, j'ai tout compris ! Tout ça c'est un coup monté par ton cheikh Muqallad, celui qui s'purifie dans l'ordure, comme les chiens !

— Mais tais-toi donc ! s'exclama Baïbars. Ne calomnie pas les Hommes de Dieu ; la réputation des gens de bien est un poison mortel pour celui qui la ronge. Continue, ma bonne, dit-il à la femme.

"Mon fils, reprit-elle, il arriva un beau jour que ma fille sortit du hammam au moment où ce Husâm El-Dîn passait par là, par hasard. Il l'aperçut et s'éprit d'elle, selon ce qu'avait décrété le Créateur. Il prit des renseignements sur elle, apprit de qui elle était la fille, et me fit envoyer quelques femmes du village afin de me demander sa main. «Mesdames, leur dis-je, ma fille est encore bien jeunette, elle ne fera pas l'affaire de ce jeune homme. Autrement, ce serait bien de l'honneur pour moi de l'avoir comme gendre, une pauvre veuve comme moi.» Bref, je déguisai mon refus sous les plus beaux discours et les plus flatteuses paroles ; en effet, j'avais peur de sa fourberie et de sa traîtrise.

Lorsqu'il apprit cela, il se tint coi pendant quatre jours. Le soir du cinquième, il fit irruption chez nous, accompagné de quelques hommes de main.

Il enfonça la porte, fit main basse sur notre argent et tout ce que nous possédions, et nous enleva de vive force. «Eh bien, vieille maquerelle, me dit-il, tu te croyais assez forte pour me renvoyer bredouille ?» Et il jura, par les serments les plus terribles, que dorénavant il nous ferait travailler chez lui comme servantes et filles de cuisine.

Nous ne pûmes lui résister, de peur qu'il nous tue. Lorsque nous arrivâmes dans sa maison, il nous envoya à la cuisine avec ordre d'y travailler. Cela dura ainsi jusqu'à ce jour.

Ce matin, Husâm El-Dîn s'est rendu au souk et en a ramené des poissons ; il nous les a donnés en nous ordonnant : «Faites-les frire comme il faut, j'en ferai des amuse-gueule pour manger avec le vin.» Ma fille les a préparés, puis nous les avons frits. Pendant ce temps, Husâm El-Dîn et ses compagnons s'enivraient dans la grande salle.

Soudain, entra un jeune imberbe nommé Mohsen ; c'est un de ces garçons qui se prostituent. Il se présenta devant Husâm El-Dîn, lui baisa la main et lui annonça : «Ton ancien, Muqallad, te salue et te fait dire que, ce soir, le chef de la police est invité avec ses hommes chez le *chahbandar* du Caire. Il t'est demandé de te déguiser de façon à ressembler à Baïbars ; tu choisiras deux de tes hommes qui soient grands et forts et tu les déguiseras en *fidaouis* : ce seront Saqr El-Lawlabi et Saqr El-Hajjâm. D'autres feront le fils à la Grosse, Harhach, Oqereb. Bref, vous vous déguiserez tous. La soirée aura lieu chez le *chahbandar* ; vous y trouverez un groupe de marchands. Tuez, blessez, pillez le palais, dépouillez les invités ; le but de l'opération est de perdre Baïbars, car le roi Sâleh, lorsqu'il apprendra cela, le fera mettre à mort.»

Lorsque Husâm El-Dîn eut entendu les paroles de Mohsen, il répondit : «J'entends et j'obéis à mon père Muqallad. Retourne lui porter mon salut et dis-lui que c'est une affaire faite, s'il plaît à Dieu, qu'Il soit exalté.»

En sortant de la salle, Mohsen passa devant la cuisine. Il jeta un coup d'œil à l'intérieur et aperçut ma fille, assise en train de frire le poisson, le visage rougi par la chaleur du brasero. Il se jeta sur elle, cet esclave en rupture de ban, l'empoigna, la fit tomber à terre, déchira son pantalon, lui prit sa virginité et satisfit son désir après l'avoir blessée de son poignard.

Je crus devenir folle en voyant ce qui arrivait à ma fille. J'accourus auprès de Husâm El-Dîn et lui criai : «C'est ça ton honneur, capitaine ? Nous sommes sous ton toit et à ta charge, nous faisons partie de ta famille !» Et je lui appris ce que le garçon avait fait à ma fille. «Et toi, où étais-tu quand c'est arrivé ? me demanda-t-il. – Seigneur, je ne me trouvais pas dans la pièce.»

Furieux, il envoya un de ses hommes ramener Mohsen, déjà sur la route. «Dis donc, petit pédé, lui reprocha-t-il quand on le lui amena, t'es pas gêné, d'entrer dans ma cuisine et d'te sauter la cuisinière ! – Eh, seigneur, j'ai rien fait de mal. C'est la fille qui m'a appelé, elle m'a aguiché et s'est jetée à ma tête en me disant : "Prends-moi, rien que pour faire enrager ce cocu de Husâm El-Dîn, ça lui apprendra à ne pas vouloir m'épouser !" Qu'est-ce que tu veux, on n'est pas de bois, alors j'y ai fait son affaire comme elle voulait. – C'est bon, tu peux t'en aller.»

Husâm El-Dîn se rendit aussitôt à la cuisine, attrapa ma fille par les cheveux, la jeta à terre, d'un coup de sabre lui coupa la tête et me la lança ; j'étais si terrorisée que je ne dis mot, de peur qu'il me fasse subir le même sort qu'à ma fille.

Lorsque la nuit est tombée, il est allé se déguiser, ainsi que ses hommes, comme le lui avait ordonné Muqallad, puis ils s'en sont allés vers la maison du *chahbandar*. Ils sont revenus peu de temps après, chargés de leur butin. En ce moment même, ils sont en train de le partager. En rentrant, ils ont oublié de fermer la porte ; j'ai profité de l'occasion et je suis sortie, emportant la tête de ma fille, dans la nuit noire. Celui qui a créé le jour et la nuit a permis que ma fuite ne se découvre pas. Mon intention était de partir à la recherche de ta seigneurie, afin de porter plainte devant toi. Maintenant que je t'ai trouvé par hasard, je te supplie de réparer le tort qui m'a été fait ; puisse Dieu te maintenir toujours dans la Foi, par la grâce du meilleur des hommes."

Ayant dit ces mots, la femme fondit en larmes et finit par tomber en pâmoison. Le cœur de Baïbars fut touché de pitié et de compassion pour son triste sort ; il mêla ses larmes aux siennes. “Eh ben alors, remarqua Otmân, j'avais tort quand j'te disais qu'ton cheikh Muqallad c'est rien qu'un chien qui s'purifie dans l'ordure ? Tu voulais pas m'croire mais moi, par le Prophète, j'le savais bien qu'y s'repentirait jamais ! – Tais-toi, Otmân, il était nécessaire que le décret de Dieu s'accomplisse.”

Baïbars consola la femme. “Tranquillise-toi, mère, et sèche tes larmes. Je punirai ce fils de chien et tous les bâtards qui sont avec lui, et j'en ferai un exemple pour toute la terre !”

Accompagnés de la femme, ils traversèrent le village. Trouvant la maison de Husâm El-Dîn ouverte, ils entrèrent et s'approchèrent de la salle où la bande était réunie. Epiant à travers la porte, l'émir Baïbars aperçut Husâm El-Dîn assis à la place d'honneur : il s'était déguisé de façon à lui ressembler, et ses hommes avaient fait de même pour ce qui est des truands et des *fidaouis*. Ils se partageaient le butin. “Ah ben bravo, fit Otmân. Par le Secret de la Très-Pure, on dirait que c'est nous, ces maquereaux. Allez, entrez, on va les rectifier et leur dévisser le colbac ! – Espère donc un peu, Otmân, dit le capitaine Saqr El-Lawlabi, c'est point comme ça qu'il faut y faire.” Ce disant, il fouilla dans sa trousse à outils et en sortit son soufflet à *benj*[146] ; après avoir ordonné aux autres de sortir du bâtiment, il envoya habilement la fumée vers Husâm El-Dîn et sa bande. Le *benj* s'empara de leurs esprits et ils s'écroulèrent les uns sur les autres, comme s'ils étaient morts.

Saqr donna un coup de sifflet pour avertir ses compagnons ; Baïbars et ses hommes entrèrent. "Que Dieu te donne toujours la victoire, Lesboules[147], t'as pas volé toute la graille que tu t'es enfilée chez nous ! s'exclama Otmân. Eh, frérot, donne-moi donc un peu d'ta confiotte, là ; pourquoi tu m'en donnes pas ? – Entrez et ligotez-les", dit le capitaine Saqr.

Ils entrèrent et trouvèrent quatre-vingts jeunes gens ; chacun avait un ballot devant lui. Ils les ligotèrent, leur attachèrent à chacun son ballot sur le dos, puis les réveillèrent en leur donnant l'antidote du *benj* et, après leur avoir infligé une sévère bastonnade, les firent sortir de la maison, Husâm El-Dîn en tête.

"Eh, soldat, proposa Otmân, si on allait chez Muqallad lui mettre la main dessus avant qu'il fiche le camp ?" L'émir Baïbars approuva cette idée et dit à ses hommes : "Vous, vous emmènerez ces chiens à la conciergerie, et vous les tiendrez sous bonne garde." Il leur recommanda la plus grande vigilance puis, accompagné seulement d'Otmân et des deux Saqr, il s'en fut à la maison de Muqallad. "Attendez un peu, les gars", les prévint Otmân quand ils furent arrivés à destination. Il alla frapper à la porte. "Qu'est-ce que c'est ? fit

la voix de Mohsen, le domestique de Muqallad.
– Ouvre, p'tite tête, répondit Otmân. J'viens apporter la part du capitaine Muqallad qui lui revient sur l'butin pris chez l'*chahbandar*."

Le garçon sortit et vint ouvrir la porte ; Otmân lui sauta à la gorge et le repoussa dans l'entrée. "Tu respires seulement et j'te dévisse le colbac, sale petit pédé !" lui dit-il. Mohsen, mort de peur, se laissa ligoter. Pendant ce temps, Baïbars avait monté l'escalier à pas de loup ; il pénétra dans la chambre d'étage, et trouva Muqallad assis derrière une table bien garnie de bouteilles, en train de s'enivrer.

— Sois le bienvenu, mon fils, dit-il en voyant arriver Baïbars. Entre, mon garçon, et bois donc un coup avec nous !

— Ce que tu es en train de boire, c'est le poison de Dieu, qui ne fait grâce à personne. Eh bien, misérable, c'est ça, ton ascétisme, tes mortifications et ta piété ? Que Dieu te maudisse, car tu es le plus vil et le plus fourbe des coquins !

— Va donc faire le tapin à Remeileh et Qaramidân, petit pédé ! Non mais, tu crois que j'ai peur d'un esclave marron comme toi ?

Il fit un geste pour s'emparer de son bâton mais Baïbars fut plus rapide : il le frappa de son *lett* à l'épaule et le jeta à terre. "Que Dieu te donne toujours la victoire, frère ! s'écria Otmân. D'un seul coup tu lui as fait son affaire, à c'maquereau !" Il sauta sur Muqallad et le ligota solidement, puis ils les emmenèrent, le jeune Mohsen et lui, rejoindre Husâm El-Dîn, fils de Cornes de Gazelle.

A ce moment, l'aurore était apparue, illuminant les contrées du monde. Baïbars et ses compagnons, après avoir fait la prière, s'assirent pour attendre que le roi soit arrivé au conseil. Voilà pour eux.

Quant au *chahbandar* dont la maison avait été pillée et l'enfant assassiné, il faillit périr de chagrin.

— Que me conseillez-vous, mes amis ? demanda-t-il aux autres marchands.

— Eh, il n'y a pas trente-six solutions, répondirent-ils. Demain matin, nous irons tous ensemble nous plaindre au roi El-Sâleh. S'il couvre Baïbars, nous quitterons tous son pays et nous irons nous installer ailleurs : la terre de Dieu est vaste !

Ils patientèrent donc jusqu'à la venue du jour, puis ils se levèrent tous et s'en furent à la Citadelle. Le sultan se trouvait alors en conseil, entouré des grands et des dignitaires. *Chahbandar* en tête, les marchands pénétrèrent dans la salle, l'air éploré, les vêtements en désordre, se répandant en lamentations. "Accorde-nous Ta protection aux heures de détresse, ô Protecteur ! fit le roi. Châhîn, demande-leur ce qu'ils ont et ce qui leur est arrivé. – Justice, ô serviteur des Lieux saints !" s'écrièrent les marchands.

Le *chahbandar* s'avança :

— O puissant roi, Dieu ne permet pas qu'on nous vole nos biens, qu'on tue nos enfants et qu'on nous enlève nos femmes et nos familles ! Ne sommes-nous pas dans un pays musulman ?

— Dieu punira les oppresseurs, Il est le Seigneur des mondes, répondit le roi. Comment, mes amis, qui donc vous a attaqués et vous a porté tort, que nous lui fassions rendre gorge et lui infligions un châtiment exemplaire ?

— Seigneur, il s'agit de l'être qui t'est le plus cher au monde, du plus proche de tes familiers ; c'est le chef de la police, Baïbars. Hier soir, un peu après la tombée de la nuit, il a attaqué ma maison, il est entré dans le harem et a tué un petit enfant qui n'était pas encore en âge d'être sevré. Il a pillé ma demeure, dépouillé mes amis que voici...

Bref, il rapporta toute l'affaire, telle que nous l'avons déjà racontée aux nobles seigneurs qui nous écoutent. Puis il fondit en larmes au point d'en perdre conscience et se jeta aux pieds du sultan.

A ce moment, le cadi Salâh El-Dîn se leva, le turban frémissant de colère, les yeux révulsés, hurlant :

— Malheur à la religion ! Malheur à l'islam ! La corruption est apparue parmi les croyants ! Baïbars et ses séides ont mérité la mort, et je donne en gage cent chevaux avec leurs cavaliers et dix mille pièces d'or pour combattre dans la Voie de Dieu ! Et toi, Aïbak, t'associeras-tu à moi dans cette œuvre pie ?

— Oui, par Dieu très-grand, répondit ce dernier.

— Eh, attends un peu, cadi ! s'écria le roi. La culpabilité n'est pas encore démontrée ! Laisse-nous juger l'affaire, et après nous ferons comme tu voudras car, j'en jure par la gloire de Dieu, je ne m'écarterai pas d'un pouce de la sainte Loi de Muhammad.

— A Dieu ne plaise, ô serviteur des Lieux saints ! Toutefois, je me permets de signaler à Ta Majesté que Baïbars, non content d'avoir pris à son service tous les mauvais garçons du Caire, y a encore joint les *fidaouis* de la montagne, et cela malgré l'accord formel qui a été conclu avec leur sultan, Jamr[148], au terme duquel il leur est interdit d'entrer dans les villes, tant est grande leur malfaisance et si graves sont les exactions qu'ils font subir aux croyants ; et maintenant, voici que ce coquin de Baïbars, au mépris de la loi, les a appelés ici, dans la capitale, sous l'œil même de Ta Majesté, pour faire les quatre cents coups avec eux ! S'il en est ainsi, je n'accepte plus d'être cadi des musulmans : à Dieu ne plaise que je tolère de les voir humiliés et maltraités de la sorte ! Si Ta Majesté ne prend pas les mesures qui s'imposent, alors par la Science très-noble, j'enfourcherai ma mule et retournerai dans mon pays, en Perse !

— Tais-toi, cadi ! tonna le roi. Attends un peu de voir comment tout cela s'est passé !

Alors que le roi s'apprêtait à envoyer l'un de ses domestiques à la recherche de Baïbars, ce dernier entra dans la salle ; il s'avança, s'inclina jusqu'à terre, fit son compliment.

— Seigneur, dit-il, puisse Dieu te faire jouir éternellement de Ses bienfaits. Que veulent ces *khawâjas* ? Peut-être sont-ils venus se plaindre de moi à Ta Majesté ?

— Malheur à toi, Baïbars ! s'écria le cadi. Coquin, pendard, quels méfaits as-tu encore commis ? Tu leur en voulais encore, hein, à ces braves gens, depuis le jour où tu avais volé l'argent du Khân El-Sabîl ?

— Toi, cadi, prends garde à tes paroles ! rétorqua Baïbars qui savait n'avoir rien à se reprocher. Ai-je été reconnu légalement coupable, pour que tu me traites de la sorte ? Et toi, demanda-t-il au *chahbandar*, de quoi m'accuses-tu, l'ami ?

— Toi et tes hommes, hier, vous avez pillé ma maison et assassiné mon fils.

— Tu es bien sûr que c'est nous ?

— Oui, et ces marchands que voici en sont témoins.

— Mon fils, fit le sultan, est-ce vraiment toi qui as fait cela ?

— Non, par ta vie, ô serviteur des Lieux saints ! En fait, j'ai arrêté les vrais coupables.

Et il lui rapporta tout ce que nous avons dit à propos de Muqallad, de la fille à la tête coupée et de sa mère, et de Husâm El-Dîn, fils de Cornes de Gazelle, et de sa bande. “Amène-les, Otmân !” cria-t-il quand il eut terminé son récit.

Ce dernier entra, suivi des prisonniers. “Salut, boss Sâleh ! La *Fâtiha* pour le Prophète ! Dites bien tous avec moi «ni ceux qui se sont égarés, *amen*[149]». Et qu'est-ce qu'y dit c'maquereau de cadi, hein ? J'vais y faire sa fête, à çui-là. Boss Sâleh, mon frère, y nous aime pas, toi tu l'sais, moi j'le sais, mais le Hâjj Châhoun, c't'andouille, y sait rien du tout ! Vise un peu c'maquereau de Muqallad, saint homme de Dieu !"

Le roi observa Husâm El-Dîn : il vit qu'il s'était grimé de façon à ressembler à Baïbars et que ses compagnons étaient également déguisés ; ils avaient encore leurs ballots qui contenaient les biens des marchands.

— Oui, s'écria le *chahbandar*, ce sont bien eux les coupables !

— Eh bien alors, mon ami, pourquoi portes-tu de fausses accusations contre mon fils ? dit le roi.

— Seigneur, que Ta Majesté daigne regarder : comment distinguer entre eux et les hommes de Baïbars ? Quand ils sont entrés chez moi, il faisait nuit ; nous avons cru que c'était Baïbars et ses hommes.

Il s'approcha de Baïbars, le prit dans ses bras et le baisa au front, disant : "O émir, le pardon est la marque des hommes généreux. Ne me tiens pas rigueur de ce que j'ai dit sur ton compte, par le salut éternel de ton père." Baïbars leur pardonna de bon cœur, ils récupérèrent leurs biens et se retirèrent.

— Eh bien, mon fils, demanda alors le roi, que comptes-tu faire de ces misérables ?

— Seigneur, c'est à toi d'ordonner, et à nous d'obéir.

— Mon fils, intervint le cadi, que Dieu te protège ! Par la Science très-noble, tu es vraiment l'enfant chéri de ce règne. Quant à ces canailles, elles ont mérité d'être crucifiées. Prends-les et mets-les à mort.

— Cadi, fit le roi, tu n'as vraiment pas l'air de savoir ce que tu veux !

— Tu as raison, seigneur… mais, que veux-tu, nous ne pouvons juger que selon les apparences.

Baïbars se retira de la salle du conseil, emmenant les prisonniers. Il en fit crucifier vingt à Remeileh et Qaramidân, les autres étant dispersés dans les principales artères de la ville. Il fit également pendre Muqallad à la porte de sa maison et mettre à mort son serviteur Mohsen. Quant à Husâm El-Dîn, il l'envoya au village dont il venait, et le fit crucifier là-bas ; il donna son palais et ses biens à la femme, pour prix du sang de sa fille. Tous les habitants du Caire le couvrirent de bénédictions.

Cela fait, il alla s'acquitter de ses obligations d'hôte envers les deux *fidaouis*.

— Emir, lui dirent ces derniers, nous te prions de nous bailler congé, attendu que notre oncle le capitaine Sulaymân est à nous attendre. Il nous a ben dit de point tarder et j'm'étions déjà mis en retard, tant que ta seigneurie nous a comblés de ses bienfaits et de sa générosité !

— Que me dites-vous là mes amis ! se récria Baïbars. Cela me fait grand plaisir de vous voir et, pour ce qui est de votre oncle, sachez que je lui ai écrit depuis longtemps pour l'avertir de votre présence ici. Je ne vous laisserai partir que sur ordre de votre capitaine, Kâmel.

— Ah malheur ! s'écria Otmân. Non mais écoute, soldat, laisse-les ficher le camp d'ici. Si ça se trouve, y z'ont des choses à faire, tu vas les vexer et vexer le cheikh des Buffles. Eh mon frelot, ces gars-là, y bouffent comme dix, par le Prophète, y vont te ruiner !

— Tais-toi, imbécile ! fit Baïbars. Ils vont encore croire que tu parles sérieusement. Combien de fois je t'ai dit de ne plus leur faire ce genre de blagues !

— Eh non, mon frelot, par la vie du Prophète, je blague pas du tout, je parle sérieusement ! Allez, laisse-les partir.

— Ah ah ! cré jean-foutre d'Otmân, j'pouvions plus nous passer de la compagnie du *khawand* Baïbars. Désormais, pour te faire plaisir, j'le quitterons plus !

— Jean-foutre vous-mêmes ! s'écria Otmân pendant que les autres se tenaient les côtes. Allez vous faire voir ! Par la vie du Prophète, tu parles d'un plaisir !

Les *fidaouis* restèrent donc quelque temps ; ils ne quittaient jamais Baïbars, ni le jour ni la nuit : ils mangeaient et buvaient ensemble et dormaient dans la même chambre.

Pauvre cheikh Abdallah !

Un beau jour que Baïbars était assis à la porte du sérail de Bâdîs, entouré d'Otmân et des deux Saqr, ils virent arriver un vieil homme à longue barbe blanche, suivi d'une jeune homme d'une quinzaine d'années, beau comme le clair de lune et d'un maintien fort distingué, qui conduisait deux mules lourdement chargées. Le vieil homme s'avança vers Baïbars, le salua et lui dit :

— Mon fils, tu es bien l'émir Baïbars, fils de Dame Fâtmeh, fille d'El-Aqwâssi, la Dame de Damas[150] ?

— Oui, mon père, sois le bienvenu. Qui es-tu ?

— Mon fils, je t'apporte une lettre qui te fera savoir qui je suis.

Il sortit de sa poche une lettre enveloppée d'un morceau de brocart vert, la baisa et la tendit à Baïbars. Celui-ci rompit le sceau et lut, après les formules d'usage :

"De la main de Dame Fâtmeh, Dame de Damas, à mon fils bien-aimé l'émir Mohammad[151] Baïbars, puisse le Créateur l'avoir en Sa garde !

Mon fils,

J'ai l'honneur de te faire savoir qu'en cet an de grâce est arrivé chez nous le cheikh Abdallah El-Balkhi et son fils Hasan. Ils sont originaires de la contrée de Balkh et de Boukhara. Ils ont ouvert boutique dans la ruelle du Marché-au-Coton et se sont mis fabricants de sirops et de pâtes de fruits. Ils se sont montrés d'une telle probité et d'une telle compétence dans leur métier qu'ils ont fait perdre leur clientèle aux fabricants de sirops qui étaient installés chez nous : tous les habitants de la ville se pressaient chez eux. Leurs collègues, mécontents, ont suborné Charaf El-Dîn[152] et lui ont versé des pots-de-vin, afin qu'il les expulse. Celui-ci a envoyé ses soldats fermer leur boutique, pour la plus grande joie de leurs ennemis.

Quant à moi, mon fils, j'étais cliente chez eux. Le cheikh Abdallah s'est rendu plusieurs fois chez moi, au palais ; son honnêteté m'a plu, et je l'ai recommandé à mes connaissances. Lorsque ce malheur lui est arrivé, il est venu me voir et m'a appris comment ses collègues l'avaient traité, et comment Charaf El-Dîn avait fait fermer sa boutique. J'en ai été fort affectée ; ne sachant que faire, je te les ai envoyés, en leur confiant deux charges de fruits secs de Damas qui te sont destinées ; puissent-elles te faire grand bien.

Je te prie, mon fils, par égard pour moi, de les prendre sous ta protection ; tout ce que tu pourras faire pour eux, ce sera comme si tu le faisais pour moi. Salut."

L'émir Baïbars souhaita alors la bienvenue au cheikh Abdallah et à son fils. "Mon père, lui dit-il, ta venue est une bénédiction pour nous." Il ordonna de les installer dans l'appartement des hôtes, où il les traita avec les plus grands égards trois jours durant. Le quatrième jour, il alla trouver le cheikh Abdallah.

— Mon père, lui dit-il, si tu as l'intention de reprendre ton ancien métier, je te chercherai une boutique ; si tu as l'intention de faire autre chose, je m'occuperai également de ton installation.

— Mon fils, l'homme n'est bon qu'à suivre son métier, l'art qu'il pratique depuis son enfance. Je te prierai donc de me faire trouver une boutique dans l'une des grandes rues du Caire. Nous nous occuperons alors de gagner notre vie, en demandant l'aide du Seigneur, dispensateur de tous bienfaits.

Alors, l'émir Baïbars fit venir l'un des domestiques et lui ordonna de parcourir la ville avec le cheikh Abdallah ; lorsque ce dernier trouverait un local à sa convenance, il devrait s'enquérir de ses propriétaires et retourner en avertir son maître. Le domestique s'en fut donc avec le vieil homme ; ils arpentèrent les principales rues du Caire, et finirent par arriver à un souk nommé Souk El-Gamalôn. Ils y aperçurent une boutique fort spacieuse mais qui semblait à l'abandon depuis longtemps. "Mon fils, dit le cheikh Abdallah au domestique, cet endroit me convient ; je voudrais la remettre en état car le quartier me plaît."

Le domestique se mit donc en quête du propriétaire, posa des questions à gauche et à droite, et on finit par le lui indiquer : c'était un pauvre bougre qui n'avait pas le sou. Il alla le chercher et l'amena à Baïbars, à qui il apprit toute l'affaire. "Eh bien, mon oncle, dit ce dernier au propriétaire, es-tu d'accord pour me vendre ton local, de ton plein gré ? – Mon fils, répondit l'autre, je t'en fais cadeau, si on peut appeler ça un cadeau ! L'endroit est à l'abandon depuis le temps de mon père, je n'en tire pas un sou, et de toute façon je n'ai pas de quoi le remettre en état."

Baïbars le paya cependant, en lui donnant un prix supérieur à ce qu'aurait valu le local s'il avait été en état. Et, sans plus attendre, il fit venir des maçons et leur ordonna de reconstruire le bâtiment et de l'aménager. "Vous ferez tout ce que vous dira le patron", leur dit-il. Il leur fournit en outre les matériaux.

Les maçons se mirent aussitôt au travail, ils creusèrent les fondations. "Les enfants, intervint le cheikh Abdallah, je voudrais que vous ménagiez une cave sous la boutique et que vous construisiez une pièce d'étage au-dessus, à laquelle on puisse accéder de l'intérieur du magasin, pour que nous y habitions. Quant à la cave, j'y garderai mes sirops au frais afin qu'ils ne tournent pas, car Le Caire est une ville torride."

Ils exécutèrent tout ce qu'il avait demandé ; ils terminèrent la construction, passèrent l'enduit et peignirent la boutique. Baïbars vit le travail et fut fort satisfait ; il récompensa dignement les compagnons, puis il envoya cinq quintaux de sucre au cheikh Abdallah et prit tous les frais d'installation à sa charge. Le cheikh aménagea somptueusement sa boutique, acheta des verres et des récipients, et commença à fabriquer ses sirops et ses pâtes de fruits, pendant que son fils, Hasan, s'occupait de faire marcher le commerce.

Nous avons dit qu'il était fort joli garçon. Un foulard de soie rayé autour des reins, les manches relevées, laissant paraître des avant-bras semblables à deux tiges d'argent pur, il attirait tous les habitants du Caire, qui venaient en foule au magasin pour le contempler. Baïbars leur rendait fréquemment visite.

Le traquenard

Un beau jour, il expédia les patrouilles, les mettant sous les ordres de Saqr El-Lawlabi, Saqr El-Hajjâm, Harhach, Oqereb, le Fils de la Grande, chacun à la tête de son détachement. Après leur départ, il dit à Otmân :

— Qu'en penses-tu, toi qui es si malin : est-ce qu'il reste des mauvais garçons au Caire, ou ont-ils disparu ?

— Soldat, Le Caire, c'est une femelle toujours pleine et toujours en gésine. Les truands, ça manque pas !

— Frère, cette nuit j'ai envie que nous allions faire une inspection, tous les deux, bien déguisés : s'il reste des bandits, ils ne se cacheront pas en nous voyant et nous leur mettrons peut-être la main au collet.

— D'accord.

Ils se déguisèrent donc et prirent l'aspect de paysans débarqués de leur village, puis s'en allèrent faire leur tournée. Ils déambulèrent toute la nuit ; peu avant l'aube, ils arrivèrent à un carrefour.

— Frère, dit Baïbars à Otmân, prends donc par ici, moi je prendrai par là ; nous nous retrouverons à la conciergerie.

— Soldat, j'ai peur pour toi, par la vie du Prophète ! C'est Le Caire, ici, l'ami !

— Celui qui craint Dieu n'a rien à craindre des hommes, répondit Baïbars. J'irai sous la protection du Seigneur.

Ils se séparèrent donc. Otmân marcha jusqu'à l'aube puis s'en revint à la conciergerie : l'émir Baïbars n'était pas encore arrivé. Il interrogea les truands qui se trouvaient là. "Nous ne l'avons pas aperçu depuis que vous êtes sortis ensemble", répondirent-ils. Otmân pensa qu'il était peut-être allé au hammam faire sa toilette, et il attendit que les patrouilles reviennent.

A ce moment, la matinée était déjà bien entamée et Baïbars n'était toujours pas revenu. Otmân commença à s'inquiéter sérieusement ; il alla demander à Saqr El-Lawlabi :

— Dis donc, Lesboules, mon frère, t'as pas vu l'soldat ? Tu sais pas où c'est qu'il est allé ?

— Ben pour ça non, par ta vie, Otmân ! Depuis qu'on est parti d'ici, j'l'avions seul'ment point vu. Où a-t-y donc pu passer ?

— Ah malheur ! Eh, les fils de Haydab, mes frères, allez donc chercher l'soldat, ou j'vous rectifie, par le Prophète !

Les soldats, les truands, les deux Saqr et Otmân s'en furent donc patrouiller dans les rues du Caire ; mais ils eurent beau fouiller partout, ils ne trouvèrent pas trace de Baïbars et revinrent bredouilles et Gros-Jean comme devant. Otmân se frappait les joues en pleurant : "Tel que c'est parti, les gars, y l'ont buté, l'soldat Nénars !" Et il se mit à courir en cercle dans la cour du palais, criant : "Réjouissez-vous, fils de Khunfus ! Dansez, fils de Rihân ! Pleurez, fils de Haydab ! Hélas, pauvre *osta* Otmân, te voilà orphelin ! Dites les gars, mais où c'est donc qu'il a pu passer, le soldat ? – Te frappe donc point, mon gars, lui dirent les deux Saqr, on finira ben par le retrouver. P't'êt' ben qu'il avait quèque affaire à régler. C'te nuitée on ira tous quérir de ses nouvelles. Autrement, faudra ben aller prévenir le roi Sâleh."

De plus en plus inquiets, ils attendirent le soir. Ils expédièrent les soldats et les truands comme d'habitude. "Et toi, Fleur des Truands, dirent les deux Saqr à Otmân, à quel endroit t'es-tu séparé du soldat ?" Il leur montra : "C'est par là qu'il est parti, frères, et moi je suis passé par ici. – Bon, eh bien toi, tu vas rejoindre les patrouilles, et nous, j'allions fouiller la rue."

Otmân se sépara donc d'eux et ils se mirent à fouiller partout, pénétrant dans toutes les ruelles. Voilà pour eux. Quant à Otmân, il s'en revint un peu avant l'aube à la conciergerie pour attendre les *fidaouis* ; au lever du soleil, ils n'étaient pas encore revenus, eux non plus ! "Ah ben bravo, dit Otmân, v'là qu'les deux Saqr reviennent pas. Eh ben alors, les gars, où c'est qu'y sont passés, Lesboules et son frère ? – Alors là, on en sait rien, Fleur des Truands !" répondirent-ils.

Il dispersa donc les hommes dans les rues du Caire ; ils revinrent au milieu de l'après-midi après avoir tourné dans toute la ville : ils n'avaient rien trouvé. Otmân, fou d'inquiétude, s'en fut à la Citadelle et pénétra dans la salle du conseil, se répandant en lamentations.

— Accorde-nous Ta protection à l'heure de l'épreuve, ô Protecteur, dit le roi.

— Boss Sâleh, mon frère, le soldat y l'ont crevé les salauds, lui et les deux Buffles, Lesboules et son frère ! Eh, boss Sâleh, rappelle-toi le sucre de Banha et le gueuleton qu'tu t'es tapé chez nous, à l'œil. Boss Sâleh, mon frère, pas vrai que Baïbars est comme ton fils, l'ami ?

— Comment, mon garçon, qui s'est attaqué à ton frère Baïbars ? Comment as-tu fait ton compte pour le perdre ?

Otmân lui rapporta tout ce que nous avons déjà dit aux nobles seigneurs qui nous écoutent. Pendant ce temps, le cadi faisait semblant de se désoler ; il frappait une main contre l'autre et disait au roi :

— O Commandeur des croyants, il faut procéder à une fouille générale pour retrouver sa trace.

— Mon garçon, dit le roi à Otmân, va-t'en le chercher : peut-être le retrouveras-tu. Reviens vite nous tenir au courant.

A ce moment, le roi poussa un cri perçant et tomba en extase. Il resta un long moment plongé dans sa méditation, puis revint à lui en prononçant le nom de Dieu.

— Châhîn ! fit-il enfin.

— Me voici devant toi, à ton service, ô Commandeur des croyants.

— Sied-il, vizir, que tu abandonnes ce pauvre garçon à son sort ? Ne sais-tu pas que ce qui doit arriver arrivera ?

[Le transmetteur a dit :] Puis le roi se tourna vers Otmân.

— Eh toi, vieux renard, dit-il, c'est toi qui as perdu Baïbars, c'est à toi de le retrouver et à personne d'autre. Si tu prétends que tu n'en es pas capable, alors j'irai le chercher moi-même !

— Reste donc tranquillement ici, boss Sâleh ! Par le Prophète, j'vais le chercher.

Otmân attendit jusqu'au soir ; les patrouilles se dispersèrent, sous le commandement de Harhach, d'Oqereb et des autres lieutenants de Baïbars. Alors, Otmân se mit à arpenter les ruelles du Caire ; vers le milieu de la nuit, après avoir beaucoup marché, il arriva au petit souk El-Gamalôn. Passant par hasard devant la boutique du cheikh Abdallah El-Balkhi, il aperçut la porte ouverte, la lumière allumée, et le patron debout sur le pas de la porte.

— T'es encore ouvert, cheikh Abdallah ? Qu'est-ce qui se passe ? lui demanda-t-il.

— Salut, mon garçon ! Eh bien figure-toi que cette nuit, je n'arrive pas à m'endormir. J'ai rouvert le magasin, sachant que mon fils Baïbars contrôle parfaitement la ville : à part lui et ses hommes, personne ne se promène plus la nuit. Mais entre donc te reposer, mon garçon, tu m'as l'air fatigué. Au fait, ton frère Baïbars n'est pas avec toi ?

— Ah ben v'là aut' chose ! Eh, l'ami, tu sais pas qu'le soldat a disparu ça fait deux jours, et ses frères les deux buffles aussi ? A l'heure qu'il est, j'suis en train d'le chercher.

A ces mots le cheikh Abdallah se frappa le visage.

— Ah, malheur ! s'écria-t-il. Tu dis la vérité, mon fils, ou tu plaisantes ?

— Ah ben oui, tu parles qu'y a d'quoi rigoler ! Ça s'est passé comme ça, par le Prophète. Mais toi, cheikh Abdallah, tu l'aurais pas vu, des fois ?

— Non, mon garçon. Il y a quatre jours, il est passé chez nous dans la journée, il est resté un moment, puis il est reparti. Mais entre donc te reposer un moment, le temps que j'enfile mes vêtements. Ensuite, nous partirons ensemble à sa recherche.

Il se mit donc en devoir de s'habiller ; Otmân entra et s'assit dans la boutique. Le jeune Hasan s'approcha de lui et lui offrit un verre de sirop. "Tiens, mon frère, bois, lui dit-il, ça te rafraîchira le cœur et te reposera l'esprit."

Otmân prit le verre et le contempla d'un air soupçonneux.

— Qu'est-c'est qu'ça, mon p'tit pote ?

— Seigneur, c'est du sirop de sucre parfumé au musc et à l'ambre.

— Ouais, j'le connais, ton sucre ! Y a d'la confiotte là-d'dans, pas vrai mon pote ?

— Pardonne-moi, seigneur ! De quelle confiture me parles-tu ? Par ta vie, c'est du sucre raffiné de premier choix, il n'y a rien d'autre dedans ! Qui est-ce qui fait du sirop avec de la confiture ?

— Tu t'paies ma tête, p'tit pédé ? J'te parle d'la confiotte qui fait tourner la tête et pis d'un coup t'as sommeil, tu t'endors et tu tires la langue comme ça.

— Mais non, chef ! Ce truc-là, on le connaît pas et on s'occupe pas de ça !

— Bon, alors tu vas boire avant et moi j'boirai après.

— Ecoute, frère, franchement, les sucreries, ça me lève le cœur. Forcément, à force de les voir toute la journée devant moi…

Alors, Otmân, posant le verre à terre, appliqua au jeune homme une gifle plus cuisante que ne l'est à l'amant le jour de la séparation. L'autre alla rouler à terre pendant qu'Otmân, se retournant contre le cheikh Abdallah, l'abattait d'un coup de son gourdin. Il revint vers Hasan, s'assit sur sa poitrine et lui posa son poignard sur la gorge.

— Fils de pute, tu vas voir ta gueule ! Alors, comme ça tu voulais m'fourguer ta confiotte ?

— Grâce, Fleur des Truands ! Je me rends à ta merci, lâche-moi et je te livrerai Baïbars et ses hommes.

— Ah ben bravo ! Ah sale petit pédé, il est où l'soldat ?

— Il est ici, dans la cave.

Ils descendirent l'escalier ; Otmân alluma une lanterne et aperçut Baïbars et les deux Saqr, couverts de chaînes et en bien piteux état. "Sois le bienvenu, frère bien-aimé, fidèle compagnon !" s'écria Baïbars.

Un coup tordu

[Le transmetteur a dit :] Nobles seigneurs, priez sur celui qui a l'éclat de la lune en son plein, sur la lampe qui nous guide dans l'obscurité, le prophète du Seigneur omniscient, que la prière de Dieu et Son salut soient sur lui chaque fois que roucoule la colombe. Le fin mot de cette affaire était que lorsque l'émir Baïbars avait récupéré l'argent volé au Khân El-Sabîl et pendu Zaghawîl et ses compagnons à l'arbre de fer, le cadi avait envoyé son famulus, le cheikh Mansour, porter un message au château de Zaghawîl. Celui-ci, arrivé à destination, s'était présenté devant celui qui, dans cette histoire, se fait appeler le cheikh Abdallah El-Balkhi mais qui, en réalité, se nommait El-Salîb[153] et qui était le père de Zaghawîl. Celui-ci prit la lettre, rompit le sceau et lut :

"Du grand-prêtre et suprême pontife des *Cristiani* à mon *figlione* Abd El-Salîb."

La suite lui apprenait ce qui était arrivé à son fils et à ses quatre-vingts compagnons, puis précisait :

"Tu te rendras à Damas, où tu te feras indiquer la ruelle du Marché-au-Coton. Il habite là une dame de la haute société. Tu t'arrangeras pour t'en faire bien voir : ainsi, lorsque tu iras au Caire, tu en obtiendras une lettre de recommandation pour son fils Baïbars. Tu n'auras pas de mal, alors, à trouver une occasion de t'emparer de lui. Tue-le, vengeant la mort de ton fils et lavant la tache faite à ton honneur. Sache que ce que j'ai ôté à la vie de ton fils Zaghawîl, je l'ai ajouté à la tienne. Sois tranquille : j'ai étendu sur toi les bénédictions de mes ancêtres et je t'accompagne partout de ma protection."

A cette lecture, Abd El-Salîb pleura son fils, puis sans plus attendre, il se mit en devoir d'accomplir l'ordre qu'il avait reçu. Il prit avec lui son fil cadet, le jeune homme qui se faisait appeler Hasan mais qui se nommait en réalité Mitri[154], et descendit à Damas où il loua une boutique, près du palais de Dame Fâtmeh, et fabriqua des sirops et des pâtes de fruits. Comme il s'entendait parfaitement à ce métier et pratiquait des prix doux, tous les habitants de la ville se rendaient chez lui en foule, et sa réputation parvint à Dame Fâtmeh qui prit l'habitude de se fournir en sirops chez lui. Il lui adressait ses meilleures marchandises au plus bas prix si bien que, le voyant si généreux, elle lui envoyait chaque soir un plateau garni de mets. En outre, elle faisait laver ses vêtements par ses servantes, et ses domestiques avaient l'ordre de prendre soin de lui et de son fils en toutes choses.

Peu de temps après, les marchands de sirops, ses collègues, se mirent à murmurer contre lui. Ils rassemblèrent une certaine somme d'argent et allèrent se plaindre au gouverneur Charaf El-Dîn qui fit fermer sa boutique et lui interdit de travailler. Or, c'était précisément l'objectif de ce sinistre personnage ; il se lamenta aussitôt auprès de Dame Fâtmeh et lui raconta le mauvais tour que lui avaient joué ses collègues.

— Mon pauvre ami, dit-elle, ce Charaf El-Dîn est un vrai tyran ! Si tu le désires, je puis t'installer commerçant en tissus et t'appuyer de mon crédit.

— Que Dieu multiplie tes biens, Dame, mais j'ai plutôt l'intention d'aller au Caire chercher fortune. Car il y a là-bas un roi juste et je ne crois pas que personne vienne nous chercher noise.

— Voilà qui est bien réfléchi, cheikh Abdallah. Et, justement, j'ai un fils qui vit là-bas ; il se nomme Baïbars et occupe une place importante au service du sultan : il est chef de la police. Si tu es décidé à émigrer au Caire, je te donnerai une lettre de recommandation pour lui, et personne ne pourra s'en prendre à toi, puisque tu seras l'un de ses protégés.

A ces mots, Abd El-Salîb se jeta à ses pieds, disant : "Dame, tu m'as comblé de tes bienfaits. Puisse Dieu ne jamais te priver de ce jeune homme par la bénédiction de Muhammad !"

Dame Fâtmeh rédigea la lettre et la lui confia, ainsi que deux charges de fruits secs de Damas, en guise de présent. Il se joignit à une caravane, accompagné du jeune Mitri, arriva au Caire, se présenta à Baïbars et fit creuser cette cave pour mener à bien son plan.

La nuit où Baïbars s'était séparé d'Otmân, il était passé devant la boutique de ce misérable et l'avait trouvé debout sur le pas de la porte.

— Eh bien, mon père, lui avait-il dit, tu n'as pas encore fermé boutique ?

— Eh non, mon garçon ! Il y a quelques notables de la ville qui m'ont commandé des sirops et des pâtes de fruits, et nous nous relayons pour les attendre, avec ton serviteur, mon fils Hasan. Mais entre donc te reposer un instant, en attendant l'aurore, poursuivit le fourbe personnage.

Baïbars entra et s'assit ; Abd El-Salîb fit un signe convenu à Mitri, qui lui offrit un verre de sirop drogué au *benj*. Baïbars le prit et le but d'un trait ; aussitôt ses narines se pincèrent, ses yeux se voilèrent, il fut pris de convulsions et roula à terre. Abd El-Salîb le ligota et le descendit à la cave où il le mit aux fers ; après quoi, il lui donna l'antidote du *benj*. Baïbars revint à lui en prononçant le nom de Dieu ; il se vit tout empêtré de liens et de chaînes.

— Malheur à toi, cheikh Abdallah ! s'écria-t-il. Pourquoi me traites-tu de cette façon ?

— *Marfous !* Il n'y a pas de cheikh Abdallah : celui que tu vois devant toi n'est autre qu'Abd El-Salîb, le père de Zaghawîl que tu as fait empaler avec ses compagnons sur l'arbre de fer. Ah, *kanayes*[155], tu croyais que je n'oserais pas le venger ?

— Je te crache à la figure, espèce de porc ! Crois-tu qu'un minable comme toi puisse quelque chose contre moi ? Il y a deux *fidaouis* derrière moi qui n'ont pas leur pareil en matière de ruse ; ils se mettront sûrement à ma recherche et ils me libéreront. Alors tu verras de tes yeux ton propre malheur et ta propre destruction !

L'ignoble Abd El-Salîb éclata d'un rire sardonique. “Par la protection des aïeux de sa béatitude Jaouane, s'écria-t-il, je les ferai prisonniers, eux aussi, et je vous mettrai à mort tous les trois le même jour !”

Sur ce, il le quitta, et rabattit la trappe. Le lendemain, comme nous l'avons dit, les compagnons de Baïbars s'inquiétèrent de son absence et les deux Saqr s'en furent à sa recherche. Chemin faisant, ils passèrent eux aussi devant la boutique. Abd El-Salîb les accueillit chaleureusement et leur demanda de leurs nouvelles ; ils lui apprirent la disparition de Baïbars, ce dont il feignit d'être désolé, il fit signe à son fils qui leur apporta deux verres, il les drogua, les descendit dans la cave auprès de Baïbars, les réveilla au moyen de l'antidote du *benj*.

— Malheur à toi, *marfous* ! dit-il alors à Baïbars. Eh bien, tu vois, ces deux hommes dont tu me menaçais, c'est moi qui les ai faits prisonniers.

— Maudit païen ! beugla Saqr El-Lawlabi. Que l'bon Dieu maudisse tous les sournois comme toi ! Mais tu peux rien contre nous, attendu que derrière nous y a la Fleur des Truands du Caire, Otmân. Attends un peu chien d'maudit, tu vas voir c'qui va t'arriver !

— Par ma religion, jura Abd El-Salîb, je ne vous tuerai que quand Otmân sera ici avec vous !

La nuit suivante, il tendit son piège pour Otmân ; mais celui-ci, lorsqu'il arriva chez eux et qu'ils tentèrent de le faire prisonnier, reçut une inspiration du Seigneur : il faut dire qu'Otmân était sous la protection de la Dame très-pure, celle dont l'aïeul est le prophète de Dieu. De surcroît, ce jour-là, il bénéficiait de la protection d'El-Sâleh Ayyoub. C'est pourquoi il avait agi ainsi.

Il ligota donc les deux misérables, descendit rejoindre les prisonniers, les délivra de leurs liens et les fit sortir de la cave.

— Que l'nom du bon Dieu soit sur tes bras, not' compère ! s'écria Saqr El-Lawlabi. C'est un vrai miracle que tu nous as fait là, qu'il n'arrive point malheur à toutes les maisons où tu seras ! J'sommes témoins qu't'étions ben l'plus dégourdi des dégourdis !

— Mais, frère, demanda Baïbars, comment as-tu su que nous étions emprisonnés chez ce misérable ?

— Soldat, soldat, j'suis Otmân, j'suis pas un guignol ! Eh, l'ami, ma Dame, c'est la Très-Pure, et "protégé des gens d'honneur onques ne souffre malheur". L'bon Dieu m'a soufflé à l'oreille qu'ce salopard était peau d'gland comme le cadi, et qu'c'était lui qui vous avait monté c'coup-là.

— Gloire à Dieu, par la bénédiction des Justes[156], fit Baïbars.

Ils firent sortir les deux malfaiteurs, fermèrent la boutique à clé et s'en furent à la conciergerie, où leurs compagnons furent bien contents de les revoir.

Le lendemain, à l'heure où le roi arrivait au conseil, ils emmenèrent leurs prisonniers à la Citadelle. A ce moment même, le roi disait à son vizir : "Hâjj Châhîn, à ton avis, le cheikh Otmân a trouvé Baïbars ou non ? – *Efendem*, seul Dieu connaît les secrets de l'avenir. Mais, ô serviteur des Lieux saints, c'est une affaire inouïe ; par ta vie, je n'ai pu fermer l'œil de toute la nuit tant j'étais inquiet pour ce pauvre garçon."

A peine avait-il achevé ces mots que le rideau fermant l'entrée s'écarta ; Otmân pénétra dans la salle, suivi des autres.

— Salut à vous, boss Sâleh, mon frère ! s'écria-t-il. J't'amène le soldat Nénars, et puis Lesboules avec tous les buffles ! Le coupable, c'est c'maquereau. L'est peau d'gland comme le cadi, l'aubergine pas décalottée. C'est l'dabe à Zaghloûl[157].

— Où est Baïbars, mon garçon ? demanda le roi.

— Il arrive, il arrive, y m'suit.

Quelques instants plus tard, l'émir Baïbars entra, s'inclina devant le roi, lui fit les compliments d'usage, fit approcher Abd El-Salîb et son fils Mitri, et apprit au roi ce qui lui était arrivé, à lui et aux *fidaouis*.

— Malheur à toi, chrétien, lança le sultan à Abd El-Salîb, pourquoi as-tu agi ainsi ? Le sort de ton fils Zaghawîl ne t'avait donc pas suffi de leçon ?

— O *rey*, j'ai agi sur l'ordre de quelqu'un à qui je ne puis désobéir ; quand bien même il me dirait de me jeter dans le feu, je le ferais.

— Et qui est cet homme dont tu parles ?

— C'est un prêtre chrétien, le *rey pappa* Jaouane !

— Mon garçon, demanda alors le roi à Baïbars, tu ne sais toujours pas qui est ton mystérieux ennemi ?

— Pardonne-moi, seigneur, par ta vie je ne sais pas qui c'est ; voilà bien des jours que je n'ai pas entendu parler de lui.

— Et toi, cadi, ce Jaouane, tu n'as toujours pas réussi à savoir où il se cache ?

— Pardonne-moi, seigneur, répondit ce dernier ; c'est un homme fourbe et rusé. Sans doute se trouve-t-il dans le pays des Francs, au fond de quelque monastère ou de quelque église. Que Dieu le maudisse et le fasse périr !

— Eh bien, mon ami, reprit le roi à l'adresse d'Abd El-Salîb, pour cette fois, que Dieu te pardonne ce que tu as fait. Dis simplement : "J'atteste qu'il n'est de divinité, etc." et je laisserai mon fils Baïbars t'accorder ta grâce. Ainsi, tu prospéreras et dans ce monde et dans l'autre ; tu auras les mêmes droits et les mêmes devoirs que nous.

— Jamais de la vie, ô roi ! répondit Abd El-Salîb.

Forcément, il était chrétien, ainsi que son père et tous ses aïeux ; en plus, il approchait des soixante-dix ans, ce n'était plus le moment ! Comme on dit : "Il n'y a pas de plus entêté qu'un vieil imbécile."

"Que Dieu te maudisse, misérable fourbe ! tonna le cadi. Emmène-le, mon fils Baïbars, et mets-le à mort, ce mécréant ! A quoi bon le laisser vivre ?"

Ils proposèrent ensuite au jeune homme de se convertir à l'islam ; il accepta et fit une conversion véridique et sincère, car son salut avait été décrété par Dieu. Par la suite, il fut circoncis, et Baïbars lui donna pour nouveau nom Hasan, et pour surnom Yalbak ; il le prit chez lui en qualité de *khazindar*. Il devait conserver ce rang jusqu'à la mort d'El-Zâher[158], veillant sur ses biens et ses trésors. Voilà pour ceux-ci.

Quant au cadi, il faillit en crever de rage. Quelques jours plus tard, Aïbak le prit à part et lui demanda :

— *Efendi*, qu'est-ce que je vais faire à propos de ce petit pédé, cet esclave marron de Baïbars ? A cause de lui, mon souk périclite, la plupart des boutiques ont fermé et, chaque fois que je le vois au conseil, je brûle à petit feu. Est-ce que tu ne m'avais pas promis de m'aider contre lui[159] ?

— Mon cher ami, que puis-je contre un homme béni par le Roi des cieux ? Le roi l'a pris en affection et toutes les combinaisons que nous avons montées contre lui se sont retournées à son avantage. Enfin, par égard pour toi, j'essaierai de t'aider. Où est ton neveu Qaradjaq le *mohtasib* ?

— Il est ici.

— Amène-le-moi ; j'ai un plan. Seul ton neveu est en mesure de ruiner le souk de Baïbars.

Aïbak envoya donc un domestique chercher Qaradjaq ; celui-ci arriva, baisa la main du cadi et lui dit :

— Je suis à tes ordres, maître.

— Mon fils Qaradjaq, pourquoi ne vas-tu pas inspecter les boutiquiers du souk de Baïbars ?

— *Efendi*, depuis qu'il a aménagé ce souk, je n'y ai pas mis les pieds, d'abord par égard pour l'émir Baïbars et ensuite parce que tout le monde dit le plus grand bien des boutiquiers, de leurs poids et de leurs marchandises. Pour toutes ces raisons, je n'avais aucun motif de leur chercher noise.

— Mon fils, tout cela est bel et bon, mais ton oncle que voici est décidé à ruiner le souk de Baïbars qui fait péricliter le sien. Ce que nous te demandons, c'est d'y aller tous les jours, de les contrôler, de leur donner la bastonnade et de toujours trouver quelque chose à redire : si les marchandises sont de bonne qualité, tu diras qu'elles sont avariées, si les poids sont justes, tu diras qu'ils sont au-dessous de la norme légale. Je te donnerai une balance spéciale et t'apprendrai à t'en servir : tout ce que tu y pèseras paraîtra plus ou moins que son poids, selon la façon dont tu la manipuleras, et tout le monde n'y verra que du feu.

Le cadi envoya aussitôt son famulus, le cheikh Mansour, à son palais pour qu'il en rapporte la fameuse balance. Il l'avait lui-même trafiquée spécialement pour l'occasion, car il avait toujours une fourberie d'avance, lui dont l'unique souci au monde était de détruire Baïbars. Il en enseigna donc le maniement à Qaradjaq qui l'assura de son obéissance ; après quoi, il enfourcha sa mule, quitta le palais d'Aïbak et s'en retourna chez lui, espérant que, cette fois-ci, il arriverait à ses fins.

Le lendemain de bon matin, Qaradjaq se rendit au conseil et se plaça parmi les officiers chargés de l'ordre public. Lorsque le roi leur donna congé, ils se dispersèrent, Qaradjaq comme les autres, et il redescendit vers la ville.

— Où comptes-tu nous emmener, notre agha ? lui demandèrent ses subordonnés.

— Au souk de Baïbars.

— Eh, seigneur, tu n'as donc pas vu ce qui est arrivé au chef de la police, Hasan Agha, quand il s'en est pris à ce souk ? Ça a été sa perte et son malheur ! Crois-nous, laissons-les tranquilles.

— Bande de crétins ! Quel rapport entre moi et le chef de la police ? Il n'a qu'une autorité de fait, mais j'ai une autorité de droit[160]. Allez, en avant et pas tant de bavardages, on ne vous a rien demandé !

Les autres se turent, n'osant pas discuter davantage. Ils arrivèrent au souk ; Qaradjaq avait confié la balance et les poids à l'un de ses hommes. "Dis donc, Hâjj T'îmeh, dit le chef du marché, le Hâjj Mohammad, à son voisin, v'là l'*mohtasib*, comme qui dirait qu'y vient nous contrôler ? – Eh, que la peste l'empoisonne, le *mohtasib* ! répondit le Hâjj T'îmeh. On a rien à craindre de personne. Par la grâce de Dieu, nos marchandises sont excellentes et nos poids exacts. Il a rien à nous dire."

Qaradjaq s'avança vers la première boutique, à l'entrée du souk. "Eh toi, l'homme, fais voir un peu ta marchandise ! ordonna-t-il au propriétaire. – La voici devant toi, seigneur, vois." Il prit un peu de beurre clarifié dans sa main, le goûta : "Trop vieux, dit-il, il empeste, tu vas empoisonner tes clients !" Il goûta ensuite le raisin : "Il pique, il est pas bon, il va donner la toux !" Le concentré de jus de grenade : “Il est tourné !” et ainsi de suite : il trouva toutes les marchandises avariées. Il passa ensuite au contrôle des poids : tous étaient inférieurs à la norme. “Allez mes gars, attrapez-les, ces chiens !” s’écria-t-il. Ils les rassemblèrent tous et leur donnèrent la bastonnade. “Ecoutez-moi bien, canailles, leur dit-il en partant, si demain matin je retrouve encore ces marchandises ici, par la tête de notre maître le sultan, je vous clouerai par les oreilles à la porte de vos boutiques !”

— Bon, alors, qu’est-ce qu’on fait, les gars ? demanda le *bazarbâchi*, le Hâjj Mohammad, lorsque Qaradjaq fut parti. Si on allait se plaindre à Otmân de ce fils de pute, avant qu’il revienne demain nous donner des coups de bâton ? Parce que moi, par la gloire de Dieu, les coups de bâton, je les supporte pas !

— Oui, faisons comme ça ! On va tout de même pas se laisser battre sans motif !

Et ils avaient bien raison d’être furieux ; en effet les poids qu’ils pratiquaient étaient supérieurs à ceux de tous les autres marchands du Caire : ainsi l’avait voulu Baïbars.

Le soir, ils se rendirent tous ensemble au sérail de Bâdîs, se présentèrent devant Otmân, se jetèrent à ses pieds et lui rapportèrent leurs démêlés avec le *mohtasib*…

— O Fleur des Truands, lui dirent-ils, ce Qaradjaq est un vrai tyran, il est pire encore que le chef de la police ; aujourd’hui, il nous a infligé une bastonnade terrible. Nous n’avons d’autre soutien que toi, le brave des braves, toi dont une once vaut mieux qu'un quintal de n'importe qui d'autre. Nous nous mettons sous la protection de la Grosse, l'ami !

— Ah l'salopard ! J'vais y faire voir sa gueule, moi, au Qaraqich ! Par le Prophète, j'vais y crever la prunelle des yeux ! Bon, les gars, reprit-il, allez préparer le petit cadeau[161], ce s'ra une tournée de Hâjj Abou Afîs. Vous m'l'amènerez demain matin ici.

— On entend et on obéit, répondirent-ils.

Le lendemain, ils apportèrent un chaudron d'*afîseh*. Otmân appela les truands :

— Arrivez, les fils de Haydab ! Venez bouffer vot' petit cadeau, mes frelots !

— Qu'est qui s'passe, chef ? demandèrent-ils.

— C'est du Hâjj Abou Afîs en échange qu'on rectifie le *mohtasib* Qaraqich et sa bande.

— C'est une affaire qui marche !

Après s'être bien empiffrés, les quatre-vingts gaillards se levèrent, prirent leurs plus gros gourdins et s'en furent au souk par petits groupes. Ils se tapirent dans les boutiques, pendant que Harhach et Oqereb se cachaient derrière les portes et qu'Otmân s'installait dans la boutique du chef du souk. Voici pour eux.

Quant au *mohtasib*, il se rendit, ce jour-là, au conseil, attendant que le roi lui donne congé pour vaquer à ses occupations et aller faire sa tournée. Le roi dispersa les officiers, puis se tournant vers lui. "Va, *mohtasib*, lui dit-il, va faire ton travail, et que Dieu ait pitié de toi ! Evite l'injustice, car l'injustice qui se prolonge est cause de ruine, alors que la justice qui se prolonge est cause de prospérité. Oui, l'injustice est une plaie purulente et maligne. N'oublie pas qu'au jour du Jugement, c'est devant Dieu que se retrouveront les adversaires ! Quelle tête de linotte tu fais, vizir ! ajouta-t-il en se tournant soudain vers le Hâjj Châhîn. Celui qui voit le malheur d'autrui ferait pourtant bien d'en prendre de la graine..."

Qaradjaq s'inclina devant le roi et quitta la salle du conseil. "Où allons-nous aujourd'hui, notre agha ? demandèrent ses hommes. – Au souk de Baïbars", leur répondit-il ; ils n'osèrent pas discuter, car ce Qaradjaq avait un caractère emporté et violent. Ils marchèrent donc jusqu'au souk de Baïbars et s'arrêtèrent devant la boutique du Hâjj Mohammad, le *bazarbâchi*. "Eh bien, l'ami, j'avais averti les gens de ton souk de changer leurs marchandises et de rectifier leurs poids ! – Malheur à toi, Qaradjaq ! Qu'est-ce que c'est que ces manigances ? Pourquoi tu t'en prends à nous ? Tu n'as donc pas peur de Dieu ? Tu n'as pas vu ce que Fleur des Truands a fait au chef de la police Hasan Agha et comment il l'a puni de ses exactions ? Il a passé, comme la journée d'hier, pour ne plus revenir..."

En entendant ce discours, Qaradjaq crut voir la lumière se transformer en ténèbres. "Comment, espèce de chien, s'écria-t-il fou de rage, tu te crois de taille à me faire avaler tes salades ! Tu crois que tu me fais peur, en me parlant de la tapette de Remeileh et de Qaramidân, le fils de la Grosse, Otmân ! Tu t'imagines que moi, le *mohtasib*, je suis comme le chef de la police Hasan Agha ?" Et, l'attrapant par le col, il s'apprêtait à lui faire un mauvais parti quand, sans qu'il ait rien vu venir, il prit un coup de bâton sur la nuque et s'écroula à terre. C'était Otmân. "Fils de pute, braillait-il, tu vas voir ta gueule, par le Prophète ! Ah tu dis que j'suis l'pédé de Remeileh et de Qaramidân, moi qu'personne peut se vanter d'avoir jamais enfilé ! *Tutmuch, tutmuch*, les gars ! A moi les fils de Haydab !"

Les truands sortirent en masse des boutiques ; pendant ce temps, les portes du souk s'étaient fermées comme par enchantement. Ils tombèrent sur les hommes du *mohtasib* à bras raccourcis, et leur firent danser la danse du bâton, pis que singes verts. "Allez, chatouillez-les où c'est qu'ça les grattouille ! criait Otmân. Foutez-les à poil !"

Bref, ils les traitèrent comme ils avaient traité la bande du chef de la police, après quoi ils finirent par leur ouvrir la porte du souk. Otmân laissa sa chemise à Qaradjaq mais les autres, il les mit tout nus comme au jour de leur naissance. Ils sortirent en secouant la poussière du tombeau de sur leurs épaules et en pestant contre leur chef. "Eh, se disaient-ils, encore heureux qu'Otmân se soit contenté de nos vêtements et qu'il ne nous ait pas tués ! C'est un vrai démon ! – Bon vent, fils de pute ! Rev'nez donc tous les jours par ici !" leur cria Otmân.

Ils se répandirent en récriminations contre leur agha. “Mes amis, leur dit ce dernier, je vous jure par la tête de mon oncle Aïbak que je ferai tout mon possible pour qu’Otmân soit mis à mort, avec toute sa bande. Non mais, il s’imagine que ça va en rester là ? Venez avec moi, vous allez voir ce que vous allez voir.”

Il les emmena chez lui, leur donna de quoi s’habiller décemment et fit apporter quatre cercueils. “Mettez-moi dans l’un d’entre eux, leur dit-il, et que trois autres fassent de même ; vous nous emmènerez auprès du roi et vous nous déposerez dans la salle du conseil. Je pense que lorsque le roi nous verra en cet équipage, il fera aussitôt venir ce fils de pute d’Otmân pour lui couper la tête. Car je suis le neveu d’Aïbak, et le roi lui doit encore plus d’égards qu’au Hâjj Châhîn ! – Voilà une excellente idée et un avis profitable !” s’exclamèrent-ils. Ils l’étendirent dans l’un des cercueils, firent de même de trois autres, les prirent sur leurs épaules et allèrent se présenter au conseil.

Pendant ce temps, le roi siégeait, entouré des dignitaires du royaume. Soudain, un grand tumulte s’éleva dans la Citadelle. Le roi demanda ce qui se passait ; les *chaouichs* entrèrent et lui dirent :

— Seigneur, ce sont les hommes du *mohtasib* Qaradjaq : ils sont arrivés, portant quatre cadavres et criant vengeance contre Otmân.

— Protège-nous, Seigneur, au jour de l’épreuve ! répondit le roi. Châhîn !

— Oui, seigneur.

— Cet Otmân aurait tué quatre hommes ? Par ma tête, je ne peux pas croire à une chose pareille !

[Le transmetteur a dit :] Nobles seigneurs, priez sur celui qui a l'éclat de la lune en son plein, sur la lampe qui nous guide dans l'obscurité, le prophète du Seigneur omniscient, que la prière de Dieu et Son salut soient sur lui chaque fois que roucoule la colombe. Lorsque Aïbak le Turkmène entendit cela, il poussa un cri terrible et tomba évanoui car, comme nous l'avons dit, Qaradjaq était le fils de sa sœur. Le cadi se dressa de toute sa taille, jeta son turban par terre et s'écria :

— Malheur à la religion ! Malheur à l'islam ! La corruption est apparue parmi les croyants ! Otmân est un criminel et doit être mis à mort. Par la sainte Loi, les actions qu'a commises ce misérable sont abominées par Dieu et Son prophète ! J'offre au Trésor des musulmans cent mamelouks avec leurs montures et dix mille pièces d'or en gage de ma bonne foi. Et toi, émir, ajouta-t-il en se tournant vers Aïbak, veux-tu t'associer à cette œuvre pie ?

— Oui, par Dieu très-grand ! *Vallah ballah* si *pâdichâh* pas faire à moi justice, moi plus payer impôt. Aller dans pays à moi et gagner vie à la grâce de Dieu.

— Un peu de patience, l'ami, répondit le roi ; envoyons d'abord chercher cet Otmân, et éclaircissons l'affaire. Eh ben mon garçon, reprit-il en se tournant vers Baïbars, c'est comme ça que se comporte Otmân ? Tu ne lui avais donc pas dit de se tenir tranquille ?

— Seigneur, je jure par ta vie que j'ignore totalement cette affaire. Ce matin j'ai envoyé mes hommes à leurs tâches respectives et je suis venu directement me mettre à ton service : voilà tout ce que je sais.

Le sultan s'apprêta alors à ordonner qu'on fasse comparaître Otmân ; mais il n'avait pas ouvert la bouche que ce dernier pénétra dans la salle du conseil. Il frappa le seuil de son bâton en criant : "Que personne ne bouge ! Le premier qui l'ouvre, j'y dévisse le colbac. Et d'abord j'te salue, mon frère, boss Sâleh !"

[Le transmetteur a dit :] Nobles seigneurs, sachez qu'Otmân, après avoir rossé et dépouillé le *mohtasib* et sa bande, était retourné au sérail de Bâdîs ; arrivé là, les truands lui avaient dit :

— Ecoute, chef, à c't'heure ce qui est fait est fait. Seulement y s'pourrait bien qu'le *mohtasib* Qaradjaq aille au conseil et porte plainte contre toi au sultan. Il sera appuyé par le cadi et par Aïbak : c'est son oncle, il va sûrement la trouver mauvaise. Et quand Baïbars va rentrer, y va t'donner une correction. Le mieux, à notre avis, c'est que tu prennes les devants et que tu te présentes toi-même au conseil, parce que l'boss Sâleh il est quand même plus coulant que le soldat, par la vie du Prophète !

— Oui, par le Secret de la Dame ! C'est bien comme ça qu'y faut faire, répondit Otmân.

Il se mit aussitôt en route, accompagné de Harhach, d'Oqereb et du Fils de la Grande ; chemin faisant, ils apprirent la suite de l'affaire : "Eh, *ostas*, leur dit un passant, le *mohtasib* est mort ainsi que trois de ses hommes ; on a amené les corps devant le roi, dans la salle du conseil, ils veulent porter plainte contre toi ! – Ah ben bravo ! s'écria Otmân. Y veut m'refaire le coup du chef de la police, c'maquereau ! Eh, mes frères, dit-il à ses compagnons, v'nez par là que j'vous explique."

Il les entraîna à part et acheta quatre grosses aiguilles ; il en prit une et leur donna les autres. "Les gars, matez bien c'que j'vais faire et faites tout pareil que moi", leur dit-il, puis ils se remirent en route et parvinrent à la Citadelle. Otmân pénétra dans la salle du conseil, suivi de ses compagnons.

— Malheur à toi, misérable vaurien ! s'écria le cadi en le voyant arriver. La coupe de tes méfaits est pleine !

— Ecrase, cadi, tu vas voir ta gueule, par la vie du Prophète ! répondit Otmân. Eh, mon frère, boss Sâleh, c'est vrai que j'l'ai cogné, l'Qaraqich, mais juste pour l'chatouiller là où ça l'grattouillait. Par l'Secret de la Très-Pure, saint homme de Dieu, j'l'ai pas buté pour de vrai !

— Misérable, s'écria le roi, leurs corps sont là, devant toi, dans les cercueils ! Pourquoi les as-tu fait périr ?

— Eh ben v'là aut' chose ! Dis donc, boss Sâleh, tu admets ça, toi, qu'ils donnent des coups de nerf de bœuf aux gars de notre souk, alors qu'ils ont rien fait ? T'aimes ça, toi, l'injustice ?

— Bien sûr que non, cheikh Otmân. Que Dieu maudisse les oppresseurs et ceux qui les suivent. Malheur à vous, reprit-il en se tournant vers les hommes du *mohtasib*, pourquoi avez-vous battu les gens du souk de Baïbars ?

— Seigneur, répondirent-ils, c'est notre agha qui leur a fait donner la bastonnade en punition de leurs fautes, car leurs marchandises étaient avariées et leurs poids au-dessous de la norme.

— Bande de cocus ! tonna Otmân. Vous osez porter témoignage que c'est moi qu'ai buté le Qaraqich et que j'l'ai rectifié pour de bon ?

— Oui, nous t'avons vu, tu l'as frappé de ton gourdin et il est tombé mort.

— D'accord, laissez-moi voir ça.

Il fit signe à ses compagnons et ils s'approchèrent des cercueils. Otmân découvrit la jambe de Qaradjaq et lui enfonça profondément son aiguille dans le cou-de-pied ; les autres agirent de même. Les quatre "cadavres", fous de douleur, bondirent hors des cercueils. Le roi poussa un cri de surprise :

— Miséricorde, ô mon Dieu ! Tu as vu ça, Hâjj Châhîn ? Regarde, frère, on dirait que ces morts sont vivants : ils sont sortis de leur cercueil !

— Seigneur, répondit Châhîn, ton regard est plus perçant que le nôtre.

— Apparemment, sire, interrompit le cadi, ils n'étaient qu'évanouis, tant ils ont été cruellement battus.

— Eh bien, l'ami, demanda alors le roi au *mohtasib*, tu as donc vérifié les poids de ce souk, le souk de Baïbars, et tu les as trouvés inférieurs à la norme ?

— Oui, seigneur. J'en jure par ta tête, tous leurs poids sont faux et toutes leurs marchandises avariées.

— Qu'on m'apporte ces poids.

Otmân courut les rassembler, accompagné de quelques-uns des hommes du *mohtasib* ; ils apportèrent la balance qu'avait trafiquée le cadi, ainsi que des poids provenant d'un autre souk. Ils vérifièrent les poids du souk de Baïbars : tous s'avérèrent plus légers que les autres : naturellement, c'était Qaradjaq qui procédait au contrôle…

— Eh bien, c'est donc toi le fautif, Otmân, fit le roi : tu as élevé de fausses accusations contre le *mohtasib* Qaradjaq et ses hommes.

— Boss Sâleh, mon frère, cette balance me plaît pas, amène z'en une autre !

— Canaille, pendard ! s'écria le cadi. Tu voudrais qu'on rende la justice selon ton bon plaisir ?

— Ecrase, cadi ! Par le Secret de la Très-Pure, j'vais t'dévisser le colbac et t'arracher la prunelle des yeux !

— Et pourquoi pas, au fond ? dit le roi. Apportez une autre balance, avec la bénédiction de Dieu.

On en apporta une sur-le-champ et on revérifia les poids : cette fois-ci, ils apparurent au-dessus du taux légal, à raison de cinq *dirhems* par *ratl*. Les grands du royaume en restèrent pantois : “Par la gloire de Dieu, disaient-ils, c'est à n'y rien comprendre !”

— Eh bien, Hâjj Châhîn, dit le sultan, lui aussi fort intrigué, qu'est-ce que c'est que cette affaire ?

— Seigneur, par ta tête, je l'ignore. Moi non plus, je ne sais trop que penser.

— Donnez la balance du *mohtasib*, ordonna le roi.

On la lui passa, il posa les deux plateaux sur le sol et souleva le fléau. Les deux bras étaient parfaitement en équilibre : on aurait dit un trébuchet de bijoutier.

— Seul un homme guidé par Dieu pourrait comprendre le fin mot de cela ! s'écria le roi.

— Eh, boss Sâleh, mon frère, interrompit Otmân, j'ai compris le truc, par le Secret de la Très-Pure ! Passe-moi c'te balance que j'la regarde.

— Si tu trouves, cheikh Otmân, c'est que tu es le gaillard le plus dégourdi du Caire, de Damas et de tous les pays d'Islam ! Par ma tête, je serai le premier à t'en décerner le brevet !

Otmân prit la balance des mains du roi, posa les plateaux sur le sol, souleva le fléau : tout était parfaitement en équilibre. Du petit doigt, il inclina légèrement le fléau d'un côté : il se mit à pencher. Il accomplit la même opération de l'autre côté : le fléau pencha également. “Eh bien v'là aut' chose ! s'écria Otmân. Que l'bon Dieu l'patafiole, le Qaraqich ! C'est la balance du diable, ce truc... Ouais, ça y est, par la vie du Prophète, j'ai pigé ! Que Dieu maudisse celui qui l'a trafiquée !”

Il empoigna le fléau par les deux bouts, l'appuya contre son genou et le cassa en deux morceaux ; il s'en échappa une espèce de liquide qui tomba à terre. En y regardant bien, on s'aperçut que c'était du mercure ; en effet, le fléau de la balance était creux à l'intérieur. Le cadi avait pratiqué une encoche juste au milieu de cette cavité, à la hauteur de l'aiguille et y avait mis dix *dirhems* de mercure. Tant que le fléau restait horizontal, le mercure restait dans son encoche et la balance était parfaitement juste ; mais, si on l'inclinait légèrement d'un côté ou d'un autre, le mercure sortait de l'encoche et coulait jusqu'au bout de la cavité, ce qui faisait pencher le fléau de ce côté. C'était là l'œuvre du cadi, car le fourbe imite toujours celui qu'il vaudrait mieux ne pas imiter : c'est de Satan que viennent toutes les ruses et les tromperies.

Lorsque le sultan comprit le fin mot de l'histoire, il se tourna vers son vizir :

— Eh bien, Hâjj Châhîn, il y a donc de telles diableries de par le monde ?

— Par la gloire de Dieu, ô puissant roi, jamais je n'avais entendu parler d'une chose pareille.

— Et moi, reprit le roi, moi qui n'ai jamais supplié d'autre que Dieu, je Lui demande au nom de ma pauvreté, au nom de ma faiblesse, au nom de mon insignifiance et de mon abaissement, que celui qui a fabriqué cette balance meure écartelé et que ses membres soient jetés au feu !

— *Amen*, fit l'assistance.

— *Amen*, reprit le cadi, en faisant la grimace.

Puis le roi se retourna vers Qaradjaq. “Hors de ma vue, mécréant ! s'écria-t-il. Puisses-tu ne périr que dépecé parmi les ennemis de ta religion ! Tu es révoqué.”

[Le transmetteur a dit :] Nobles seigneurs, priez sur celui qui a l'éclat de la lune en son plein, sur la lampe qui nous guide dans l'obscurité, le prophète du Seigneur omniscient, que la prière de Dieu et Son salut soient sur lui chaque fois que roucoule la colombe ; sachez que Qaradjaq, effectivement, périra dépecé, nous en parlerons le moment venu, avec la permission de Dieu.

Qaradjaq se retira, défait et humilié. Alors, le roi reprit la parole :

— Vizir, et vous tous, grands du royaume, j'ai l'intention de nommer mon fils l'émir Baïbars à la place de Qaradjaq.

— Sage décision, ô serviteur des Lieux saints ! Il en est digne, c'est l'homme qui convient à la place qui convient.

— Assurément, renchérit le cadi, c'est lui qu'il faut et personne d'autre : notre fils Baïbars est l'enfant chéri du royaume !

Le roi ordonna alors qu'on apporte un manteau d'apparat et qu'on le jette sur les épaules de Baïbars. “Qu'il soit béni, s'écrièrent les *chaouichs*, quel est son rang ? – Il est *mohtasib*, avec les pleins pouvoirs, répondit le roi ; nul ne pourra faire appel de ses décisions. Mon fils, reprit-il, tu désigneras l'un de tes subordonnés pour tenir ta place de chef de la police. Exerce tes nouvelles fonctions selon ce qu'ont ordonné Dieu et Son prophète ; c'est là une bien grande charge que je te confie."

Baïbars s'inclina profondément et se retira, vêtu de son manteau d'apparat. Lorsqu'il arriva en vue du sérail de Bâdîs, Otmân l'aperçut et interpella les *fidaouis* : "Visez un peu, les buffles ! V'là l'soldat tout encafetané !" Il accourut au-devant de Baïbars et lui dit : "Alors, mon frelot, c'est Otmân qui s'castagne et qui risque sa peau, et c'est toi qui récoltes les bonnes places du boss El-Sâleh, pas vrai ? – Que Dieu te récompense de tes peines, Otmân. Par la gloire de Dieu, tu m'as vraiment épaté aujourd'hui quand tu as cassé la balance et démasqué cette canaille de Qaradjaq !"

Baïbars raconta alors aux *fidaouis* les exploits d'Otmân, et tout ce que nous venons de rapporter aux nobles seigneurs qui nous écoutent. "Par Dieu, *dawlatli*, répondirent-ils, j'jurons ben qu'y a point plus dégourdi que c'gars-là. Pour sûr, il est béni du bon Dieu !"

L'émir Baïbars fit ensuite venir l'un de ses lieutenants, qui se nommait Hasan, et lui délégua ses fonctions de chef de la police en y ajoutant mille recommandations : "Dans tous les cas difficiles, demande secours à Dieu et réfère-t'en à moi", lui dit-il. Il lui confia la conciergerie, lui ordonnant de se montrer équitable et vigilant.

A ce moment-là, il exerçait donc cinq fonctions décernées par le pouvoir royal ; il en touchait les traitements et les avait déléguées à certains de ses hommes. Ces fonctions lui étaient échues en vertu de cinq firmans : il était, tout d'abord, agha de la voirie, c'est-à-dire agha de tous les mamelouks du Caire ou, comme on dit encore, *anjakâr aghasi* ; ensuite, il était intendant des sucreries de Boulâq, chef du district de Banha El-Asal, secrétaire aux placets, *chaouich alam*, chef de la police et, enfin, *mohtasib*.

Attention les oreilles !

Le lendemain matin, après avoir fait la prière de l'aurore, il monta à cheval, accompagné de quelques-uns de ses hommes, confia les poids-étalons à un des truands et se mit à parcourir la ville, flanqué des deux Saqr. Il entrait dans les souks et vérifiait les poids : lorsqu'ils étaient bons, il ne disait rien, et lorsqu'ils étaient inférieurs à la norme légale, il disait à leur propriétaire : "Bon, aujourd'hui ça passe, mais si demain tu ne les as pas changés, tu verras de quel bois je me chauffe !"

Au bout de quelque temps, ils passèrent à proximité du souk d'Aïbak ; mais Baïbars n'entra pas et prit une autre direction.

— Ben alors, soldat ? fit Otmân. Tu tires au flanc, on dirait ? Fais attention, par le Prophète, le bon Dieu aime pas les tire-au-flanc. Rentre donc contrôler le souk à Nébak l'Enfoiré !

— Non, Otmân, n'allons pas provoquer l'émir Aïbak, ce sera plus prudent. Déjà, sans que nous lui ayons rien fait, il nous déteste et cherche notre perte ; chaque jour, il monte quelque machination contre nous et remplit le Trésor des musulmans.

— Ah ben v'là du joli ! Alors soldat, tu abandonnes le Créateur pour les créatures ! Eh, par le Secret de la Très-Pure, qu'est-c'qu'on en a à foutre de Nébak et du cadi ? Entre, mon gars !

Cédant aux objurgations d'Otmân, il entra donc et commença son contrôle ; il trouva que toutes les marchandises étaient avariées et ne pouvaient légalement être vendues ni achetées, et que les poids étaient au-dessous du taux légal. "Mes amis, dit-il aux marchands, craignez Dieu qui vous voit et que vous ne voyez pas. Aujourd'hui, je ferme les yeux ; vous avez un délai de dix jours pour écouler ces marchandises et rectifier vos poids. – On entend et on obéit", répondirent-ils.

Cette indulgence ne plaisait guère à Otmân mais il garda le silence, à contrecœur. Ils continuèrent leur tournée jusque vers le milieu de l'après-midi, après quoi ils s'en revinrent au sérail de Bâdîs. Le lendemain matin, Baïbars se remit en selle et dit à Otmân :

— Viens avec moi, frère.

— Soldat, aujourd'hui, j'prends un jour de congé : hier j'ai eu des nouvelles de ma mère la Grosse, paraît qu'a va pas bien, a tousse du derrière. J'voudrais aller la voir aujourd'hui…

— Très bien, tu la salueras de ma part.

Baïbars s'en fut donc, accompagné de ses mamelouks et des deux Saqr.

Quant à Otmân, il attendit un certain temps puis, quand il fut sûr que Baïbars s'était éloigné, il appela les truands :

— Hé, les fils de Haydab, toi, Harhach, et toi, Oqereb !

— Qu'est-ce qu'il y a, chef ?

— Apportez-moi mon grand bonnet de fourrure, mon turban blanc et mon grand cache-poussière, et puis sellez-moi la Colombe.

— A tes ordres, mais qu'est-ce que tu vas faire, Fleur des Truands ?

— J'ai envie de frimer un peu comme le soldat Nénars, j'vais faire mon petit *mohtasib*.

Ils lui apportèrent tout ce qu'il avait demandé ; il coiffa son turban, enfila son grand manteau et se hissa sur sa jument, la Colombe. Il se livrait à toutes sortes de simagrées, là-haut ; on ne voyait de lui que le bout de son nez. Le Fils de la Grande marchait devant lui, criant : "Dieu fait prospérer celui qui prie sur le Prophète !" tandis que Harhach se tenait à sa droite et Oqereb à sa gauche, et que l'un des truands portait le nécessaire à bastonnade.

Ils arrivèrent ainsi au souk d'Aïbak.

— Amenez vos marchandises que j'les contrôle et vos poids que j'les vérifie ! cria Otmân à la cantonade.

— Et d'abord qui es-tu, toi ? répondirent les boutiquiers. Le *mohtasib* Baïbars est déjà passé hier, il a tout vérifié.

— Eh, fils de pute, çui-là c'est l'*mohtasib* en chef, moi j'suis l'*mohtasib* en second !

Il se mit à contrôler les poids : ils étaient tous au-dessous de la norme. Quant à leurs marchandises, elles ne s'étaient sûrement pas arrangées depuis la veille ! "Hé, mes frères, les fils de Haydab, cria Otmân, *tutmuch* ! Attrapez-les-moi, ces maquereaux !"

Les truands se ruèrent sur les boutiquiers et leur mirent la main au collet à tous ; ils leur donnèrent la bastonnade et les clouèrent par une oreille à la porte de leurs boutiques.

On raconte qu'il y avait un barbier parmi eux "Eh, p'tit gars, l'interpella Otmân. Oui, toi, le barbier, fais un peu voir les rasoirs que tu rases tes clients avec, et puis tes serviettes." L'autre s'exécuta ; il les prit et se mit à les tourner dans tous les sens.

— Y sont pas aiguisés ! Ça doit leur racler l'cuir à tes clients, pire qu'une scie de bûcheron ! Et ces serviettes ? Elles sont dégueulasses, pourquoi qu'tu les laves pas ? Si des fois qu'c'est l'savon et l'bois qui t'manquent, j'vais t'en donner, moi !

— Tu es trop bon, seigneur, demain, si Dieu le veut, j'aiguiserai mes rasoirs et je laverai mes serviettes.

— Eh, les fils de Haydab, *tutmuch* ! cria Otmân.

Ils l'empoignèrent et le clouèrent par l'oreille après l'avoir bastonné. La boutique d'à côté était tenue par un marchand de coton brut : il le nettoyait et le vendait. "Amenez-moi c'type, là-bas, l'cotonnier-chef", dit Otmân. On le lui amena.

— Eh, mon gars, quand tu frappes ton arc avec ton plectre, ça fait quoi comme bruit ?

— Ben j'sais pas, Fleur des Truands.

— Eh, dis donc, maquereau, alors t'es patron installé à ton compte et tu connais pas ton métier ? Allez, parle, mon gars ou j'te cloue avec les autres !

— Sauf ton respect, seigneur, ça fait un bruit comme qui dirait *tozz tozz*[162].

— Veux-tu te taire, eh, dégoûtant ! *Tozz tozz* qu'y dit ! Eh imbécile, l'arc y dit : "Allah Allah !" Ouais, c'est comme ça, j'sais bien. Allez, *tutmuch*, les gars !

Ils se saisirent de lui et il subit le même sort que son voisin. Après quoi Otmân sortit du souk, ôta son gros bonnet de fourrure et son grand manteau et les confia aux truands, en leur disant de les remporter au palais ; quant à lui, il s'en fut rejoindre Baïbars. Lorsqu'il arriva, Saqr El-Lawlabi le prit à part : "Eh ben donc, Otmân, lui dit-il, comme qui dirait qu't'avions été voir ta mère ? – Eh non, j'y suis pas allé ! Ecoute un peu voir, Lesboules, mon frère : aujourd'hui j'ai fait le *mohtasib* et j'ai été contrôler les gus à Nébak l'Enfoiré."

Chemin faisant, ils passèrent devant le souk d'Aïbak. "Eh, soldat, fit Otmân à Baïbars, rentre donc un peu ici, tu vas voir, les gars y z'ont tous arrangé leurs poids et leurs marchandises. Tout à l'heure, j'suis passé par là en revenant d'chez ma mère. – C'est vrai, ça, Otmân ? – Oui, par la vie du Prophète !"

Baïbars poussa son cheval vers l'entrée du souk ; mais Otmân le devança et entra avant lui. "Eh les gars, cria-t-il, v'là l'soldat Baïbars qu'arrive ! Il a juré sur la tête du boss El-Sâleh que l'premier qu'y verrait cloué, y lui réglait son compte pour de bon."

A ces mots, les boutiquiers eurent si grand-peur que, voyant Baïbars arriver avec ses hommes et son équipage, ils se mirent à tirer de toutes leurs forces, si bien qu'ils s'arrachèrent les oreilles et coururent se réfugier au fond de leurs boutiques, tout couverts de sang. Baïbars, les voyant en ce piteux état, comprit le fin mot de l'histoire ; il était partagé entre la colère et l'envie de rire. "Holà, maudit bâtard, cria-t-il à Otmân, qu'est-ce que c'est encore que ces brutalités ? Pourquoi as-tu fait cela à ces pauvres gens ? – Soldat, soldat, j'ai fait ça à cause de Nébak l'Enfoiré, pour qu'il en crève, lui et le cadi peau d'gland. De toute façon, ces gars-là c'est tous des maquereaux, y nous aiment pas !" Baïbars n'insista pas.

Il continua ainsi à exercer ses nouvelles fonctions et l'équité dont il faisait preuve encourageait ses administrés à se montrer également honnêtes.

Quelque temps après, Baïbars se rendit un beau matin au conseil, selon son habitude. Quand il entra, il trouva le roi ravi en extase ; le Créateur se manifestait à lui par Son nom, dont la force empoignait son âme. “Allah Allah, répétait-il. O Eternel, ô Toi qui connais les choses secrètes ! Châtiment pour les oppresseurs, ô Seigneur des mondes !” Ses yeux rougeoyaient comme des braises ardentes et sa bouche écumait comme celle d'un chameau en rut ; et les dignitaires du conseil baissaient la tête, les yeux fixés au sol, sans piper mot : on aurait entendu tomber une épingle. Baïbars, frappé de stupeur, resta immobile à sa place.

Au bout d'un instant, le roi tomba en catalepsie et s'endormit un instant ; puis il redressa la tête et proclama d'une voix forte : “Je pleure sur ceux qui sont morts sans avoir proclamé l'Unicité de Dieu, qu'Il soit exalté ! Gloire à l'Eternel qui demeurera quand Sa création aura disparu ! Gloire au Tout-Puissant qui impose la mort à Ses serviteurs !”

Il n'avait pas fini ces mots que la porte s'ouvrit et que la tenture fut écartée – puisse Dieu ne pas découvrir l'honneur de ceux qui proclament Son Unicité ! – et qu'un domestique entra, s'inclina jusqu'à terre et fit son compliment, comme de bien entendu. “Gloire à Celui qui jette un voile décent sur les tares des hommes, dit le roi. D'où vient la marque[163] ? – *Efendem*, de Mahallat El-Kubra[164], dans la circonscription du Caire (que Dieu lui épargne siège et famine)."

Le domestique sortit alors une lettre, la posa devant le roi et se retira à reculons. Le roi ordonna qu'il en soit donné lecture publique ; le secrétaire du conseil la prit, rompit le sceau et lut ce qui suit :

"Des habitants et notables de Mahallat El-Kubra, à l'attention des pouvoirs publics, au Caire.

Nous avons l'honneur d'informer notre maître El-Sâleh Ayyoub.

Sache, ô puissant roi, ô toi qui n'as point d'égal en ce siècle, que ton cousin l'émir Sulaymân, gouverneur de Mahalla, est trépassé dans la miséricorde de Dieu et ce, en telles circonstances : un jour, accompagné de quelques hommes, il était parti s'adonner aux plaisirs de la chasse ; alors qu'il s'était éloigné dans le désert, il a été assailli par un émir bédouin, rebelle et hors la loi, qui l'a mis à mort et a dispersé ses compagnons ; ceux-ci sont venus nous en avertir. Nous nous sommes enquis du nom de ce Bédouin ; on nous a dit qu'il se nomme Khidr El-Buhayri. Nous nous sommes alors empressés de faire part de cet événement à ta haute bienveillance. Pour le reste, salut, au début et à la fin."

En entendant cette nouvelle, le roi fut pris d'un violent chagrin.

— Châhîn, dit-il à son vizir, c'est là une grande perte pour les Kurdes ayyoubides ; nous voici amoindris. Au fait, cadi, tu le connais peut-être, toi, ce maudit Bédouin ?

— Pardonne-moi, seigneur, je ne le connais pas personnellement, mais j'en ai entendu parler : c'est un bandit de grand chemin qui écume le désert autour de Mahalla et pille les voyageurs. Que Dieu le maudisse, le vilain personnage ! Il n'a pas craint de tuer un seigneur du plus haut rang et de la plus éminente qualité !

— Eh bien, Hâjj Châhîn, reprit le roi, qui allons-nous envoyer comme chef de district à Mahalla ? Il faut que ce soit un guerrier accompli, capable de se mesurer à ces Bédouins rebelles et de venger l'affront qui nous a été fait. Car, Châhîn, l'excès de mansuétude engendre l'injustice ; ce Khidr El-Buhayri a dépassé les bornes, ses méfaits et ses exactions ne se comptent plus !

— Seigneur, répondit Châhîn, tu vois les choses de plus haut que nous ; c'est à toi qu'il convient de prendre cette décision.

— Seigneur ! Protecteur des Lieux saints ! s'écria alors le cadi. Nul autre ne saurait mieux faire l'affaire que notre fils bien-aimé, l'émir Baïbars ! Oui, il en est digne, car c'est l'enfant chéri de la dynastie des Kurdes ; envoie-le contre lui, afin qu'il en périsse et que nous soyons débarrassés de lui[165].

— Tu as bien parlé, cadi, répondit le roi.

Il se tourna alors vers Baïbars et lui dit :

— Eh bien, mon fils, qu'en penses-tu ?

— Seigneur, que Dieu t'accorde longue vie. Je suis votre esclave, et vous m'avez acheté de vos deniers ; ma vie vous appartient : ce n'est pas à l'esclave à discuter ses ordres. Si ton regard bienveillant est posé sur ton serviteur, celui-ci n'a rien à craindre.

— Que Dieu te bénisse, et qu'Il te mette au nombre des élus ; qu'Il te donne la victoire sur tous tes ennemis et sur tous ceux qui complotent ta perte. Apportez un manteau d'apparat, avec les bénédictions de Dieu !

On apporta le manteau et on le jeta sur les épaules de Baïbars. "Qu'il soit béni, s'écrièrent les *chaouichs*, quel est son rang ? – Gouverneur de Mahallat El-Kubra, avec les pleins pouvoirs, répondit le roi. Hâjj Châhîn, rédige-lui son firman."

Le vizir le lui rédigea, puis il le passa au roi, qui y apposa son sceau et son paraphe, et le tendit à Baïbars.

— Mon fils, lui demanda-t-il, combien as-tu de soldats entraînés et équipés pour la guerre ?

— Seigneur, j'ai mille cavaliers[166].

— Seulement mille ? Autant dire, rien.

— Quant à moi, ajouta le cadi, je donne à mon fils mille cavaliers de plus, avec leurs armes et leur équipement, dans l'espoir que Dieu m'en récompensera. Et toi, Aïbak ?

— Oui, moi je donner ton fils Baïbars cinq cents.

Les grands du royaume ne voulurent pas être en reste : chacun offrit des soldats à Baïbars, qui se trouva en fin de compte à la tête de quatre mille cavaliers. "Va, mon fils, lui dit alors le vizir, fais tes préparatifs et apprête-toi à prendre tes fonctions."

Baïbars s'inclina jusqu'à terre et s'en fut, vêtu de son manteau d'apparat. Lorsqu'il arriva au sérail de Bâdîs, Otmân, qui se trouvait là, en compagnie des deux Saqr et de quelques gars de sa bande, s'écria : "Regarde un peu ça, Lesboules, mon frère ! V'là l'soldat qui s'est encore encafetané !" Il se précipita au-devant de Baïbars :

— Eh ben, frère, qu'est-c'qu'y s'passe ? Te v'là tout encaf'tané, comme qui dirait qu't'es devenu chef de hameau ?

— Prépare-toi, Otmân, et préviens tes hommes. Le roi m'a nommé chef du district de Mahalla.

— A la bonne heure ! On est dev'nu des huiles, par la vie du Prophète. Y a pas plus grand qu'nous à part le bon Dieu ! Désormais, j'piquerai plus les manteaux qu'le vendredi, à la sortie d'la mosquée, pour dire d'payer l'sucre ! Dis donc, frère, dis "Très-Haut, Très-Saint".

— Eh bien, qu'est-ce qu'il y a ?

— J'travaille pas pour des coups d'poing ! Faisons nos comptes et paie-moi mes gages, j'démissionne.

— Traître, mais qu'est-ce qui te prend ? Dis-moi un peu !

— Ben voilà, soldat, mon frère, j'voudrais qu'tu m'fasses le gus qu'on dit strict à Mahalla, pareil que toi.

— Non mais, c'est une manie ! s'écria Baïbars exaspéré. Et comment veux-tu que je te fasse chef de district ? C'est complètement illégal ! Le roi sera furieux.

— Non mais, écoute un peu, soldat, pas chef de district comme toi, fais-moi chef en second, j'prendrai les bagages et tout l'fourniment et j'irai devant avec les fils de Haydab à Mahalla, pour voir à organiser le cantonnement, pour toi, les chevaux et les gars.

— Oui, ça c'est nécessaire. Bon allez, tu es nommé ! Seulement, Otmân, écoute-moi bien : quand tu seras là-bas, si jamais tu as le malheur de te mêler de ce qui ne te regarde pas, ou de vouloir rendre la justice, je te jure par la gloire de Dieu qu'à la moindre bêtise je te casse les os !

— T'en fais pas, j'me mêlerai de rien.

La déconfiture de Hasan le Hideux

La nuit même, Otmân prépara les bagages, rassembla les bêtes de somme et embaucha les muletiers ; le lendemain, ils chargèrent les mules et se mirent en route. Quelques jours plus tard, ils arrivèrent à proximité de Mahalla ; ils se formèrent en cortège, Otmân chevauchant en tête, vêtu de beaux habits et entouré de ses truands. Ayant été avertis de leur arrivée, les habitants du bourg se portèrent à leur rencontre : ils prenaient Otmân pour le nouveau chef de district et se proposaient d'organiser un banquet pour fêter son arrivée. Mais il refusa, disant : “Faites rien de spécial, les gars, c'est l'ordre du grand chef, le soldat Nénars." Cela fait, il alla s'installer au siège du district pour attendre l'arrivée de l'émir Baïbars.

Les habitants se rendaient auprès de lui pour présenter leurs requêtes mais lui les renvoyait, disant : "Moi, j'me mêle pas d'ça." Parmi eux se présenta une femme d'âge mûr, qui tenait dans ses bras un ballot de vêtements tout tachés de sang ; elle le jeta aux pieds d'Otmân, qu'elle prenait pour le chef de district, en criant :

— Justice, ô émir !

— Eh ben, ma p'tite dame, qui c'est qui t'a fait du tort, que j'y arrache la prunelle des yeux ?

— Seigneur, répondit-elle, c'est Hasan le Hideux, le chef du village : il a tué mon fils et déchiré mon cœur. Je viens me mettre sous ta protection : redresse le tort qu'il m'a fait, que Dieu te donne longue vie.

— D'accord, mais ce cheikh Hasan le Hideux, là, quand il a tué ton fils, c'était en été, en hiver, au printemps ?

— Seigneur, c'était en automne.

— Eh ben alors, espèce de pouffiasse ! Ton fils, il a été tué en automne et tu viens te plaindre en été ! Fiche le camp, quand on sera en automne, tu reviendras présenter ta plainte et on examinera ton affaire.

La femme s'en fut en pleurant. "C'est là, leur nouveau chef de district ? Ils auraient mieux fait de l'envoyer à l'hôpital des fous !" Quant aux employés du tribunal, ils se tenaient les côtes de rire.

Ce jour-là, on vint annoncer l'arrivée de Baïbars ; tous les habitants se portèrent à sa rencontre et l'accueillirent à quelque distance de la ville ; Otmân était du nombre. Ils dressèrent pour lui un pavillon de repos et se mirent à préparer le repas. Baïbars but le café et les rafraîchissements, puis on étendit les nattes, ils mangèrent, ils burent et se réjouirent. Après quoi, les bataillons se formèrent, fanfare en tête, et le cortège se mit en route vers la ville.

Alors qu'ils étaient sur le point d'entrer, une bousculade se produisit, les bataillons se désagrégèrent et le cortège cessa d'avancer. Baïbars se tourna alors vers Otmân et lui dit : "Eh, toi qui es si débrouillard, va un peu voir devant ce qui se passe. Pourquoi cette bousculade ? On n'avance plus."

Otmân s'avança et trouva la route bloquée par un bras du Nil : il n'y avait qu'un pont de bois et les soldats, en train de traverser, étaient obligés de rompre la formation, craignant qu'il s'écroule et les fasse tomber à l'eau, où ils se seraient noyés. Alors qu'Otmân contemplait le spectacle, il aperçut soudain un groupe de femmes, à la tête duquel se trouvait une fort jolie fille. "Alors quoi, les hommes, criait-elle, y a plus de bonnes manières ? Les hommes passent devant en bousculant tout le monde et les dames restent en arrière ! Laissez-nous le passage, on est pressé !"

En la regardant bien, Otmân s'aperçut qu'il la connaissait : c'était une chanteuse du Caire, nommée Hajîj. "Hé, Hajîj, l'interpella-t-il, qu'est-ce que tu fiches ici ? – Salut, Fleur des Truands ! Figure-toi que je suis en route avec mes filles pour le désert de Mahalla, j'ai un contrat chez des Bédouins qui font une fête. Je voudrais bien traverser, mais pas moyen d'avoir le passage !" Sur ce, Otmân s'en fut rapporter à Baïbars ce qui se passait et lui parla du pont de bois ; alors Baïbars dit en lui-même : "Je fais vœu – et tout vœu est une dette sacrée – que, si le Créateur (qu'Il soit exalté !) me donne la victoire sur l'ennemi du roi Khidr El-Buhayri, je reconstruirai ce pont en pierre et en maçonnerie, à mes frais, si j'en ai les moyens."

La troupe finit par traverser, et tous se dirigèrent au siège du district ; l'émir Baïbars et ses hommes prirent possession des lieux et y passèrent la nuit. Le lendemain (priez sur celui dans la paume glorieuse de qui les petits cailloux chantaient la gloire du Seigneur), les dignitaires et notables de Mahalla se réunirent chez lui en présence du cadi et du mufti ; il leur montra le firman du roi qui établissait son autorité et son pouvoir. "Nous entendons et nous obéissons", dirent-ils.

A ce moment, la femme qui, auparavant, était venue se plaindre à Otmân pénétra dans la salle, poussant force cris et gémissements : "Justice, ô émir, criait-elle. Que Dieu t'accorde la victoire, qu'Il protège ton honneur et défasse tes ennemis et tes envieux !" Et, ce disant, elle jeta à ses pieds les vêtements tachés de sang.

— Qui t'a porté tort, ma bonne femme ? demanda Baïbars.

— Seigneur, je suis descendante du Prophète, et j'avais un fils unique qui était mon seul soutien ; il a été assassiné par le chef du village, Hasan le Hideux, par pure méchanceté et injustice, sans qu'il ait commis la moindre faute contre lui. A cette heure, je viens demander réparation pour son sang : voici ses vêtements.

— Mais ça fait combien de temps que ton fils a été tué ? Car les taches ont l'air anciennes.

— Tu as dit vrai, seigneur, cela s'est passé il y a quatre ans.

— Et pourquoi as-tu attendu tout ce temps avant de porter plainte contre ton adversaire devant l'ancien chef de district, Sulaymân Agha ?

— Je l'ai fait, mon fils, mais il a refusé d'accepter ma plainte car il avait peur de Hasan, qui est un fort méchant homme. Qui sait, peut-être en avait-il même touché de l'argent…

— Va-t'en d'ici ! fit alors Baïbars. Tu m'as tout l'air d'une menteuse ou d'une folle. Ce que tu viens de dire est pure calomnie et ne tient pas debout !

L'air courroucé, il la fit mettre dehors ; elle sortit, pleurant à chaudes larmes. Mais, à ce moment, il adressa un signe discret à Otmân qui comprit qu'il lui fallait la suivre et la consoler, en lui assurant que le nouveau chef de district lui obtiendrait réparation.

Il la rattrapa donc, après sa sortie du palais, et lui dit : “Eh, la p'tite dame, le soldat t'fait dire qu'tu t'fasses pas de mouron ; devant tout le monde, y pouvait pas faire autrement, c'est un malin ! Ecoute donc, frangine, le soldat, c'est un sacré type !" Il la raccompagna jusqu'à la porte de sa maison. "Au fait, lui demanda-t-il en la quittant, ton ennemi, y s'appelle comment, déjà ? – Mon garçon, c'est le chef du village, il se nomme Hasan, surnommé le Hideux."

Otmân revint auprès de Baïbars. "Eh, frangin, lui souffla-t-il à l'oreille, pour l'amour de la Hassîbeh, donne-lui réparation, à c'te bonne femme. – J'en ai bien l'intention, s'il plaît à Dieu", lui répondit-il. Il se tourna alors vers les notables de Mahalla et leur dit :

— Bonnes gens, ce Hasan le Hideux, quelle est sa fonction parmi vous ?

— C'est le chef du village, ô émir.

— Et est-il vrai qu'il a tué le fils de cette femme ?

— Seigneur, c'est ce qu'on raconte, mais ce n'est pas prouvé ; il n'y a pas de témoin contre lui. Seul Dieu (qu'Il soit exalté !) connaît le fin mot de cette histoire.

— Je vois, répondit Baïbars.

Lorsque le soir fut tombé, l'assemblée se dispersa ; Baïbars se retira dans ses appartements privés. Quelques instants plus tard, le cadi, le mufti et quelques-uns des notables se présentèrent pour le voir. Il vint à leur rencontre, les fit asseoir, et leur servit du café et des rafraîchissements.

— Tout va bien, s'il plaît à Dieu ? dit-il alors. Vous avez sûrement quelque chose à me demander…

— O émir, nous venons te donner un conseil au sujet de l'homme qui a assassiné le fils de cette femme, venue tout à l'heure se plaindre à ta seigneurie : c'est une crapule, plus méchante que ceux qui ont égorgé la chamelle[167]. Si tu le mets à mort, ce sera comme si tu avais fait le pèlerinage à la Maison de Dieu[168], tu auras ôté une pierre noire du chemin de la Communauté de Muhammad. Ce que nous en disions tout à l'heure, c'était parce que nous avions peur de lui : un domestique aurait pu nous entendre et aller le prévenir. Eh, celui qui ne craint pas Dieu, il faut le craindre ! Présentement, si ton intention est de rétablir l'ordre et la justice à Mahalla, commence par nous débarrasser de cet individu : le Seigneur t'en récompensera.

— Je vois, je vois, répondit Baïbars. De toute façon, rien ne se réalisera que par la volonté de Dieu. Quant à vous, vous n'avez rien à craindre des vicissitudes du sort.

Sur ces mots, ils se séparèrent ; Baïbars appela alors l'un des employés au service de l'administration.

— Mon garçon, lui dit-il, est-ce que par hasard tu saurais où habite le cheikh Hasan le Hideux, le chef du village ?

— Oui, mon émir.

— Eh bien, va me le chercher.

L'autre s'en fut aussitôt ; lorsqu'il revint, accompagné du cheikh Hasan, Baïbars se leva d'un bond, lui souhaita la bienvenue, le fit asseoir à ses côtés ; bref, il lui réserva le meilleur accueil. C'était un homme âgé d'une soixantaine d'années. Baïbars lui fit servir des rafraîchissements et du café.

— Sois le bienvenu, mon père, lui dit-il quand il eut fini de boire. Ta venue nous fait bien de l'honneur.

— Que Dieu te préserve, mon garçon. Y a-t-il quelque chose que je puisse faire pour toi ?

— Mon oncle, sache-le, je considère ta seigneurie comme mon propre père. Avant que je parte du Caire, l'on m'a dit le plus grand bien de toi et que tu es un homme dont la parole compte dans cette ville. Or, quant à moi, je suis étranger au pays et comme on dit : "Hors de son pays, l'homme le plus perspicace ne vaut pas mieux qu'un aveugle et, à nouveau venu, nouvelle surprise." Moi, l'administration, le gouvernement, je n'y connais rien, je suis trop étourdi ; or Sa Majesté le roi El-Sâleh m'a nommé gouverneur de cette ville. Aussi, je voudrais que tu aies l'obligeance de veiller sur moi et de me diriger dans mon travail, car je crains certains hypocrites… de toute façon, je t'obéirai en tout.

— Eh, de grand cœur, mon garçon ! répondit le cheikh Hasan. Tant que tu resteras dans ces bonnes intentions, tu réussiras, et tant que tu suivras mes conseils, tu y trouveras ton profit. Si tu m'obéis, je ferai en sorte que les habitants de la ville, grands et petits, t'obéissent au doigt et à l'œil, et que tu fasses ta fortune sur leur dos. Pour commencer, voici ces plaintes, accumulées depuis dix ans : nous allons les déclarer irrecevables et tu empocheras les cautions versées par les parties[169].

Sur ce, il plongea la main dans sa poche et en sortit une liasse de papiers : toutes les plaintes accumulées depuis dix ans dans la ville de Mahalla. Il se mit à les lui lire : en tel mois de telle année, Untel a embrassé publiquement la fille d'Untel ; ou encore Untel a détourné frauduleusement telle ou telle somme ; ou encore des voleurs ont pillé la maison d'Untel, Untel a touché des pots-de-vin, et le tout à l'avenant. Toutes ces plaintes, Hasan le Hideux les avait bloquées et en avait empoché la caution ; il les énuméra à Baïbars, qui en resta bouche bée.

— Mais, mon père, lui dit-il enfin, il me semble que ces plaintes sont bien anciennes ; elles ne doivent plus rapporter grand-chose. Il nous faut du nouveau. En tout cas, à partir de maintenant, je te demande de toujours rester près de moi : tu viendras me voir tous les jours. Et puis… j'aurais encore quelque chose à dire à ta seigneurie, seulement, voilà, c'est un peu gênant…

— Parle, mon garçon, ne sois pas timide ! A partir de maintenant, tu es comme mon fils. Ouvre-moi ton cœur !

— Eh bien voilà, je suis un peu porté sur la boisson. Or, hier, en arrivant à Mahalla, j'ai envoyé un de mes hommes en chercher mais le vin qu'il m'a apporté était piqué, et je n'ai pu le boire. Aussi, je voudrais que tu aies l'obligeance de m'indiquer un endroit où l'on vend du bon vin, afin que je m'y fournisse.

— Mon garçon, répondit le cheikh Hasan, dans cette ville, tu ne trouveras nulle part ce que tu cherches. Mais ne t'inquiète pas ; j'en ai chez moi, mis en bouteilles par moi-même. C'est du bon et du vieux, il a deux ans d'âge ! Tu n'as qu'à envoyer un serviteur avec moi, je t'en donnerai de quoi tenir un bon mois. Et si tu as envie que je t'envoie aussi une fille pour coucher avec toi cette nuit, ou un garçon, tu n'as qu'à le dire !

— Que Dieu me permette de profiter toujours de ta générosité, mon oncle ! s'écria Baïbars. C'est exactement ce que je souhaite. Pour ce soir, j'ai encore du vin et, pour le reste, le voyage m'a un peu fatigué… Mais demain nous sommes vendredi, il n'y a pas conseil ; j'aimerais que tu viennes le matin et que tu m'apportes du vin. Pour le reste, tu feras au mieux : une fille ou un garçon, peu importe. Nous nous ferons une bonne partie fine, tous les deux, loin des regards indiscrets !

— Parfait, qu'il en soit ainsi !

Baïbars fit apporter un manteau d'apparat, qu'il jeta sur les épaules du cheikh Hasan, et ordonna à Otmân de lui seller un cheval. En le voyant sortir du palais, couvert de son manteau et monté sur son cheval, les notables de Mahalla s'en furent rapporter l'affaire au cadi. "Il n'est de puissance et de force qu'en Dieu, le Très-Haut, le Tout-Puissant ! soupira-t-il. Et dire que nous blâmions Sulaymân Agha, l'ancien chef de district, et que nous avons tant pesté contre lui !"

[Le transmetteur a dit :] Ayant prononcé ces mots, le cadi se leva, dans l'intention d'aller tout raconter au mufti, quand soudain Otmân se présenta devant lui. “Salut à vous, cadi ! Y a l'soldat Nénars, l'gus qu'on dit strict, y t'appelle ! Y dit qu'tu rameutes les gars du bled et qu'vous alliez l'voir, il a besoin d'vous ! – J'entends et j'obéis”, répondit le cadi qui fit convoquer tous les notables de la ville.

Lorsque tout le monde fut rassemblé, on alluma les lanternes, et ils se rendirent au palais du gouvernement. L'émir Baïbars vint les accueillir ; il les salua et leur fit servir du café.

— Mon fils, lui dit alors le cadi, pourquoi as-tu renforcé le prestige de ce tyran, le cheikh Hasan ? Et nous qui te prenions pour un homme de cœur, et qui croyions que tu nous en débarrasserais ! Mais ta seigneurie fait tout le contraire de ce qu'il faudrait : tu lui as donné un manteau d'apparat et un cheval. C'est vraiment ce qu'on appelle encourager le vice !

— *Efendi*, répondit Baïbars, sache que c'est plutôt vous qui, par votre incapacité, l'avez laissé prendre tant de pouvoir sur vous et sur la ville. Mais, bientôt, vous verrez ce que vous verrez ! Pour l'instant, savez-vous pourquoi je vous ai convoqués ici ?

— Non, certes, seul Dieu connaît le secret des choses cachées.

— Eh bien, je voudrais que demain, avant l'aurore, vous veniez tous chez moi, sans exception.

— Nous entendons et nous obéissons, répondirent-ils.

Ils restèrent encore quelques instants en sa compagnie, puis ils s'en furent après avoir pris congé.

Le lendemain, après avoir fait la prière de l'aube, ils se rendirent derechef chez l'émir Baïbars. Celui-ci leur avait aménagé une cachette à l'intérieur de la grande salle, dans un coin séparé par une cloison. “Que personne d'entre vous ne s'avise de tousser ou de faire du bruit, leur dit-il. Le cheikh Hasan le Hideux va arriver bientôt, faites bien attention à ce qu'il dira, de façon à pouvoir témoigner contre lui : je veux l'amener à reconnaître son crime, afin de le mettre à mort en m'appuyant sur votre témoignage, conformément à la sainte Loi de Muhammad. – Par Dieu, répondirent-ils, voilà qui est bien pensé ! Puisse le Seigneur te conserver longtemps parmi nous.”

Ayant terminé ses préparatifs, Baïbars se mit en devoir d'attendre le cheikh Hasan. Celui-ci arriva au milieu de la matinée, précédé d'un domestique qui portait une jarre de vin, et suivi d'une fille et d'un garçon qui ressemblaient aux houris et aux échansons du paradis. Baïbars se leva avec empressement, lui souhaita la bienvenue et le fit asseoir à son côté ; la fille ôta son voile et découvrit sa chevelure ; elle vint baiser la main de l'émir Baïbars et s'assit près de lui, pendant que le garçon apprêtait le vin et le versait dans les flacons. Baïbars leur avait fait préparer des amuse-gueule et des parfums ; il cria à Otmân de les apporter.

Ce dernier s'imaginait que Baïbars avait réellement l'intention de boire du vin ; en sortant de la salle, il dit à Harhach :

— Regarde-moi ça, frère, le soldat veut s'bourrer la gueule ! Par le Prophète, si y fait ça, j'me r'mets à boire et au cul la pénitence, j'redéboutonne tout[170] !

— Tu sais, *osta* Otmân, répondit l'autre, j'crois pas qu'le soldat veut faire ça pour de bon, y veut juste le coincer, c'maquereau, comme il a coincé l'cheikh Muqallad, et après ça y va leur régler leur compte à tous ces cocus ! Attends un peu, tu vas voir.

— Pas bête ! C'est sûrement comme t'as dit ! Quel type, le soldat !

Pendant ce temps, la fille s'était mise à verser le vin dans les coupes ; elle goûta d'abord, puis offrit une coupe au cheikh Hasan le Hideux.

— Donne-la à l'émir Baïbars, lui dit-il.

— Bois plutôt toi-même, mon père, répondit celui-ci ; je ne puis boire pour le moment ; quand je suis ivre, ça me fait perdre mes moyens et je ne peux plus faire l'amour ; surtout que j'ai déjà pas mal bu hier soir.

— Tu as bien raison.

Le cheikh Hasan, le garçon et la fille se mirent à boire à tire-larigot, comme la queue de la brêle qui renverse tout sur son passage. Le cheikh Hasan se faisait verser à boire par la fille tout en pelotant le garçon, il embrassait l'un et reniflait l'autre, tant et si bien qu'il finit par être gris à ne plus savoir ce qu'il disait. Pendant ce temps, la fille chantait et le garçon se tortillait lascivement ; il y avait de quoi réveiller un mort !

— Mon fils, dit soudain le cheikh Hasan, j'ai l'impression que ce garçon et cette fille ne sont pas tout à fait à ton goût, car je te trouve bien réservé.

— Pas du tout, mon père, comment ne me plairaient-ils pas, ils sont très bien… Est-ce qu'il y a dans cette ville des filles mieux que celle-ci ?

— Bien sûr, mon fils. Aujourd'hui, j'étais pressé par le temps, je n'ai pas pu faire mieux. Mais, par ta vie, émir, j'ai à ma disposition des femmes qui n'ont pas leurs pareilles, même au Caire. Si tu veux, demain, je t'en amènerai des plus grandes familles de la ville, de la maison du cadi, du mufti, du *naqîb el-achrâf*[171] : tu n'as jamais rien vu de semblable.

— Tu es bien bon. Mais, mon oncle, j'aimerais te demander quelque chose ; seulement, jure devant Dieu que tu ne me refuseras pas. Si je ne savais pas que tu m'aimes plus que ton fils, je ne te demanderais rien. Hier, une femme s'est présentée au conseil, apportant des habits tachés de sang ; elle a porté plainte contre toi, disant que tu as tué son fils. D'après ce qu'elle m'a appris, l'affaire remonte à quatre ans. Lorsqu'elle m'a dit cela, je me suis mis en colère et je l'ai chassée, en lui déclarant que sa plainte était irrecevable. Mais ce garçon que tu as tué, sans doute que tu l'aimais et qu'il t'aura trahi ; ou bien tu l'as tué comme ça, sans raison ?

A ces mots, le cheikh Hasan poussa un profond soupir. “Ah, émir Baïbars, dit-il, tu as rouvert de vieilles blessures. Hélas ! plût au ciel que tu ne m'eusses pas rappelé ce garçon car, par Dieu, j'ai bien mal agi avec lui, sans qu'il ait rien fait qui méritât la mort. Ah, que Dieu maudisse la méchanceté et la colère, et plus encore la boisson ! – Je t'en conjure par Dieu, mon père, raconte-moi ce qui s'est passé entre vous, car j'aime bien les récits et les anecdotes étranges."

"Sache, émir Baïbars, que cette femme que ta seigneurie a vue avait un fils ; jamais aucune femme au monde n'en a enfanté de semblable. Du moins était-ce ainsi que je le voyais. Son père était mort ; il se nommait le cheikh Mustafa, et c'était un homme de religion réputé, d'une excellente famille. Lorsqu'il mourut, son fils, dont nous parlons, avait treize ans, et il était beau comme le clair de lune ; j'étais consumé pour lui d'une passion dévorante. Tous les jours, je le guettais sur le chemin et je lui adressais la parole, mais lui passait sans daigner me voir. Désespérant de parvenir à mes fins, un jour, je l'ai coincé dans la ruelle et je lui ai proposé de l'argent. J'ai sorti dix pièces d'or de ma poche, en lui disant : «Viens avec moi à la maison, rien qu'une seule fois !» Mais lui me jeta un regard courroucé, puis me dit en baissant les yeux : «Mon oncle, repousse le démon ! Tu es un homme assez âgé pour être mon père. Moi, je ne fais pas ce métier-là !»

Je lui offris dix pièces d'or de plus, en le pressant : «Mon garçon, prends toujours ça, si tu viens avec moi à la maison je t'en donnerai encore davantage.» Mais il m'échappa et s'en alla à son travail – il était apprenti chez un tailleur. Après cela, j'ai continué à l'accoster chaque jour ; j'allai jusqu'à lui offrir cent pièces d'or, mais en vain.

Il finit par prévenir sa mère de mes importunités. Elle eut tellement peur pour lui qu'elle ne le laissa plus sortir. Alors, je le fis surveiller par des gens à mes gages, qui me rapportaient tous ses faits et gestes.

Un beau jour, il sortit avec des garçons de son âge et ils se rendirent dans les jardins qui entourent la ville, afin de prendre l'air. Mes espions vinrent m'en avertir : «Mohammad est dans tel et tel jardin.» Je me dirigeai aussitôt à l'endroit indiqué ; j'étais ivre et, quand je vis le groupe des jeunes gens, je sortis mon couteau. Ils s'enfuirent apeurés, abandonnant leur compagnon tout seul. Je m'avançai vers lui, et l'empoignai.

— Alors, petite frappe, lui dis-je, tu croyais que je t'avais abandonné ?

— Que veux-tu de moi ? me demanda-t-il.

— Tu le sais bien, ce que je veux, fils de pute !

— Mon oncle, par la gloire de Dieu, personne ne m'a jamais fait cela, mon corps n'est pas habitué à cette chose. Laisse-moi en paix, et que Dieu protège ton honneur ; je t'en supplie, ne me déshonore pas.

— Tu n'y couperas pas, répondis-je, quand bien même tu t'accrocherais au plus haut des nuages ou tu plongerais au plus profond des mers ! Ça fait trop longtemps que j'attends ce jour, je n'y croyais plus !

Alors, il se mit à pleurer, plein de terreur ; je défis son pantalon et je m'approchai de lui pour satisfaire mon désir. Mais à ce moment, je fus saisi d'un violent transport, tout mon corps se mit à trembler et je me retrouvai comme une femme : j'avais beau m'escrimer, rien ne bougeait. Alors, sous le coup de la fureur et de l'humiliation, je lui enfonçai mon couteau dans le ventre jusqu'à la garde : ses entrailles s'échappèrent par la blessure. J'abandonnai son cadavre sans vie.

Ses compagnons, qui avaient observé la scène de loin, coururent avertir sa mère ; elle se rendit sur les lieux, l'emporta et le fit ensevelir. Elle se plaignit au chef de district ; mais il ne voulut pas accepter sa plainte, par égard pour moi, car je lui avais toujours fait réaliser de beaux bénéfices. Voilà, mon fils, ce qui s'est passé entre ce garçon et moi."

[Le transmetteur a dit :] Nobles seigneurs, lorsque Baïbars entendit la confession de ce misérable, il faillit le tuer sur-le-champ. "Pas de pitié pour celui qui reconnaît son crime ! s'écria-t-il. Vieille canaille !" Il sortit son *lett* de Damas, le *lett* de dix *ratls* et, d'un seul coup entre les deux épaules, l'envoya rouler à terre privé de connaissance, défait et humilié. "Qu'le bon Dieu t'protège, mon frelot ! s'écria Otmân de derrière la porte. Par le Prophète, tu l'as eu du premier coup !"

Il entra, se jeta sur Hasan le Hideux, lui passa l'entrave et lui lia les pieds et les poings. Les notables de Mahalla sortirent à leur tour.

— Puissent tes bras garder toujours leur force, et fasse le ciel que tes ennemis n'aient jamais à se réjouir de ta déconfiture ! disaient-ils.

— Vous avez entendu la confession de ce misérable ? leur demanda Baïbars.

— Nous avons entendu ; ah la canaille, il s'amusait avec nos femmes !

— Je le condamne à la peine de mort, dit le cadi ; voici une sentence de ma main.

— Et moi, dit le mufti, je donne avis favorable ; car c'est un assassin, et il n'a pas d'excuse.

Baïbars ordonna alors qu'il soit exposé de par la ville ; après quoi il fut décapité dans l'une des grandes rues de Mahalla. L'émir Baïbars fit ensuite venir la mère de la victime, la consola et, ayant confisqué la fortune de Hasan le Hideux, la lui donna comme prix du sang de son fils. Elle le couvrit de bénédictions et retrouva la paix du cœur.

A la poursuite des voleurs de chevaux

Baïbars demeura ainsi à Mahalla ; il purgea la ville de tous les mauvais garçons, et ses administrés le prirent en affection. “Ah, disaient-ils, si seulement il pouvait un jour régner sur nous !

Alors les moutons et le loup paîtraient côte à côte."

Deux mois passèrent. Un beau jour que Baïbars se trouvait dans la grande salle, après avoir fait la prière du matin, Otmân arriva soudain, l'air hagard et les vêtements en désordre, en criant : "Ah v'là-t-y pas du malheur les gars ! Ah, pauvre de toi, Adham ! Ah, misère de toi, la Colombe ! Ah qué tristesse ! Et le cheval de Lesboules !" Pendant tout ce temps, Baïbars le regardait sans rien dire ; à la fin il éclata :

— Mais bon sang, Otmân, qu'est-ce qui se passe ?

— Ah ! soldat, soldat, gueule pas comme ça, frère, surtout te mets pas en colère...

— Fils de pute, mais parle donc ! Que se passe-t-il ?

— Ben écoute, soldat, y z'ont percé le mur par-derrière et y z'ont pris tous les chevaux : la jument à Lesboules et celle à son frère, et ton cheval...

Il faut dire que l'arrière de l'écurie en question donnait sur le désert ; les voleurs avaient percé le mur et avaient emmené tous les chevaux de race, laissant ceux des simples soldats, qui ne valaient pas grand-chose.

— Mais enfin, sacré bâtard, pourquoi tu n'as pas envoyé tes hommes monter la garde à tour de rôle ?

— Et alors, c'est aux palefreniers de monter la garde, maintenant ? Elle est nouvelle, celle-là !

Complètement hors de lui, Baïbars s'avança vers Otmân pour lui donner un coup de *lett* mais celui-ci prit la fuite en criant : “Que la peste t’empoisonne toi et tous les ploucs dans ton genre ! Par la vie du Prophète, j’démissionne ! Non mais, j’suis ton frère devant la Hassîbeh et t’arrêtes pas d’me cogner avec ta boulette !”

Furieux de la perte des chevaux, Baïbars se déguisa et s’en fut aux nouvelles hors de la ville. Il se rendit à l’écurie et constata qu’un trou énorme avait été percé dans le mur. Après quoi, il prit la direction du pont de bois dont il a été déjà question.

Arrivé là, il tomba sur Otmân qui faisait les cent pas sur le pont ; il allait jusqu’au bout, puis revenait, en parlant tout seul : “Pleurez, fils de Haydab ! Riez, fils de Khunfus ! Dansez, fils de Rihân ! A c’t’heure, quand j’vais rentrer au Caire, y diront tous : «Y s’est fait mettre à la porte par son soldat Nénars !» Que la peste empoisonne çui qui y a boulетté sa boulette et çui qui y a donnée. Ah, bonnes gens, qu’est-ce qu’y fait mal quand y cogne ! J’ai beau être son frère devant la Hassîbeh, y m’traite comme un chien !”

En l’entendant discourir de la sorte, Baïbars ne put s’empêcher de rire, malgré sa colère. Pris de pitié, il l’interpella : “*Bora* Otmân !” Celui-ci se retourna et aperçut Baïbars, qu’il reconnut aussitôt malgré son déguisement.

— Non, non, j’viendrai pas ! Vois-tu, soldat, t’es trop méchant. Tu t’en fous, toi, du Hâjj Abou Afîs qu’on s’est tapé ensemble, toi et moi à la caserne quand j’allais tous les jours voir ma mère, la Grosse, et qu’je vendais l’coton qu’elle avait tissé pour te nourrir ! Eh, l’ami, par le Prophète, t’es un pur bâtard, t'es un ingrat, maintenant t'as pris la grosse tête, y a pas plus grand qu'toi à part le bon Dieu, et la Dame Naffous t'a rendu visite, t'es devenu le gus qu'on dit strict...

— Assez d'esclandre ! interrompit Baïbars, allez, viens, n'aie pas peur.

— Soldat, soldat, t'approche pas ! Par le Prophète, tu vas encore me cogner avec ta boulette, comme t'as cogné le cheikh Hasan !

— Par la gloire de Dieu, tu n'as rien à craindre...

— Non, non, faut que tu jures par la Très-Pure, la Hassîbeh, que tu me cogneras pas, autrement je viens pas !

Baïbars jura comme il l'avait demandé. "Ecoute donc, frère, ajouta-t-il, si j'ai été sévère avec toi, c'est parce que j'étais en colère, c'est uniquement à cause des chevaux des *fidaouis*, car ce sont nos hôtes. – Eh, soldat, qu'est-c'que tu veux qu'j'y fasse, moi ?"

Ils se mirent à marcher le long de la rivière. Arrivés à une portée de flèche du pont, ils se trouvèrent nez à nez avec un homme qui sortait de l'eau, entièrement nu ; parvenu à la grève, il se roula dans le sable en criant : "Repens-toi, âme pécheresse !" Peu après, il retourna dans l'eau, se lava le visage et le corps, puis revint sur la grève, se roula à nouveau dans la poussière et recommença tout son manège. Et pendant ce temps, il parlait tout seul, récitant ces vers (et vous, priez sur le Prophète) :

O vous qui me blâmez vous me blâmez en vain
mon malheur est assez qui toujours me tourmente

ces larmes que voici sont visibles témoins
de ce feu dévorant que mon cœur alimente

oui je brûle d'amour pour celle qui m'a fui
me laissant exilé étranger solitaire
j'ai perdu à la fois ma Dame et ma patrie
ah mon cruel destin que ta coupe est amère.

[Le transmetteur a dit :] Nobles seigneur, quand l'homme eut fini de déclamer, il éclata en sanglots, puis se mit à rire et se laissa tomber sur le derrière en faisant mille extravagances, le tout sous les yeux ébahis de Baïbars.

— Ça alors ! dit-il à Otmân, tu as vu, frère, ce que fait cet homme ?

— J'ai vu, soldat. Ça doit être un fou.

— Il faut que je sache qui il est, et pourquoi il se comporte de cette façon.

Ils s'avancèrent donc vers lui ; en les apercevant, il descendit vers le fleuve et se débarbouilla, puis il sortit de l'eau et se rhabilla. Il possédait un habillement complet, et de bonne qualité, mais si râpé qu'il semblait avoir été porté successivement par trois tribus de Bédouins : les Béni-râpe-tout, les Béni-salit-tout et les Béni-crève-tout ! Il était coiffé d'une calotte crasseuse, portait un bout de corde en guise de ceinture et allait nu-pieds.

— Que le salut soit sur vous, fit Baïbars en arrivant près de lui.

— Et que sur vous aussi soit le salut, répondit-il d'un ton fort civil.

— Qui es-tu, noble jeune homme ? Que t'est-il arrivé, et pourquoi te comportes-tu de la sorte ?

— Ecoute, l'ami, laisse-moi tranquille et passe ton chemin. A celui qui va tout nu, ne demande pas où sont passés ses vêtements. A quoi bon raconter ses malheurs à celui qui ne peut les soulager ?

— Non, frère ! C'est à l'homme de cœur qu'il faut raconter ses peines : s'il ne peut te conseiller, il te réconfortera, et s'il ne peut te réconforter, il partagera ton chagrin. Il ne faut jamais désespérer. Si tu es malheureux, raconte-moi ton histoire ; je souhaite réellement que tu me parles de tes malheurs et que tu m'apprennes qui t'a causé du tort : peut-être me sera-t-il possible de t'obtenir réparation.

— Mais qui es-tu, seigneur ? demanda l'autre.

— Frère, je suis Baïbars, le chef du district de Mahalla.

[Le transmetteur a dit :] Nobles seigneurs, priez sur celui qui est plus brillant que le clair de lune, sur celui qui nous guide dans les ténèbres : le prophète du Seigneur omniscient, que la prière et le salut de Dieu soient sur lui chaque fois que roucoule la colombe.

Le jeune homme n'eut pas plus tôt entendu ces mots qu'il se précipita vers Baïbars et se mit à lui baiser les mains. "Je t'en supplie, ami, lui dit-il, ne m'en veuille pas trop, je ne savais pas que c'était toi ! Celui qui n'a jamais vu la pleine lune, comment la reconnaîtrait-il ? Maintenant que je t'ai trouvé, seigneur, il faut que je te raconte toute mon histoire. Car, seigneur, le récit que je vais te faire contient une utile leçon, bien digne d'être gravée sur la pierre. Si tu veux savoir qui je suis, eh bien je suis originaire d'une contrée de Perse qui se nomme le Khwârezm[172], et j'ai nom Mohammad, fils d'El-Kâmel."

[Une lacune nous prive du début de l'histoire de cet intéressant jeune homme. Ce n'est pas très grave, à vrai dire, car elle est tout à la fois banale et passablement ridicule. Ce "fou d'amour" dont le comportement extravagant rappelle de façon exacte celui de maints héros de nos romans de chevalerie, ce fou d'amour n'a rien d'un Amadis ou d'un Roland ; c'est tout simplement un jeune benêt qui se meurt d'amour pour une détestable gourgandine, danseuse de boui-boui de son état, et aussi vulgaire et intéressée qu'il est possible de l'être. Il s'agit en fait de cette jeune personne nommée Hajîj qui, quelques pages plus haut, interpellait Otmân avec une familiarité qui laissait mal augurer de sa vertu.

En fait, nous sommes ici en pleine parodie ; l'idylle vulgaire de Mohammad et de Hajîj fonctionne comme un travestissement d'un genre littéraire bien connu dans la littérature arabe, savante et populaire, celui de la pastorale bédouine, dont la manifestation la plus connue est le Roman de Majnûn et Layla. *On en trouvera, quelques pages plus loin, une évocation "sérieuse" ; celle-ci, comme il se doit, se situera dans le désert.*

Voici, en attendant, la morale promise par Mohammad ; elle nous est donnée par Hajîj, sous forme d'un apologue. Nous laissons à nos lecteurs le soin de l'apprécier...]

Le récit d'Ibn El-Kâmel, le fou de Hajîj

"... Elle éclata de rire : «Ton fric, mon vieux ? me dit-elle. Ah ben bonsoir ! C'est de l'histoire ancienne, maintenant. Non mais, tu rêves ou quoi ? Pauvre innocent, va ! Si tu n'as toujours pas compris, écoute un peu, j'vais t'raconter une histoire :

Il y avait une fois un artisan qui avait épousé une très jolie fille de bonne famille. Tous les matins, il partait de bonne heure à son travail et envoyait son apprenti acheter ce qu'il fallait pour la maison, ainsi que les provisions nécessaires pour le dîner. Le soir, en rentrant chez lui, il achetait des fruits, des friandises, des amuse-gueule : noisettes, pistaches... Il mettait tout cela dans la poche de son manteau. Quand il arrivait à la maison, sa femme se précipitait à sa rencontre, avec l'impatience des amants séparés depuis longtemps. Elle prenait les provisions qu'il rapportait, lui baisait les mains et les pieds, et dressait la table. Après le repas, elle lui apportait de quoi se laver les mains, lui présentait son brûle-gueule, et s'asseyait à son côté. Elle lui tenait ainsi compagnie jusqu'à ce que lui prenne l'envie d'aller se coucher. C'est elle qui lui préparait alors son lit, le déshabillait et lui passait sa robe de nuit ; puis, une fois couché, elle lui massait les bras et les jambes, et s'allongeait enfin à son côté. S'il n'avait pas envie d'elle, il lui disait : "Pas ce soir", et elle allait dormir seule dans un autre lit, pour ne pas le gêner dans son sommeil, car il était fatigué par sa journée de travail. Quand il voulait d'elle, elle le laissait faire à sa guise et se relevait pour lui préparer une bouilloire d'eau qu'elle mettait sur le feu. De bon matin, il faisait ses ablutions et sa prière, tandis qu'elle lui préparait son petit déjeuner. Il partait ensuite au travail et elle l'accompagnait jusqu'à la porte où elle lui faisait ses adieux : "Que le Seigneur te garde, ô mon mari, et te préserve de tout mal."

Il s'en alla ainsi pendant sept ans. Elle lui donna quatre garçons et trois filles. Puis son affaire périclita peu à peu, et l'argent vint à manquer. Un soir, il rentra chez lui, comme de coutume. Dans la journée, il avait fait porter par son apprenti les provisions nécessaires pour le dîner, mais il ne lui restait que deux ou trois piastres pour acheter fruits, amuse-gueule et parfums. Quand il arriva, sa femme courut à sa rencontre mais, en voyant ses poches vides, elle le dévisagea, frappa dans ses mains et s'exclama :

— Misère de misère ! Que le bon Dieu nous protège ! Tu t'es donc battu ? Qui est-ce qui t'a crevé l'œil ?

— Non, je ne me suis pas battu, fit l'autre tout étonné.

— Mais enfin, tu es borgne !

— Bien sûr que je suis borgne ! Comment, bougresse, il t'a fallu sept ans pour t'en rendre compte ?

— Eh ! que veux-tu, mon homme, tant que tu revenais chaque soir les poches pleines, je regardais ce qu'il y avait dedans et je ne faisais pas attention à ta figure. Ce soir, comme tu as changé tes habitudes, c'est bien la première fois que je te regarde en face.

Alors, maudissant la perfidie des femmes, il la répudia sur-le-champ et la renvoya, bien qu'elle lui eût donné sept enfants.

Eh bien toi aussi, Mohammad, il faut te débrouiller pour te trouver une autre femme. Et, en tout cas, si je te revois ici, je te casse une patte.»

Alors, je me mis à pleurer, à trépigner devant elle et à lui baiser les mains.

— Eh bien, que veux-tu encore ? me demanda-t-elle.

— Laisse-moi rester près de toi, prends-moi comme domestique. Je te servirai fidèlement et je vivrai de tes aumônes, heureux de pouvoir seulement te contempler.

— Ah ouais ? Et les gens, qu'est-ce qu'ils vont dire ? J'crains pour ma réputation, moi. Bon, enfin, si y a pas moyen d'faire autrement, tu peux toujours jouer le paillasse dans ma troupe.

— Et qu'est-ce que j'aurai à faire ?

— Tu tiendras une cuiller à pot à la main, tu te mettras une casserole sur la tête, tu te noirciras le visage, tu feras des pitreries et des cabrioles pour amuser le public, et tu prendras des baffes et des coups de pied au cul.

— Très bien, j'accepte, répondis-je.

Elle m'engagea donc comme paillasse et renvoya celui qui tenait le rôle. Je partis en tournée avec elle, jusqu'au jour où Khidr El-Buhayri lui fit porter une lettre par l'un de ses esclaves, disant :

«Dès que tu auras lu ces lignes, viens promptement chez moi, au campement, avec tes danseuses, car je veux épouser la belle de Yousef El-Burayji, la Perle du Désert. Je t'ordonne de venir pour animer les réjouissances. Si tu ne viens pas, par l'honneur des Arabes, je te ferai surveiller et, un jour que tu sortiras dans le désert pour aller danser à une fête, je te tuerai, toi et tes danseuses, comme j'ai tué le chef du district de Mahalla, sans autre forme de procès. Il n'est pas nécessaire que je te dise combien je suis redoutable et habile…»

Elle baisa le billet, le porta à sa tête et répondit : «J'entends et j'obéis ! Pars devant porter mon salut à ton maître ; je me dépêche de faire mes préparatifs et j'accours lui baiser les mains et les pieds.» Prise de terreur, elle nous emmena, les danseuses et moi, en direction de Mahalla. Nous y sommes entrés le jour même de ton arrivée et avons vu l'*osta* Otmân près du pont de bois."

"C'est vrai, mon pote, l'interrompit Otmân, par le Prophète ! Que le bon Dieu te fasse récupérer ton flouze. T'fais pas d'mouron. T'as l'soldat, l'Turco aux yeux noirs, çui-là, y te f'ra rentrer dans ton droit et y dégommera le père La Verdure. – A vos ordres, dit Baïbars en riant, mais laisse-le terminer son histoire !"

"Nous sommes donc restés quelques jours à Mahalla pour nous reposer un peu, reprit Mohammad Ibn El-Kâmel, puis nous sommes partis pour le campement de Khidr El-Buhayri, à huit heures de marche de Mahalla. En arrivant, nous avons trouvé une horde de Bédouins qui grouillaient sur la place. Ils avaient planté leurs tentes côte à côte, piquet contre piquet, et menaient un charivari de tous les diables. Quelques chefs vinrent à notre rencontre et nous introduisirent auprès de Khidr El-Buhayri. Hajîj lui baisa la main. «Te voilà donc, la bayadère, lui dit-il. Par l'honneur des Arabes, si tu n'étais pas venue, j'aurais maudit ton grand-père et brûlé tes ancêtres.» Il mit une tente à notre disposition et, pendant six nuits, nous avons fait notre numéro.

La nuit dernière, j'étais assis aux pieds de Hajîj, sous sa tente, contemplant, éperdu, la beauté de ses traits. Je pensais à ce sort misérable qui était le mien, à tous les biens que j'avais perdus, et je ne pus m'empêcher de pousser un profond soupir et de verser des larmes.

— Alors, Mohammad qué qu't'as encore à pleurnicher ? me demanda-t-elle.

— Ah, Hajîj, par Dieu, je pleure sur la triste condition qui est la tienne. Devoir trimer si dur et s'épuiser pour ces rustauds de Bédouins ! Ah, si seulement tu voulais m'écouter, tu abandonnerais la danse, tu te repentirais et tu mènerais une vie pieuse ; comme ça, je pourrais t'emmener devant le cadi et t'épouser en justes noces, selon la Loi de Dieu et de Son prophète. Après tout, tu as assez d'argent pour nous faire vivre longtemps. Est-ce que cela ne vaudrait pas mieux que de mener cette profession que Dieu et Son prophète réprouvent et de me laisser mourir de chagrin ?

Alors, émir Baïbars, elle se fâcha et s'écria : «Non mais, visez un peu l'gigolo ! Va donc, eh paysan ! Après toutes les couleuvres que j't'ai fait avaler, t'espères encore ? Tu veux que j'te fasse descendre ou quoi ? Tu veux que j'abandonne la danse, le plaisir, la belle vie et l'pognon, tout ça pour ta belle gueule ?» Alors je me suis tu, n'osant plus poursuivre la conversation. Peu après, elle est sortie de sa tente et est allée voir Khidr El-Buhayri.

— Alors la bayadère, que veux-tu ?

— Seigneur, je vois que tu as interrompu la fête. Il y avait encore deux nuits de réjouissances ; mais ce soir il ne se passe rien…

— C'est vrai, mais on n'a plus ni poix, ni huile, ni goudron pour les torches, et j'ai appris que cette tapette, cet esclave marron, Baïbars, le nouveau chef de district, a décrété l'état de siège à Mahalla, et mis l'embargo sur l'huile et le goudron[173]. Sans doute, je pourrais marcher sur la ville à la tête de mes hommes, la démolir, emmener leurs femmes, saccager leurs biens et égorger leurs enfants, mais il serait malséant d'annuler les festivités surtout quand les grands chefs bédouins sont là. Il faudrait envoyer un cul-terreux à Mahalla acheter deux outres d'huile et de poix, pour terminer la fête et clore la noce. Tu verras alors qui est Khidr El-Buhayri ! J'ai bien envoyé quelques-uns de mes lieutenants pour prendre Baïbars par ruse mais ils ne sont pas encore revenus.

— Emir, si c'est à cause de l'huile et de la poix qu'on a interrompu la fête, je vais envoyer mon jules, Mohammad Ibn El-Kâmel, pour en chercher. S'il se fait tuer, ce sera pas une perte ; et s'il réussit, ce sera toujours ça de gagné.

— Amène-le toujours, répondit-il.

On vint donc me chercher. «Holà, chien de culterreux, dit-il, prends cette chamelle et ces outres ; et voilà de l'argent. File à Mahalla, ramène de l'huile et de la poix, et si tu traînes, je te ferai couper la tête.»

Que pouvais-je répondre à ce tyran ? Je pris la chamelle et les outres. Je fis un tour par la tente de Hajîj.

— Ah, mon aimée, soupirai-je. Tu ne crains donc pas Dieu, pour m'envoyer ainsi à ma perte ? Comment pourrais-je entrer à Mahalla alors que Baïbars a décrété l'état de siège ? Si je me montre et s'il apprend que je viens acheter le nécessaire pour la fête, il me fera mettre à mort.

— Va donc filer ta tête au fossoyeur pour soixante ans, pauv' cloche ! me répondit-elle. Tous ceux qui sont morts, ils valaient mieux que toi, peut-être ? De toute façon, c'est pas la peine de trembler pour ta sale peau, t'es tellement minable que personne fera attention à toi, et si tu crèves, personne se baissera pour t'ramasser.

Je partis donc pour Mahalla, juché sur la chamelle, la larme à l'œil et le cœur triste. En chemin j'aperçus les sbires de Khidr qui en revenaient, entraînant derrière eux une troupe de chevaux. «On a nettoyé les écuries du chef de district de Mahalla, disaient-ils. On aurait bien aimé lui couper la tête, mais bernique ! Enfin, on aura toujours pris ses chevaux !» Pour qu'ils ne me voient pas, je me suis caché près de la berge du Nil ; j'étais pris entre deux feux et, de plus, je n'avais aucune provision. Je me disais que, si j'entrais dans Mahalla, ta seigneurie découvrirait qui je suis et ne manquerait pas de me faire exécuter ; par ailleurs, si je revenais au campement de Khidr El-Buhayri sans avoir rempli ma mission, ce serait lui qui me tuerait ; quant à rentrer au pays, dans la situation où j'étais, après avoir dilapidé tout mon argent et celui que m'avait confié le khan, Jamak[174], je n'osais l'envisager. Alors la folie s'est emparée de moi, mon corps est devenu brûlant de fièvre, j'ai ôté mes vêtements et je me suis mis tantôt à me plonger dans le fleuve, tantôt à me rouler dans la poussière en me faisant à moi-même d'amers reproches… C'est alors que ta seigneurie est arrivée ; tu m'as vu, tu m'as demandé mon histoire : la voici."

Il éclata alors en sanglots ; l'émir Baïbars pleura aussi car il se souvenait de son père, le khan Jamak, et de sa mère, la reine Ayak. Il avait compris que Mohammad Ibn El-Kâmel était son frère de lait et qu'il ne lui avait dit que la vérité, cependant, il ne voulut pas se faire reconnaître de lui ; chaque chose ne doit-elle pas arriver en son temps ? Il le consola en lui disant : “Ne t’inquiète pas, quand j’aurai mis en déroute Khidr et ses Bédouins, je ferai en sorte que Hajîj change de vie ; elle t’épousera et tous ses biens te reviendront.”

Ils rentrèrent ensemble à Mahalla. Baïbars lui offrit l’hospitalité cette nuit-là, mais ne le fit pas changer de tenue, car il avait conçu un plan à son sujet.

Le lendemain, Baïbars envoya chercher les deux outres d’huile et de poix dont avait besoin Mohammad Ibn El-Kâmel et il lui confia une lettre. “En selle, Mohammad, pars pour le campement et, dès ton arrivée, porte cette lettre à Hajîj. Je ne tarderai pas.” Il prit la lettre, chargea les deux outres sur la chamelle, fit ses adieux à Baïbars et s’en fut. Nous en reparlerons.

La grande armée

Baïbars tint conseil et réunit les grands et les notables de Mahalla qui lui proposèrent leurs services :

— Nous avons appris, émir Baïbars, que tes chevaux avaient disparu, et nous ne demandons qu’à nous placer sous tes ordres.

— Je connais mon ennemi et si Dieu, le Tout-Puissant, le décrète, je le réduirai à néant. Mais, de votre côté, il faut que vous me fournissiez des soldats pour marcher contre Khidr El-Buhayri.

— Emir Baïbars, dirent-ils en changeant de couleur, nous n'avons pas de soldats en état de livrer bataille. Et comment pourrions-nous résister à Khidr qui est entouré d'une armée de Bédouins innombrables ?

— Ce n'est pas une raison ! Moi je viens du Caire. Croyez-vous que je me bats pour mon argent ou pour mes femmes ? Je suis venu vous défendre contre votre ennemi. Faites quelque chose ! Par le Tout-Puissant, si vous ne me trouvez pas de soldats, je vous passe le garrot et je vous fais marcher en première ligne. Ces Bédouins vous volent, profanent votre honneur, c'est donc à vous de les combattre, affirma-t-il avec dureté.

— Comme tu voudras, soupirèrent-ils.

A grand renfort de finances, ils se mirent à recruter des soldats parmi les jeunes de Mahalla. Ils en réunirent environ deux mille, ce qui faisait un total de six mille, avec ceux que Baïbars avait amenés. Comme il avait gardé les dépouilles des Bédouins tués à Mahalla, et avait également apporté celles de ceux tués à Banha El-Asal[175], il en revêtit ses mamelouks et demanda d'autres habits de Bédouins aux notables de Mahalla pour habiller les nouvelles recrues. Cela fait, ils s'armèrent, montèrent en selle et sortirent de Mahalla.

Les notables de Mahalla avaient envoyé des espions au campement de Khidr pour s'informer de l'ampleur des forces bédouines. Ils rapportèrent que les Bédouins étaient innombrables, pareils aux grains de sable dans le vent et aux fétus de paille dans la tempête, et que leur nombre s'était encore accru à l'annonce de l'arrivée de Baïbars. En apprenant cette nouvelle, les troupes et les mamelouks de Baïbars furent pris de panique et cessèrent d'avancer.

Baïbars était bien ennuyé et ne savait trop que faire. Il essaya de redonner confiance à ses troupes, en faisant miroiter des promesses de butin. Et il avait bien raison car, comme on dit, tels soldats, tel chef. Ils sortirent donc de Mahalla et marchèrent une demi-heure. Quand Baïbars vit que ses hommes avançaient avec autant d'ardeur que s'il les avait menés à la potence, il donna l'ordre de mettre pied à terre et de dresser les tentes pour la nuit.

Le lendemain, quand les chevaux eurent terminé leur musette d'orge, il donna le signal du départ. Au bout d'une demi-heure, Baïbars leur fit à nouveau mettre pied à terre, pour ne pas les fatiguer. Il n'attendait de secours que de Dieu car jamais il n'aurait cru que Khidr parviendrait à réunir une telle troupe. A ce train-là, au bout de huit jours ils n'avaient couvert que la moitié du chemin et se trouvaient encore à quatre heures de marche des quartiers de Khidr. Ils dressèrent leurs tentes.

Baïbars réunit dans son pavillon l'élite de ses hommes : Saqr El-Lawlabi, Saqr El-Hajjâm, Fâres El-Dîn Qatâya[176]… et ils tinrent conseil sur la suite des opérations. Tous lui jurèrent de se battre pour lui jusqu'à la mort. “La seule solution, c'est de trouver une ruse pour nous emparer de Khidr El-Buhayri et de ses quarante lieutenants. Ce sera chose facile si le Tout-Puissant le permet", dit Baïbars. Ils finirent par tomber d'accord pour envoyer Baïbars et les deux Saqr, Fâres El-Dîn Qatâya, les palefreniers, Otmân et sa troupe, ainsi que cinq cents hommes, surprendre Khidr et ses chefs ; le reste de l'armée et les mamelouks formeraient quatre colonnes et se dissimuleraient dans les collines, sur les quatre côtés du campement de Khidr, mille hommes et quelques de chaque côté. On établirait entre chaque troupe et le campement de Khidr une chaîne de cavaliers, chacun à portée de voix de l'autre, si bien que, lorsque Baïbars déclencherait l'attaque contre Khidr et ses chefs, l'alerte se transmettrait de cavalier en cavalier jusqu'aux troupes, qui chargeraient alors des quatre côtés à la fois. Le but de la manœuvre était, d'abord, de prêter main-forte à Baïbars contre les Bédouins et, ensuite, d'effrayer ces derniers en leur faisant croire que les assaillants étaient en grand nombre. On s'en tint donc à ce plan.

— Soldat, par tes beaux yeux, par le Prophète ! intervint alors Otmân, t'es un vrai Turco, t'en as vu d'autres et t'as plus d'un tour dans ton sac ! Seulement, y a un truc : tes enlukés, Saqr le Chargeur, Saqr Lesboules et Fâres le Coupé[177], t'leur as filé chacun son boulot, d'accord, mais l'*osta* Otmân, Harhach, Oqereb, Moitié du Monde, Grosse Tête, le Fils de la Grande et ses gars, y vont rester à se rouler les pouces ?

— Ton tour arrive, Otmân. C'est vous qui allez vous infiltrer avec moi dans le pavillon de Khidr, déguisés en Bédouins. Que voulez-vous de mieux ?

Et quand on en viendra aux mains, vous montrerez ce que vous savez faire.

— Tais-toi, mec ! T'y connais rien. Leur casser la gueule et les mettre à poil, d'accord ! Z'y couperont pas, mais nous, on a aut' chose à faire. Quand tu verras le travail, tu r'connaîtras la griffe de Fleur des Truands.

— Très bien, c'est exactement ce que je vous demande, Otmân.

Ils quittèrent Baïbars et chacun regagna sa tente. Les mamelouks lui préparèrent son lit, il se déshabilla, revêtit sa tenue de nuit, s'étendit et s'endormit, tandis qu'Otmân veillait à la porte du pavillon.

Encore un fou

Baïbars ne dormit pas longtemps. Il était soucieux et inquiet. Il avait bien peur que son armée ne prenne la fuite au premier choc, car il s'était rendu compte que ses soldats étaient aussi courageux que des donzelles et n'avaient jamais mis les pieds sur un champ de bataille. Il était bien naturel qu'il se fît du tracas, mais c'est alors que la Protectrice du Caire lui apparut : “Mon fils, lui dit-elle, rien ne peut t'arriver ; tant que tu te proposes de mettre à mort cet oppresseur et d'en délivrer le genre humain, Dieu te donnera sûrement la victoire ! Cependant, près de ta tente se trouve une victime éplorée. Si tu apaises son chagrin, Dieu te viendra en aide."

Il revint à lui, tout retourné par cette vision. Quelle pouvait bien être cette victime ? L'apparition ne lui avait rien précisé à ce sujet. Peut-être l'un de ses soldats ? Il se leva, s'habilla et allait sortir du pavillon quand Otmân s'interposa :

— Tu vas où, soldat ?

— Faire le tour des tentes.

— Alors, tu m'fais des cachotteries maintenant, mon pote ? ricana Otmân. Tu pouvais bien m'le dire qu't'avais fait un rêve, de toute façon, je suis au courant. Pas vrai, p'tite tête ?

— Ah pardon, cheikh Otmân ! Donne-moi ta bénédiction.

Il passa de tente en tente. Tous ses soldats étaient couchés et dormaient comme des souches : si Khidr était venu cette nuit-là, avec seulement mille cavaliers, il n'en aurait fait qu'une bouchée. Même les sentinelles étaient à moitié endormies. "Tu parles d'une garde ! se dit-il. Il n'est de force et de puissance qu'en Dieu, le Tout-Puissant. Rien ne se passe ici-bas que par Son décret." Il continua sa tournée, scrutant le désert, craignant une attaque.

A la moitié de la nuit, il avait achevé son inspection mais n'était pas tranquille pour autant ; il pensait à la vision qu'il avait eue et au fait qu'Otmân l'avait percé à jour. Tandis qu'il était perdu dans ses pensées, il aperçut au loin la lueur d'un feu de camp qui venait d'être allumé et dont les flammes grandissaient peu à peu. Intrigué, il décida d'aller voir de plus près ; en s'approchant, il vit des ombres se profiler. Il s'approcha encore et se trouva devant un camp de Bédouins avec tentes, pavillons, drapeaux, chevaux, lances et sabres. Tous les feux du campement étaient éteints, sauf celui d'une tente, plantée en première ligne.

Il entendit une voix : un homme implorait le ciel en gémissant. Encore un cœur que l'amour avait marqué de ses feux ! L'homme récitait des vers. Baïbars s'approcha et aperçut un Bédouin au teint mat, de belle prestance, rongé par la fièvre. A son chevet se tenait une vieille Bédouine impotente qui tentait de le distraire de son mal et de lui faire oublier sa passion, mais le jeune homme n'en avait cure. Il se complaisait dans son tourment, se roulait par terre et criait : "Ah, ah, qu'il est brûlant le feu de la passion ! Ah qu'elle est amère la séparation ! Ah, quand nous reverrons-nous ?" et il se mit à réciter :

Je n'ai plus que ton nom pour peupler ton absence
et ton doux souvenir pour chasser ma douleur
si les pleurs de mes yeux allègent ma souffrance
leur flot trompant mon mal fait croître mon malheur

vit-on jamais amant plus que moi tourmenté
vit-on jamais passion plus tendre que la mienne
tant de nuits sans sommeil tant de jours sans clarté
si brûlant paradis et si douce géhenne

mais non j'ai trop souffert j'ai usé mon courage
et le mal dont je souffre a consumé mon corps

de l'amour je n'ai eu qu'avanies et outrages
d'amour était ma vie d'amour sera ma mort

mes larmes en coulant ont rougi ma paupière
mais comment retenir leur flot torrentueux
mes cheveux ont blanchi de ma longue misère
ma jeunesse m'a fui je ne suis plus qu'un vieux

espérerai-je encor ma princesse lointaine
amante sans reproche absente à contrecœur
mon destin sera-t-il de voir finir ma peine
verrai-je mon chagrin se muer en bonheur

oui je t'attends, Baïbars, ô chevalier sans peur
la Dame m'a promis par ton bras délivrance
je m'en remets à Toi, ô Dieu mon Créateur
sur Khidr mon ennemi accorde-moi vengeance.

Quand Baïbars entendit ce poème et se rendit compte qu'il y était question de lui, ses cheveux se dressèrent sur sa tête. "Ce doit être la victime dont la Dame très-pure m'a parlé, se dit-il. Le cours des astres m'a amené à lui pour que je lui vienne en aide." Il toussota pour signaler sa présence et le salua. Quand le jeune homme l'aperçut, il se leva d'un bond et s'écria : "Bienvenue à celui dont la Dame très-pure m'a annoncé l'arrivée." Il lui prit la main, la porta à ses lèvres et demanda : "Seigneur, ne serais-tu pas l'émir Baïbars, le chef de district de Mahalla ? – Oui, mon garçon et toi, qui es-tu ? Raconte-moi pourquoi tu es dans cet état et dis-moi qui t'a porté tort."

Le jeune homme s'empressa de lui présenter un coussin. "Mets-toi à l'aise, émir Baïbars, écoute mon histoire et viens-moi en aide. Puisse Dieu t'assister au jour de la Résurrection." Baïbars s'assit donc et le jeune homme commença son histoire.

Il se nommait Yousef El-Burayji et c'était un émir bédouin de Mahalla ; il reconnaissait l'autorité du roi et payait tribut à l'Etat. Un de ses oncles qui nomadisait lui aussi dans la région, l'émir Sabâh, avait une fille d'une grande beauté, nommée Sabha, que Yousef El-Burayji devait épouser ; on s'était mis d'accord sur la somme qu'il verserait à son oncle et le contrat avait été signé. La cérémonie devait se dérouler chez le père de la jeune fille ; Yousef conduirait ensuite la jeune femme à son propre campement, après la nuit de noces.

Il partit donc chez lui chercher la somme promise et revint, accompagné des anciens de sa tribu et de ses amis qui amenaient des chevaux, des chameaux, et toutes les provisions nécessaires pour le festin des noces. La fête commença. Nuits de bonheur, de danses et de chansons, qui durèrent jusqu'au jour où Khidr El-Buhayri passa par là, accompagné de quelques-uns de ses lieutenants et d'une poignée d'hommes. Ils partaient en razzia, comme c'est la coutume des Bédouins. A l'arrivée de Khidr El-Buhayri, tous se levèrent et sortirent lui faire le meilleur accueil, car c'était un fieffé soudard qui pouvait tenir tête à mille cavaliers ; il avait une monture plus rapide que le vent, qu'on appelait "la Colombe". Ils l'invitèrent donc à mettre pied à terre, lui et ses lieutenants, et leur offrirent l'hospitalité. Mais quand ce maudit vit que les festivités se déroulaient, il interrogea l'émir Sabâh :

— C'est la fête chez vous, à ce qu'il semble. S'agirait-il d'un banquet ou d'une noce ?

— C'est une noce, émir, mon neveu Yousef El-Burayji va épouser sa cousine Sabha, ma fille.

— Par l'honneur des Arabes, je ne savais pas que tu avais une fille belle comme le soleil, digne de Yousef El-Burayji. Je veux la voir.

On essaya de l'en dissuader, mais en vain. On lui présenta donc la fille. Elle était si belle qu'il en tomba passionnément amoureux.

— Je veux que tu me la donnes pour épouse, dit-il à Sabâh, et à cet effet, je t'offre le double de ce que peut te donner ton neveu.

— Je t'en serais bien reconnaissant, dit Sabâh qui croyait que l'autre plaisantait, ce serait un plaisir de t'avoir pour gendre, mais le contrat est signé.

— Taratata, déchire le contrat ! Je baise la mère de celui qui l'a rédigé.

Il sauta en selle, prit la fille en croupe et donna à ses hommes le signal du départ. Tout le monde cria et supplia mais il resta inébranlable : "Je ne m'en séparerai pas car elle est devenue ma femme. Les noces commenceront dès mon arrivée au campement et je lui prendrai sa fleur. Après quarante jours, si son cousin en veut encore, qu'il vienne la réclamer chez moi, je la lui donnerai." Il piqua des deux et la Colombe partit, légère comme la brise. Ses hommes le suivirent et Sabâh revint, se mordant les doigts de tristesse et de désespoir. Comment aurait-il pu résister, lui qui n'avait aucun homme capable de combattre les guerriers de Khidr qui venait d'assassiner le chef du district ?

Quant à Yousef El-Burayji, il retourna à son campement, pleurant et gémissant nuit et jour. Peu s'en fallut qu'il ne mourût de chagrin ! Sa mère se tenait à son chevet et tentait de le consoler, mais sans succès. Aux portes de la mort, au comble de l'épuisement, il s'endormit certain soir et vit la Très-Pure, voilée de lumière, qui lui annonça que l'émir Baïbars, chef du district de Mahalla, les délivrerait, lui et sa cousine. Elle le lui décrivit et lui précisa qu'il se présenterait telle nuit, à telle heure. Il se réveilla tout joyeux et, depuis, il ne cessait de supplier le ciel, demandant l'aide de la Très-Pure et la réalisation de sa promesse.

Cette nuit-là, donc, comme nous l'avons dit, Baïbars avait fait halte avec son armée près du quartier de Yousef El-Burayji, la Dame lui était apparue, il s'était dirigé vers les tentes ; il avait aperçu un feu de camp, s'était approché et avait entendu cette pauvre créature implorer le Roi de Gloire et réciter des poèmes. Quand Baïbars arriva, il le reconnut aussitôt. Baïbars lui demanda alors ce qui lui était arrivé, dans le but de lui rendre justice, et il lui avait raconté son histoire.

— Ne crains rien, émir Yousef, dit Baïbars, mais dis-moi, combien d'hommes as-tu sous tes ordres ?

— Je commande à cinq cents familles disposant chacune d'un ou deux cavaliers.

— Et ton oncle ?

— Autant que moi, ô protégé de Dieu.

— Bien, je vous précède au campement de Khidr. Nous y serons demain, à la tombée de la nuit. Peut-être le combat s'engagera-t-il. Rassemble tes Bédouins ainsi que ceux de ton oncle Sabâh et rejoignez-moi.

Baïbars regagna alors son campement, ses inquiétudes dissipées. Il rentra sous sa tente, se coucha et s'endormit paisiblement.

Le lendemain, il attendit le milieu de la journée pour lever le camp ; il rassembla ses troupes, les répartit en quatre colonnes et leur donna pour consigne de s'approcher du campement de Khidr El-Buhayri en ordre dispersé, puis de se regrouper dans les collines et de poster les estafettes pour donner l'alarme, comme il a été dit précédemment.

Ils disposaient de guides, venus de Mahalla, qui connaissaient parfaitement le terrain. Ils montèrent en selle, déguisés en Bédouins, et partirent par petits groupes. Les Bédouins qui les voyaient passer croyaient qu'ils appartenaient à quelque tribu nomade et qu'ils se rendaient à la noce de Khidr El-Buhayri. De toute façon, il arrivait tant de monde que c'était la pagaille dans la steppe !

Parvenus aux collines, ils s'embusquèrent et l'attente commença.

Baïbars revêtit une tenue de prince bédouin et ordonna à Otmân, Oqereb, Harhach et aux quatre-vingts de l'imiter, ainsi qu'aux deux Saqr et à Fâres El-Dîn Qatâya. Ils partirent, suivis du reste de la troupe, en direction du campement de Khidr El-Buhayri. Nous en reparlerons.

La mouche de Baïbars

Pendant ce temps, Mohammad Ibn El-Kâmel était retourné au campement de Khidr. Il alla porter la poix et l'huile à ce dernier, puis revint à la tente de Hajîj.

— Ah, te r'voilà, pauv' mec, s'écria-t-elle en le voyant arriver.

— Oui, ma Dame.

— J'te l'avais pas dit qu't'étais comme une fausse pièce, qu'personne s'baisserait seulement pour la ramasser ? Comment qu't'as pu t'en tirer, pauv' cloche ?

— J'ai rencontré l'émir Baïbars, chef du district de Mahalla et il te salue.

— Baïbars ! Et qu'est-ce qu'y m'veut çui-là ? C't'un gars bien, lui, j'le connais, y court pas les filles ni les garçons, et y fait pas la bringue. Y a qu'la bagarre qui l'intéresse.

— Je sais bien que ce n'est pas ça qu'il veut ; il m'a confié une lettre pour toi.

— Donne toujours, que je voye, dit-elle en pâlissant.

Elle ouvrit la lettre et trouva ce qui suit :

“De l’émir Baïbars à Hajîj,

Malheur à toi, gourgandine ! Que t’a donc fait ce jeune étranger pour que tu lui dérobes son argent, l’emploies aux besognes les plus viles et le laisses porter ces haillons ? Et de plus, comment as-tu le cœur de comploter sa mort ?

Sache que ce jeune homme est originaire de Perse. Après enquête, j’ai acquis la certitude qu’il est mon frère de lait. Traite-le donc selon son rang et change de conduite à son égard. Chacun sait qu’il faut se montrer tolérant envers l’étranger et lui faire honneur ; or, toi, tu as fait exactement le contraire. Je marche à la tête de mon armée sur le campement de Khidr El-Buhayri. Si tu ne changes pas de conduite, je t’attraperai tôt ou tard, que tu t’envoles au plus haut du ciel ou te caches au plus profond de la terre ; et alors gare !

Salut !”

— Ah, mon Mohammad bien-aimé ! s’exclama-t-elle, quand elle eut fini de lire la lettre. Ah mon chéri, mon adoré ! Comment peux-tu porter ces haillons ? Ça te plaît donc tant de rester dans cet état misérable ? Ah, pourquoi, mon seigneur, pourquoi ?

— C'est seulement maintenant que tu t'en aperçois ?

— Eh oui, que veux-tu ! Par le Prophète, j'avais comme une taie sur les yeux, et c'est seulement maintenant qu'elle est tombée.

Et elle récita ces vers :

Tu es parti ô bien-aimé
vers un lointain séjour
et tes amants désespérés
attendent ton retour

Rends-nous ton visage éclatant
et le miel de tes lèvres
à revenir point trop n'attends
mortelle est notre fièvre.

Après avoir récité ces vers, elle lui sauta au cou, le couvrit de baisers, lui arracha ses haillons et lui donna des habits neufs. Puis elle s'en fut voir Khidr El-Buhayri ; elle savait en effet qu'il était pressé d'en finir, de terminer la fête pour pouvoir passer sa nuit de noces.

— O émir, lui dit-elle, après lui avoir baisé la main, quand donc recommenceront les réjouissances ?

— La nuit prochaine, la bayadère. Il faut, d'abord, que je coupe la tête à ce fanfaron de Baïbars et à tous les culs-terreux qui l'accompagnent.

— Ecoute-moi, y a pas l'feu ! Une fête comme ça, ça n'arrive qu'une fois dans la vie ! D'autant plus que tous les émirs bédouins sont réunis chez toi. En ce qui concerne Baïbars, j'ai eu de ses nouvelles par Mohammad Ibn El-Kâmel que tu avais envoyé à Mahalla et qui a ramené la poix et l'huile : il tremble de peur depuis qu'il connaît le nombre d'hommes que tu as réunis. C'en est au point qu'il est en train de fortifier Mahalla et qu'il a envoyé un message de détresse à El-Sâleh pour demander des secours. On a donc tout notre temps ; laisse la fête se poursuivre normalement.

— Tu as raison, chienne. En ce qui concerne cet enflé de Baïbars, par mon *tortour*[178], et par l'honneur des Arabes, même s'il rassemblait tous les bouseux d'Egypte, je lui couperai la tête avec ce joli sabre et je te la donnerai pour danser avec.

— Puisse ta tête rester longtemps sur tes épaules !

Il faut dire que, dans sa lettre, Baïbars avait émis quelques recommandations, entre autres, de faire traîner la noce en longueur, pour que ses soldats aient le temps de prendre position dans la steppe.

Dans la gueule du loup

Donc, pendant que les danses et les réjouissances se poursuivaient dans l'allégresse générale au camp de Khidr, l'émir Baïbars arriva avec ses hommes. Il en posta quelques-uns autour de la tente de Khidr, prêts à intervenir ; quant à lui, il entra, accompagné des deux Saqr, des palefreniers et d'Otmân.

Khidr était assis à la place d'honneur ; on aurait dit un buffle en colère : la tête grosse comme un chaudron, les naseaux pareils à ceux d'un âne, de grands yeux rouges qui lançaient des éclairs, l'air hautain et arrogant. Il était entouré de ses quarante lieutenants, presque aussi grands que lui : on aurait dit une troupe de géants.

Prenant Baïbars pour un émir bédouin, ils l'accueillirent chaleureusement et le firent asseoir au premier rang, avec les émirs, flanqué des deux Saqr ; Otmân et ses quatre-vingts truands s'installèrent derrière lui. On le salua dans la langue des Bédouins, et il répondit dans le même jargon[179]. Jetant un coup d'œil au-dehors, il vit tous les chevaux de Khidr, sellés et bridés, et reconnut parmi eux son propre cheval ainsi que les montures des deux Saqr.

L'heure de dîner survint et l'on servit le repas. Ils mangèrent de bon appétit puis se lavèrent les mains et burent le café. Pendant ce temps, la nuit était tombée et l'on alluma les torches, puisqu'on disposait maintenant de poix et de goudron. Baïbars vit des Bédouins en si grand nombre, venus de tant de tribus différentes, que seul Celui qui les avait créés était capable de les reconnaître : la steppe en fourmillait. Il confia son sort au Roi de Justice.

“Appelez-moi cette maudite chienne de danseuse, beugla Khidr El-Buhayri, et que le spectacle commence !” On alla la chercher et elle arriva en compagnie de ses filles et de Mohammad Ibn El-Kâmel.

Elle alla lui baiser la main. “Danse donc, maudite, que je prenne mon pied cette nuit ! Je te donnerai un bakchich et mes lieutenants aussi, ça te fera une belle somme.” Elle et ses filles commencèrent à danser et à chanter, en marquant la mesure.

“*Douuh*[180] ! criait Khidr, c’est moi le sultan, c’est moi le gouverneur. Je tiens toute la terre, de long en large. Où il est, ce puant de Baïbars, que je l’encule, lui et son armée par-dessus ? C’est moi Abou Khazma, c’est moi Abou Khadra.”

“Dis donc, soldat, glissa Otmân à Baïbars, l’est encore plus maquereau qu’Muqallad et plus salaud que le cheikh Hasan, ce mec. Que le bon Dieu t’en fasse triompher ! Quel type !”

[Le transmetteur a dit :] Pendant que la danse se poursuivait, Baïbars se retournait de temps à autre vers Otmân et les palefreniers. A un moment, il s’aperçut de leur disparition. Quelques instants plus tard, il en revint une partie, les autres restant dehors. Au bout d’un certain temps, ils revinrent à leur tour, pendant que ceux qui étaient dedans sortaient à nouveau. Bref, ils ne faisaient qu’aller et venir. Quand ce petit manège fut répété quatre ou cinq fois, Baïbars finit par s’en étonner.

— Où allez-vous ? souffla-t-il à Otmân.

— On a la chiasse.

— Qu’est-ce qui vous est arrivé ce soir ?

— Mon pote, c’est la viande de chameau, ça te tord les tripes. J’en ai tellement bouffé qu’j’en ai mal au ventre.

— Et c'est pareil pour tout le monde ?

— Ben oui, on en a bouffé à s'en faire péter la panse.

— Que la peste vous emporte ! explosa Baïbars. Non, mais vous êtes idiots ou quoi ? Vous n'avez donc jamais rien vu de votre vie ? Quand on n'est pas habitué à un plat, on fait attention !

[Le transmetteur a dit :] En réalité, ce n'était pas vrai ; ils ne sortaient pas pour satisfaire un besoin naturel : il s'agissait d'un stratagème concocté par Otmân. En effet, quand ce dernier avait vu les chevaux de Khidr attachés autour du pavillon, il avait décidé de lui jouer un tour de sa façon, pour se distinguer devant Baïbars. Comme il était sûr que le combat se déroulerait cette nuit-là, il avait dit aux palefreniers :

— Allez les braves, suivez-moi, j'vais vous dire un truc.

— Quoi t'est-ce ?

— On va saboter les gailles aux douinbés, comme ça les enlukés pourront pas la ramener et dire qu'Otmân et ses braves y sont bons qu'à s'taper la cloche.

— Et comment ça ?

— Suivez-moi, j'vais vous montrer, mais pas tous à la fois, faut qu'y en ait qui restent avec le soldat.

Il en emmena quelques-uns : ils s'approchèrent des chevaux avec lui, cisaillèrent les sangles, les étrivières et les brides, et attachèrent les montures l'une à l'autre par la queue. Il renvoyait ses hommes à l'intérieur, d'autres sortaient, et lui-même, de temps en temps, faisait acte de présence auprès de Baïbars, pour qu'il ne s'en fasse pas. Toutes les fois que Baïbars l'interrogeait, il lui répondait : "J'suis allé chier ! Saloperie de viande de chameau, elle m'a tué."

Hajîj et ses filles dansèrent encore longtemps. Quand elles furent complètement épuisées, Hajîj cria : "A votre bon cœur, sultan du désert, maître de la fête, émir Khidr El-Buhayri ! Toi dont la générosité est sans bornes, toi qui défais tes ennemis ! Sabre brandi au-dessus de la tête de qui te défie ! Honneur des tribus, parure des vertus !" Elle en fit un tel éloge et vanta tellement sa générosité qu'auprès de lui la mer n'était plus qu'une source jaillissant du creux de ses mains. Il baissa sa coiffe et sa *keffieh*. Satan lui insuffla au cœur un orgueil sans pareil, et il se mit à plastronner démesurément. "Amène-toi, la bayadère !" beugla-t-il. Elle s'approcha et tendit son tambourin. Il tira de sa ceinture un porte-monnaie de cuir ; il le secoua un bon moment pour en faire sortir quatre malheureuses piécettes rognées qu'il jeta triomphalement dans le tambourin. Elle allait passer au suivant, mais il l'arrêta :

— Alors, chienne, tu cries pas *Châbâch*[181] ?

— *Châbâch*, répéta-t-elle sans le moindre enthousiasme.

— Que Dieu maudisse ta charogne ! C'est pas comme ça qu'il fallait dire !

Et il se mit à brailler : "*Châbâch*, ô Khidr El-Buhayri, toi qui vas tuer cet enfoiré de Baïbars, chef du district de Mahalla !" Otmân, qui se trouvait justement là, entendit et chuchota à Baïbars : "Eh ben dis donc, soldat, t'entends ça, La Verdure[182] qui t'traite d'enfoiré, c'cocu ! Par le Secret de la Dame, t'as intérêt à y dévisser le colbac dare-dare, autrement, toute ta vie j't'appellerai plus qu'l'enfoiré, mon pote. – Patience ! Chaque chose en son temps."

Hajîj fit le tour de tous les Bédouins. Les uns lui donnaient un *para*, les autres deux et demi. Elle ramassa en tout et pour tout une trentaine de *paras* et pourtant, depuis le début des réjouissances, c'était la première fois qu'elle faisait la quête. Profondément vexée, elle se mit à bouder et cessa d'onduler des hanches et de passer le tambourin. A ce moment, Baïbars l'interpella : "Par ici, ma belle ! – Ça suffit, répondit-elle en ricanant, j'ai déjà décroché le gros lot !" En effet, elle le prenait pour un émir bédouin. "*Kâl bora*[183]", reprit Baïbars, en turc. En entendant parler turc, elle s'approcha. "Hé, ho, Hajîj, réveille-toi, lui souffla Otmân, çui-là, c'est pas un douinbé, c'est le soldat Nénars, l'gus qu'on dit strict de Mahalla." Elle le regarda bien et, à sa grande stupéfaction, le reconnut.

— Mille saluts, soldat, murmura-t-elle toute tremblante, par le Prophète, tu es bien bon et tu me fais grand honneur, je suis à ta merci.

— Pourquoi t'es-tu conduite ainsi à l'égard de ce pauvre Mohammad Ibn El-Kâmel ? Enfin, le lieu n'est pas propice aux reproches, je t'en parlerai plus tard.

— Seigneur, ce qui est fait est fait, et l'on n'y peut rien changer.

Baïbars sortit une bourse pleine de pièces d'or et la versa dans le tambourin qui se trouva à moitié plein.

— Tu vas crier : "*Châbâch*, ô Algarade, fils d'Embuscade !"

— *Châbâch*, ô Algarade, fils d'Embuscade ! cria-t-elle à pleine voix.

— *Touou !* Qu'est-ce que c'est que ce nom ? demanda Khidr El-Buhayri. Par le cheikh Abou Abed, ça me tracasse !

— Ne t'en fais pas, lui dirent ses lieutenants, ce sera un émir venu du fin fond du désert. Tu sais bien que les Bédouins donnent à leurs enfants toutes sortes de noms bizarres[184], pour leur porter bonheur.

Pendant ce temps, une autre conversation se déroulait à voix basse entre Baïbars et Otmân :

— Soldat, dit Otmân, par le Prophète, donne-moi quelques jaunets.

— Pourquoi ?

— Ah mais, qu'est-ce que t'en as à foutre ? J'en ai besoin, un point c'est tout, t'es toujours à d'mander pourquoi !

Baïbars lui remit donc quelques pièces d'or. "Eh, viens là Hajîj, v'là un *bakhchîch* qu'est pas chiche !" En jetant les pièces dans le tambourin, il lui souffla : “Par le Prophète, tu vas crier : «Par l’Etrangleur, fils d’Exécuteur !»” Elle cria donc “*Châbâch*, par l’Etrangleur, fils d’Exécuteur !” “*Touou*, hé, la tribu, les oreilles me sifflent, s’écria Khidr. – Emir, répondirent ses lieutenants, c’est la nuit de tes noces. Tu es entouré d’émirs de toutes sortes venus, pour la plupart, de pays lointains, et nous ne connaissons pas leurs noms.”

Ce fut ensuite Saqr El-Lawlabi qui lui glissa une pièce : “Allez, Hajîj, crie : «O Tueur, fils d’Egorgeur !»”, puis Saqr El-Hajjâm lui fit crier : “O Casseur, fils de Vainqueur !” A tour de rôle, les hommes de Baïbars lui firent crier des titres du même acabit, si bien que le tambourin finit par se remplir d’or.

— Eh, la tribu, dit Khidr El-Buhayri, je ne suis pas tranquille. J’ai peur que le rêve que j’ai eu hier se réalise.

— Raconte-le-nous, émir, et tout ira pour le mieux.

— Ça ne me dit rien de bon, par le cheikh Abou Abed[185]. Ah, la tribu ! Je me suis vu assis dans mon pavillon. Vous m’entouriez et la fête battait son plein quand, tout à coup, un énorme lion, escorté de tigres, a fondu sur le campement, dispersé mes hommes et mis en fuite mes invités. Je me suis levé, brandissant mon sabre, mais il m’a planté ses crocs et ses griffes dans le corps et m’a dévoré. Je me suis réveillé tout tremblant et terrifié.

— Ce présage est vain, ô émir, repousse le démon et ne va pas ruminer des idées noires, tout cela est arrivé parce que tu avais trop mangé !

— J'ai bien peur que la vision se réalise, que le lion soit ce puant de Baïbars, que les tigres soient sa troupe, qu'ils se jettent sur le campement et nous balaient à l'improviste.

— *Tououou*, tu crois que tes lieutenants vont avoir peur de ce fanfaron et de ses frimeurs ? O bien-aimé ! *Douou*, c'est moi Abou Marrîch, c'est moi Râ'î Awîch, marmonnaient-ils.

— Je veux recourir à un autre présage pour savoir si je serai vainqueur ou vaincu. Faites venir Hajîj. Approche, bayadère, lui dit-il quand elle se présenta. Je veux que tu mimes avec tes danseuses une bataille entre une armée de culs-terreux et une armée de Bédouins, pour que je voie qui sera le vainqueur.

— Bien volontiers.

Elle partait se préparer dans sa tente avec ses filles quand Baïbars l'appela : "Approche ! Tu vas déguiser tes danseuses moitié en mamelouks, moitié en Bédouins et donner pour chef à chaque camp une danseuse particulièrement douée. Tu appelleras la première Baïbars et la seconde Khidr El-Buhayri. Elles se battront, les mamelouks seront vainqueurs et Baïbars tuera Khidr El-Buhayri.

— Pitié, seigneur, Khidr va me rectifier !

— Trêve de bavardage ! Je suis ici, tu n'as rien à craindre, Hajîj. Par la vie de notre maître, le roi El-Sâleh, si tu ne fais pas ce que je t'ai dit, je te coupe la tête !

— Je le ferai donc avec plaisir et honneur ! répondit-elle, un peu inquiète quand même.

Hajîj se rendit à sa tente et y demeura le temps de déguiser ses danseuses comme Baïbars le lui avait demandé. Quand elles sortirent, Khidr lui demanda :

— Eh, la bayadère, c'est quoi, ça ?

— C'est une pantomime : d'un côté Khidr El-Buhayri et son armée, de l'autre Baïbars et ses mamelouks, et ils vont se battre.

— *Touou*, par le cheikh Abou Abed. Si les mamelouks défont les Bédouins, je tuerai Hajîj et sa troupe.

Le combat commença : assauts, échanges de coups, avances, retraites durèrent une heure. A ce moment-là, la danseuse déguisée en Baïbars attaqua celle déguisée en Khidr et lui porta à la tête un coup de sabre qui envoya sa coiffure rouler à terre. Ça voulait dire qu'elle lui avait coupé la tête. Les danseuses costumées en mamelouks arrachèrent les turbans des autres et crièrent victoire. Khidr se leva, se rassit, écumant de rage. Ses yeux lançaient des éclairs et il faillit perdre le sens, tant il était courroucé. "Ah, fille de damné ! Par le cheikh Abou Abed, je ne vais pas salir mon sabre avec le sang d'une danseuse, mais j'ai une idée. Allez, chienne, va te déguiser en Baïbars et reviens vite."

Khidr avait pour mère une vieille mégère surnommée la Hyène. Il l'appela, lui demanda de se déguiser et lui donna son sabre, en la chargeant de tenir son rôle dans le combat contre Hajîj. Il fit aussi venir les mères de ses lieutenants, vingt-quatre vieilles chipies, à qui il ordonna de se costumer en Bédouins. “Avec tes danseuses, dit-il à Hajîj, vous allez jouer les mamelouks et recommencer la scène depuis le début, et tu vas voir ce que c'est que la guerre, pouffiasse !” Hajîj ne savait plus que faire. Baïbars l'appela, lui donna son propre sabre et lui dit :

— N'aie pas peur, tranche-lui la tête.

— Je t'en prie, émir Baïbars, pitié !

— Je suis là et mes hommes aussi. Dis à tes danseuses de jouer pour de bon, sans rien craindre.

Elle prit donc le sabre, le passa à sa ceinture et s'accorda avec ses danseuses pour tuer les vieilles Bédouines. Elles partirent promptement se mettre en place. Les filles de Hajîj, prestes comme des gazelles effarouchées, combattirent d'abord pour rire. Puis Hajîj entonna un poème, brandit son sabre et en porta à la mère de Khidr un tel coup qu'elle lui trancha la tête, mettant fin à ses jours. A ce signal, toutes les danseuses exécutèrent les vieilles Bédouines, mères des lieutenants de Khidr El-Buhayri.

Ce dernier bondit, et d'une voix pareille au tonnerre, se mit à vociférer contre Hajîj, imité par ses lieutenants. Terrorisée, elle jeta son sabre et courut se réfugier auprès de Baïbars. “Au secours, soldat !” Baïbars aperçut Mohammad Ibn El-Kâmel à sa droite. “Peux-tu l'emporter sur tes épaules d'ici à Mahalla ? – Oui, par ton père.” Il la prit sur son dos, sortit par l'arrière du pavillon et s'enfuit vers Mahalla.

Baïbars rejeta son grand manteau de Bédouin et apparut bardé de fer. "*Ayaa*, chien puant, cria-t-il à Khidr, toi qui es plus fourbe qu'un loup, sache que tu as affaire à Baïbars, chef du district de Mahalla ! Prépare-toi à mourir ! Je vais te couper la tête et mettre fin à tes jours ! Tu ne diras pas que je t'ai pris en traître ! Je viens venger mon prédécesseur, le chef du district de Mahalla." Khidr fonça sur Baïbars, sabre au clair, pensant lui faire voler la tête de dessus les épaules mais Baïbars, léger comme la brise, esquiva le coup, sauta sur le côté et se retrouva derrière lui. Il lui asséna alors entre les deux épaules un coup de son *lett* de dix *ratls*, qui l'étendit à plat ventre, le corps meurtri et le sang giclant par le nez, les yeux et les oreilles.

"T'as fait mouche, soldat ! s'écria Otmân. Tâche d'avoir toujours autant de réussite ! T'as dégommé ce salaud d'un seul coup et l'a pas eu l'temps d'faire ouf !"

Pendant ce temps, les lieutenants de Khidr s'étaient jetés sur les danseuses : elles avaient couru se réfugier auprès des braves d'Otmân qui étaient passés à l'attaque en criant : "Donne-nous ta force, ô Protectrice du Caire !" Mais quand les lieutenants virent leur émir gisant évanoui, ils se précipitèrent hors du pavillon. "A cheval ! A cheval ! Voilà Baïbars, chef du district de Mahalla. Il a étendu notre émir et l'a couvert de bleus."

Baïbars se mit à appeler ses mamelouks à grands cris : "*Hayy mamlouker ! Ummet Mehmerler*[186] *!* Sus à ces fils de pute !"

Ce fut la panique. Les lieutenants voulaient sauter en selle pour lancer la charge, mais dès que l'un d'eux était sur le dos de son cheval, les étrivières se rompaient ; s'il avançait un peu, la selle roulait par terre ; s'il tirait sur les brides, elles lui restaient dans la main, et s'il arrivait à se maintenir sur le dos de son cheval, il se rendait compte qu'il était attaché par la queue à celui de son voisin. Quand il voulait tirer à hue, l'autre tirait à dia ! Il n'y avait plus rien à faire.

Bref, c'était la débandade. Sur ces entrefaites, Baïbars arriva avec ses hommes, l'épée au poing. “C'est vot' fête, bande de cocus ! braillait Otmân. C'est moi la Fleur des Truands du Caire !” Après avoir expédié tous les lieutenants de Khidr, ils se mirent à cheval ; mais c'est alors que le reste de la tribu se jeta sur eux, les encerclant de toutes parts. A ce moment, les quatre cents mamelouks que Baïbars avait postés autour de la tente se lancèrent dans la bataille en poussant un cri terrible qui résonna jusqu'au fond des vallées : “Par la bénédiction de Muhammad, seigneur des fils d'Adnân.”

La poussière des combats s'élevait, obscurcissant encore la nuit, tel un nuage de fumée au milieu duquel les sabres entrechoqués jetaient des gerbes d'étincelles. Et la voix de Baïbars s'élevait au milieu de la mêlée : “Dieu est grand ! Malheur à vous, chiens rebelles ! Le sabre de Baïbars est sur vous, plus dur que le silex ! Moi, le mamelouk du roi Sâleh, je viens chercher l'honneur et la victoire !” Et la voix d'Otmân s'élevait en réponse : “C'est moi l'plus grand, c'est moi l'plus fort ! Otmân, Otmân, le roi du gourdin ! C'est moi l'palefrenier du soldat blond ! Allez les gars, butez-les, on leur fera les poches après ! Allez les fils de Haydab, sus aux douinbés ! Ça va être vot' fête, bande de cocus !"

Un grand cri s'éleva ; les quatre corps d'armée que Baïbars avait placés en embuscade dans les collines arrivaient, pareils aux messagers de la mort. C'est alors que le combat commença pour de bon[187]. Sabres chantant leur chant de mort. Yeux éblouis par l'étincellement de l'acier. Cris des héros et des preux. Yeux noyés de terreur, dents qui s'entrechoquent. Chevaux fourbus. Les Bédouins se croient encerclés. L'épouvante les saisit. L'ami pleure la perte de l'ami. Et de nouveau les coups. L'aube, enfin. Et le soleil se lève sur une mer de sang répandu.

Alors les Bédouins tournèrent les talons et s'enfuirent, recommandant leur âme à Dieu. Les femmes et les vieillards, abandonnés dans le camp, demandèrent quartier à Baïbars, qui ordonna de remettre le sabre au fourreau.

Ils revinrent à Khidr, qui était toujours sur le carreau, crachant le sang sous l'effet du coup que Baïbars lui avait porté. "Garrottez-moi ce chien !" ordonna-t-il. Otmân sauta sur lui. "Ah, mon salaud ! Que l'bon Dieu t'maudisse. Tu veux jouer au cador avec le soldat ? T'sais donc pas qu'il a une boulette qui te bousille un mec en moins de deux ? Dieu le bénisse, lui, celui qui l'a boulettée et celui qui lui a donnée." Il le garrotta et l'entrava avec des chaînes.

Les quatre mille mamelouks de Baïbars et les deux mille recrues de Mahalla se regroupèrent. La terre était jonchée de cadavres qui commençaient à sentir. On allait dégager une place pour permettre à l'émir Baïbars de se reposer un peu, quand la poussière s'éleva en gros nuages, des quatre coins de l'horizon…

NOTES

Poids et monnaies :
Le *ratl* d'Alep équivaut à 2,5 kilogrammes, celui de Damas à 1,8 kilogramme. Lorsque le conteur ne précise pas, il s'agit de celui d'Alep. Le quintal *(qintâr)* vaut cent *ratls*, aleppins ou damascènes selon les cas. Le *dirhem* équivaut à 3,2 grammes.
L'unité monétaire de base est la *piastre* (5 piastres équivalent à un peu moins de 1 franc-or), divisée en 40 *paras* (à titre indicatif, le salaire journalier d'un compagnon maçon est de 10 *paras*).
La *bourse*, unité de compte, vaut 500 piastres.
Le texte se réfère fréquemment à la "pièce d'or" (dinar), sans qu'il soit possible de préciser exactement de quel type de monnaie il s'agit ; il paraît peu vraisemblable qu'il s'agisse de la livre-or ottomane, qui valait 127 piastres, soit plus de 20 francs-or.

1. Titre donné aux hommes de métier (du perso-arabe *ustâdh*, "maître").
2. Littéralement, "l'arbalétrier" ; c'est l'un des surnoms du Baïbars historique. Dans le *Roman* c'est le nom du vizir Najm El-Dîn, protecteur et père adoptif de Baïbars.
3. Dans les maisons traditionnelles du Proche-Orient, il s'agit d'une pièce légèrement surélevée ouvrant sur la cour par une arcade.

4. Les Kurdes ayyoubides sont le clan ou la “famille élargie” à laquelle appartient le roi ; historiquement, la dynastie ayyoubide fut fondée par Saladin – qui était effectivement kurde – à la fin du XIIe siècle.
5. Dans le *Roman*, le “conseil d'en-haut” est celui où siègent le roi et les vizirs, le “conseil d'en-dehors” celui où se tiennent les dignitaires de second rang.
6. Le conteur s'amuse à faire parler à chaque personnage la langue qui convient à sa situation ; ainsi les émirs turcs – et accessoirement les autres – s'expriment dans une sorte de jargon de caserne entrelardé de mots turcs. Comme il s'agit, la plupart du temps, d'interjections ou d'injures, nous ne les traduisons que là où elles sont nécessaires à la compréhension du texte.
7. En turc : “ensemble”.
8. Petite monnaie de cuivre, équivalant à un *para* ; son pluriel, *fulûs*, a donné le terme argotique “flouze”.
9. Pour “salut à vous” ; Otmân est particulièrement friand de ce genre de contrepèteries et d'à-peu-près, notamment en ce qui concerne les noms propres : ainsi “Nénars” pour “Baïbars”.
10. En persan, “fils de”. C'est ici, apparemment, une espèce de titre honorifique.
11. Ce dignitaire du conseil d'en-haut a pour fonction de rappeler au roi son insignifiance devant la majesté divine ; il s'agit d'une fonction honorifique que le roi vient de décerner à Baïbars. Voir *Fleur des Truands*.
12. Institution ottomane (donc anachronique dans le *Roman*), les “juges des armées” *(cadi askeri)* jugeaient, au plus haut niveau, les différends mettant en cause les hauts dignitaires de l'Etat.
13. Le haschisch est aux clochards des villes d'Orient ce que le vin rouge est aux nôtres.

14. Le *lett* de Baïbars est une arme fabuleuse, forgée dans la nuit des temps et qui garantit à son possesseur – outre la victoire dans tous les combats – de devenir roi d'Egypte et de Syrie (voir *Les Enfances de Baïbars*). D'après les descriptions, il s'agit d'une sorte de boule de jet, d'un poids de dix *ratls* de Damas (environ 18 kg !), retenue par une chaîne. Ce type d'arme, que l'on pouvait cacher sous ses vêtements, était fréquemment utilisé par les mauvais garçons.
15. Célèbre juriste et théologien musulman, mort au Caire en 1302 ; il est déjà apparu plus d'une fois dans le *Roman*. Voir *Les Enfances de Baïbars* et *Fleur des Truands*.
16. Le raisonnement du cadi, particulièrement spécieux, est que, dès lors que Baïbars refuse d'accepter le jugement condamnant Saylakhân, il rejette par là même la loi musulmane révélée par le Prophète, ce qui équivaut à rejeter globalement l'islam ; l'apostasie est en principe passible de la peine de mort.
17. C'est-à-dire tout le ban et l'arrière-ban de la truanderie cairote. Les "fils de Haydab" sont la bande d'Otmân ; les "fils de Khunfus" et les "fils de Rihân", les deux bandes rivales. Remeileh et Qaramidân désignent la "zone" de la ville, là où se retrouvent les truands et les palefreniers. Voir *Fleur des Truands*.
18. La première sourate (chapitre) du Coran ; on la récite dans la plupart des occasions graves de la vie.
19. Ce qui revient à dire que les personnages en question ne sont pas juridiquement admis à témoigner, et que leur déposition n'a aucune valeur.
20. Dans ses moments d'inspiration mystique, le roi adresse généralement à son vizir les reproches qui sont réellement destinés à d'autres.
21. Dans les romans et contes populaires, où les souverains aiment à se déguiser pour se promener incognito parmi leurs sujets, ils disposent d'une salle où sont rangés leurs

déguisements. Elle porte le nom de "salle de l'Abandon à Dieu", puisque le roi, une fois sorti de son palais, sera naturellement porté à courir des risques.

22. Dans l'empire ottoman, c'était le premier personnage de l'*Establishment* religieux ; il faisait fonction de grand mufti de l'Empire.

23. En turco-arabe : "Pitié !"

24. En turco-arabe : "Dieu te maudisse !"

25. Dignitaire chargé du Trésor royal, grand argentier.

26. Littéralement, "ce que Dieu a voulu" (sous-entendu : "s'est accompli") ; exclamation admirative. D'une manière générale, exprimer trop franchement son admiration est considéré en Orient comme de mauvais ton : cela donne l'impression que l'on envie le propriétaire de la chose.

27. Manteau d'apparat dont est revêtu le nouveau titulaire d'une fonction officielle ; le rituel d'investiture décrit ici se retrouve dans de nombreux autres passages du *Roman*. Voir *Les Enfances de Baïbars* et *Fleur des Truands*.

28. Plaisanterie tout aussi rituelle d'Otmân en pareil cas.

29. Otmân semble oublier quelquefois qu'il est repenti ; les manteaux et en général les vêtements ont, dans la société décrite par le *Roman*, une valeur marchande importante, même usagés ; ce fut longtemps le cas aussi en Occident.

30. Le "Fils de la Grande" est le second d'Otmân ; "Moitié du Monde", "Grosse Tête" et quelques autres sont des membres de son ancienne bande, qui se sont repentis et ont pris du service chez Baïbars. Voir *Fleur des Truands*.

31. Tel est le surnom de la mère d'Otmân (voir *Fleur des Truands*). Remarquons que, normalement, on est identifié par le nom de son père et non par celui de sa mère ; mais Otmân ne fait rien comme tout le monde.

32. Allusion aux fonctions précédemment occupées par Baïbars. Voir *Fleur des Truands*.

33. C'est la première fonction officielle assumée par Baïbars (voir *Les Enfances de Baïbars*) ; il était chargé de superviser le déblayage des ordures ménagères.
34. La "Dame", la "Protectrice du Caire", la "Hassîbeh", la "Très-Pure", "Dame Naffous" sont les surnoms donnés par Otmân à Sitt Zeynab, petite-fille du Prophète particulièrement vénérée par le petit peuple du Caire. Elle est considérée comme faisant partie des Intercesseurs qui, même après leur mort, continuent à veiller sur l'humanité (voir *Fleur des Truands*, Présentation). Elle est en particulier la Protectrice d'Otmân, à qui elle s'est manifestée lors de sa conversion, et à qui elle a annoncé que son destin était lié à celui de Baïbars (voir, encore, *Fleur des Truands*).
35. Voir *Les Enfances de Baïbars* et *Fleur des Truands*.
36. Allusion à un passage perdu du manuscrit : Baïbars, ayant accompli une sorte de "service militaire" chez les mamelouks, était en butte aux persécutions de ses camarades, qui lui volaient régulièrement sa nourriture. Otmân, son frère adoptif, était donc obligé de l'entretenir.
37. Un brave religieux, un peu pique-assiette ; c'est une ancienne connaissance de Baïbars. Voir *Les Enfances de Baïbars*.
38. Grand bonnet de fourrure autour duquel on enroulait le turban (mot turc).
39. Ces deux mots turcs sont le prélude à la bastonnade ; ce sont les seuls qu'aucun sujet arabe de l'Empire ottoman ne pouvait ignorer… et les seuls que connaisse Otmân.
40. C'est là une des innombrables plaisanteries à usage interne utilisées par les gens du souk pour se moquer impunément de leurs maîtres turcs, à leur insu. Un procédé analogue, paraît-il, existe dans le parler cockney de Londres.
41. C'est le quartier natal d'Otmân. Voir *Fleur des Truands*.
42. Voir note 5, ci-dessus.

43. Le Kurde en question a un parler assez spécial, nettement distinct de celui des Turcs ; l'espèce de pseudo-yiddish par lequel nous le rendons en donne une idée approximative.
44. Pendant la période ottomane, les hommes de religion étaient reconnaissables à leur turban, particulièrement volumineux.
45. C'est le seul serment qu'Otmân considère comme contraignant. Le "Secret" est le lien mystique qui unit l'initié à Dieu.
46. Cette précision n'est pas superflue : elle permet d'établir que le tisserand a bien "un droit de voisinage" sur son voisin ; en droit musulman, les voisins se doivent aide et assistance, notamment en cas d'agression ; mais cette obligation ne s'étend évidemment pas à des contingences aussi ubuesques que la présente.
47. Cette précision est une pure bouffonnerie : les fèves, mets notoirement indigeste, sont considérées comme donnant des rêves saugrenus et sans aucune valeur. Dans l'univers mental du *Roman*, la croyance en l'existence de songes prémonitoires, messages venus du Monde du Secret, s'accompagne de critères extrêmement stricts permettant de distinguer ceux-ci des rêves ordinaires ; ainsi, un songe fait dans la nuit du jeudi au vendredi en état de pureté rituelle, s'il se répète, a une valeur particulièrement élevée.
48. En turc : "Ici !"
49. Cette expression profondément ambiguë désigne à la fois un simple d'esprit et un inspiré : n'ayant pas, ou peu, de raison, il est plus directement sensible aux sollicitations du Monde du Secret.
50. Dans la tradition islamique, Nemrod est le persécuteur du prophète Abraham ; c'est le prototype du tyran fou d'orgueil et révolté contre Dieu.
51. Terme injurieux d'origine inconnue, typique, dans le *Roman*, du parler des Francs et de leurs alliés chrétiens.

Celui-ci se caractérise par l'usage de nombreux mots de *lingua franca*, sorte de pidgin à base d'italien, de catalan, de grec, de turc et d'arabe et utilisé dans les ports de la Méditerranée.

52. Le parler des ismaéliens, très nettement distinct de celui des Cairotes comme Otmân, reproduit à peu près le dialecte des régions montagneuses et rurales de Syrie du Nord.

53. En persan, "prince" ; c'est (en concurrence avec *dawlatli*) le titre donné par les ismaéliens de Syrie à Baïbars, en qui ils voient le futur souverain annoncé par une ancienne prédiction. Voir *Les Enfances de Baïbars*.

54. Chef ismaélien qui, dans le *Roman*, tient la région de Maarra, au sud d'Alep. Voir *Les Enfances de Baïbars*.

55. Attendue par les uns, redoutée par les autres, la prise du pouvoir par Baïbars, prévue par d'anciennes prophéties, doit être précédée de nombreux présages.

56. L'Etat franc (croisé) de Tripoli (au nord du Liban actuel) était officiellement un comté ; il est d'ailleurs difficile de savoir, d'après le texte, si "le Prince" est, pour le conteur, un titre ou un nom propre. L'onomastique des noms francs dans le *Roman* est suffisamment fantaisiste pour supporter cette dernière hypothèse.

57. La titulature satanique dont se pare Jaouane, ainsi que sa "théologie" particulièrement aberrante, relèvent à l'évidence d'une convention littéraire parfaitement perçue comme telle par le conteur et son public, et il serait évidemment naïf de la prendre pour l'image qu'ils se faisaient des chrétiens et du christianisme dans le monde réel. Cela dit, cette version du *Roman* atteste incontestablement les tensions confessionnelles propres à l'époque où elle a été composée (voir là-dessus la Présentation des *Enfances de Baïbars*). Pour en revenir à la "religion" de Jaouane, elle apparaît comme une sorte de travestissement de l'islam mystique et populaire du *Roman*, où ses "ancêtres" correspondent aux saints Intercesseurs et lui-même au *Qutb*.

58. Littéralement, “celui qui a fait sacrifice de sa vie pour une cause”. Ce terme désigne en général les ismaéliens qui combattent pour la “bonne” cause, mais il existe aussi des *fidaouis* chrétiens, espèces de desperados prêts à se lancer dans les missions les plus dangereuses pour les beaux yeux des “ancêtres” de Jaouane. Qu’ils soient chrétiens ou musulmans, les *fidaouis* n’en participent pas moins d’une culture commune. Originaires des régions montagneuses de Syrie et du Liban, généralement en délicatesse avec les pouvoirs établis, ils ont les mêmes méthodes de combat faisant appel à la ruse et à l’adresse, le même type d’organisation clanique et la même tendance à rançonner les caravanes quand ils n’ont rien de plus urgent à faire.
59. Un château fort de ce nom a effectivement existé près de Tripoli ; il est bien attesté chez les historiens arabes ; la Vallée-aux-Loups et la Gorge-des-Brumes semblent en revanche sorties de l’imagination du conteur.
60. Ce Nisr, qui jouera plus tard un rôle assez important, n’est semble-t-il jamais encore apparu dans le récit. D’une manière générale, les histoires de famille des ismaéliens sont d’une rare complexité.
61. Il s’agit du *Livre écarlate*, censément rédigé en des temps très anciens par Ali, cousin et gendre du prophète de l’Islam ; rédigé en langue chiffrée, il est préservé par le chef coutumier des ismaéliens. A noter que dans le *Roman*, ceux-ci sont présentés comme les descendants d’Ali ; les ismaéliens “historiques” (les Assassins du “Vieux de la Montagne” dont parlent notamment Joinville et Marco Polo) étaient, quant à eux, une secte millénariste chiite, fortement imprégnée de gnosticisme. Voir *Les Enfances de Baïbars*, Présentation.
62. Ce personnage, apparemment réel, tenait une auberge fréquentée par les voyageurs venus de Syrie du Nord ; ce qui explique que les deux Saqr y trouvent immédiatement celui qu’ils cherchent.

63. Ce type de tatouage est particulièrement fréquent, encore aujourd'hui, chez les Coptes d'Egypte.
64. Sur Maarra, voir ci-dessus, note 54. Les Druzes, secte musulmane fortement hétérodoxe, sont surtout centrés, à l'heure actuelle, dans le Liban central et dans le Hauran, au sud de la Syrie. La remarque d'Otmân est par ailleurs assez obscure et contient sans doute une allusion qui nous échappe.
65. Plus communément appelé *afîseh* ou *ftît*, il s'agit d'un mélange de pâte à pain, de beurre de brebis clarifié et de miel. Cette écœurante tambouille est le plat préféré d'Otmân, qui s'en empiffre à la moindre occasion.
66. Jeu de mots d'Otmân sur le nom de famille de Najm El-Dîn, El-Boundouqdâri, qui signifie "l'arbalétrier" (voir ci-dessus, note 2), mais contient le mot *boundouq*, "noisette".
67. C'est une façon polie de dire : "Fiche-moi la paix."
68. Sans vouloir faire de la psychanalyse de bas étage, soulignons que si l'affolement et la gêne de Najm El-Dîn peuvent s'expliquer par la situation embarrassante où il se trouve (surtout en Orient, où il est totalement scandaleux de faire sentir à un hôte qu'il est de trop), l'on peut tout de même se demander s'ils ne trahissent pas un désir refoulé de voir Baïbars installer ses pénates ailleurs ; désir qu'Otmân – qui, en sa qualité d'Homme de Dieu, sait percevoir les intentions et les désirs cachés des hommes – aurait en quelque sorte capté avant que Najm El-Dîn en ait réellement pris conscience. D'ailleurs, son initiative pour faire éclater la situation, et résorber les tensions latentes qu'elle contient, si saugrenue soit-elle, sera approuvée implicitement par le roi, autre initié.
69. A partir d'ici, et jusqu'à l'attaque du palais par Harhach, nous suivons une version différente, vraisemblablement damascène ; nettement plus abrégée que notre version habituelle, elle ne concorde pas avec elle sur tous les détails ; nous signalerons ces divergences au fur et à mesure.

70. Ce terme désigne la population de souche non égyptienne originaire d'Orient.
71. Littéralement "inclination du buste", mouvement accompli par le fidèle pendant la prière. Chaque prière d'obligation comporte un nombre prescrit de *rak'as*, le fidèle pouvant évidemment en accomplir davantage.
72. Voir ci-dessus, note 24. Le parler de Baïbars, dans cette version, est beaucoup plus proche de celui des mamelouks ; dans la version principale, il y a surtout recours en tant que "langue du pouvoir", lorsqu'il a besoin d'affirmer son autorité.
73. En turc, "mon père", terme d'interpellation familière.
74. C'est ainsi qu'Otmân appelle le *lett* de Baïbars, dont il a grand-peur.
75. La mosquée El-Azhar, la plus célèbre du Caire ; les "aveugles" en question sont des religieux subalternes, récitateurs du Coran.
76. Célèbre saint musulman, dont le tombeau se trouve à Jableh, sur la côte syrienne. Dans le *Roman*, c'est l'ancêtre de Baïbars. Voir *Les Enfances de Baïbars*.
77. Véritable nom de Baïbars. Voir *Les Enfances de Baïbars*.
78. Dans la croyance populaire, les djinns, esprits élémentaires du feu, sont divisés en "rebelles" et en "croyants", selon les trois confessions monothéistes.
79. Voir *Les Enfances de Baïbars*.
80. Ce sont les signes indiqués par la Prophétie. Voir les deux premiers volumes.
81. La *Stèle bien gardée*, où sont inscrites les destinées des créatures passées, présentes et à venir, dans une autre dimension de l'univers.
82. Le personnage est évidemment totalement imaginaire. Son histoire combine de très vieux souvenirs relatifs aux pratiques funéraires pharaoniques, des éléments tirés de la tradition relative aux prophètes préislamiques (notamment le thème du "roi

fou d'orgueil"), et d'autres provenant, sous une forme plus ou moins authentique, de la vie du prophète de l'Islam.
83. Proprement, en turc, "marmite" ; ce terme désigne l'ensemble des soldats nourris à la même cantine. Dans le *Roman*, les *odjaqs* sont répartis suivant les ethnies.
84. *Sic*. Les mamelouks esclavons, originaires d'Europe centrale et orientale, jouèrent un certain rôle dans l'Espagne musulmane, mais leur présence ici ne laisse pas d'être curieuse.
85. Allusion à un miracle célèbre du prophète de l'Islam.
86. La profession de foi musulmane, dont la profération marque formellement la conversion à l'islam.
87. Selon la tradition musulmane, le prophète Joseph régna sur l'Egypte.
88. La découverte des trésors cachés, au moyen de pratiques plus ou moins magiques, était considérée comme une spécialité d'Egypte où les pilleurs de tombeaux étaient particulièrement nombreux, dès l'époque préislamique.
89. En droit musulman, les trésors cachés, sans propriétaire connu, appartiennent de droit à la Communauté, c'est-à-dire en pratique à l'Etat.
90. C'est la réponse du croyant "ordinaire" devant une manifestation du Monde du Secret : s'en remettre à Dieu et ne pas chercher à comprendre.
91. Si nous comprenons bien le texte, particulièrement obscur ici, il s'agit d'une sorte de syllogisme macaronique. Remarquons au passage que la caractérisation du roi et du cadi est ici nettement plus grossière que dans notre version principale où, s'étant mutuellement percés à jour, ils mènent pour leur compte personnel une sorte de guerre à fleurets mouchetés, faite de "petites phrases" plus ou moins assassines. Rappelons que le roi, bien qu'ayant connaissance de la véritable identité du cadi, ne peut le démasquer, ce rôle étant réservé à un autre ; le cadi sait que le roi est neutralisé, et en profite.

92. Dans cette version, Baïbars est clairement désigné comme le mamelouk personnel du roi (c'est d'ailleurs à cette fin qu'il a été acheté à l'origine, voir *Les Enfances de Baïbars*) ; dès lors, on comprend mieux pourquoi le cadi et Aïbak, chaque fois qu'ils réclament la tête de Baïbars, s'obstinent à offrir en compensation des mamelouks au Trésor. Dans notre version principale, les raisons de cette démarche apparaissent beaucoup moins nettement, dans la mesure où la dépendance juridique de Baïbars par rapport au roi est moins nettement marquée. Le conteur a cependant conservé ce motif, sans doute parce qu'il satisfait à un besoin de justice immanente.
93. Consultation juridique donnée sur un cas d'espèce par un mufti ; elle n'est pas exécutoire, mais peut servir à légitimer une action ultérieure.
94. A-peu-près d'Otmân pour "mamelouks" (en arabe : *maniouk*, "inverti, sodomite").
95. Dans cette version, les anciens compagnons d'Otmân ne se sont pas encore repentis ; dans la version principale, Baïbars embauche comme palefreniers Oqereb et sa bande, qui se trouvaient auparavant en cette qualité chez Najm El-Dîn (voir *Les Enfances de Baïbars* et *Fleur des Truands*). De toute façon, dans le *Roman*, palefreniers et mauvais garçons ne se différencient en rien. Les "grottes de Zaghliyyeh" sont le repaire de tous les truands du Caire.
96. En turc, "chef tailleur".
97. Nous reprenons ici la version principale.
98. Ils n'auront malgré tout qu'un rôle assez ridicule à tenir ; cette version du *Roman* minimise systématiquement le rôle des mamelouks au profit des "marginaux", truands ou *fidaouis*.
99. Voir ci-dessus, note 95.
100. Deux mamelouks, achetés jadis en même temps que Baïbars (voir *Les Enfances de Baïbars*). Edamor est un gentil garçon, un peu terne, ami de Baïbars depuis toujours.

Qalaoun est une grosse brute, sournoise et pleurnicharde, qui poursuit le héros d'une jalousie mesquine.

101. A-peu-près pour "Aïbak".

102. Allusion aux brimades subies par Baïbars du temps où il était en caserne, voir ci-dessus note 35.

103. Comme tous les mauvais garçons, Otmân, avant de s'amender, vivait notamment de racket. La "protection" en question, dans la société décrite par le *Roman*, n'était d'ailleurs pas nécessairement fictive ; entre le vulgaire racketteur et le redresseur de torts qui protège les gens de son quartier moyennant certains services, la distinction est souvent difficile à établir.

104. C'est-à-dire un peu moins d'un hectolitre ! Ces gigantesques marmites servaient à faire bouillir le blé pour la préparation du *burghol*.

105. 18 litres environ.

106. Pièce d'argent ottomane, d'une valeur d'environ 4 francs au début de ce siècle.

107. Nour El-Dîn, fils de Zanki, *atabek* (régent) de Mossoul et d'Alep (mort en 1174), n'est pas, historiquement, l'ancêtre du roi El-Sâleh ; la dynastie ayyoubide fut fondée par Saladin (Salâh El-Dîn), l'ancien lieutenant de Nour El-Dîn. Cette version du *Roman* confond systématiquement les deux personnages, sans doute parce qu'elle est originaire d'Alep, où le souvenir du premier était resté beaucoup plus vivace.

108. En droit musulman, le donateur peut, dans de nombreux cas, réclamer restitution ; la procédure suivie pour rendre une donation irréversible est de lui donner la forme d'une vente fictive, le donateur attestant avoir reçu le prix de l'objet.

109. En turco-arabe, "lettre royale", de portée plus limitée qu'un firman.

110. Pour "Bâdîs".

111. Pour le sens véritable de ces deux expressions, voir plus haut, note 39.

112. Pour "salut", évidemment.
113. Bien que parfaitement admise dans la vie sociale, la musique est considérée par certains musulmans rigoristes comme un passe-temps blâmable. En s'en remettant à l'avis du vizir, le roi combine avec beaucoup d'élégance son rôle d'ascète et ses obligations sociales. De la même façon, ce n'est jamais lui qui prononce les sentences de mort, si justifiées soient-elles ; il laisse en général faire le cadi.
114. Mamelouk, fidèle second de Qalaoun.
115. Plat sucré, à base d'amidon et de sucre ou de miel, saupoudré d'amandes et de pistaches. En Orient, il n'y a pas d'ordre particulier de présentation des plats ; commencer par un plat sucré est quand même curieux : sans doute faut-il en conclure que le cadi est particulièrement gourmand.
116. Il n'y a généralement qu'une seule cuiller par plat, dont les convives se servent à tour de rôle.
117. Otmân fait ici un jeu de mots totalement intraduisible, entre *qitt*, "chat" et *Qutb*, le "Pôle", sommet de la hiérarchie secrète des Hommes de Dieu (voir ici même : Présentation). C'est une de ces plaisanteries à usage interne dont Otmân et le roi sont coutumiers lorsqu'ils sont ensemble.
118. Voir ci-dessus, note 26 ; les paroles du roi n'avaient pourtant rien d'incorrect, mais Otmân a son franc-parler en toutes circonstances.
119. Les prérogatives symboliques de la royauté sont entourées, dans le *Roman*, d'une aura particulièrement marquée ; y toucher équivaut à un crime de lèse-majesté. Inversement, en concédant à Baïbars quelques-unes de celles-ci, le roi le désigne indirectement comme son successeur.
120. Le cadi est, censément, originaire d'Iraq ; mais ce pays semble, dans la conscience géographique du conteur, indiscernable de la Perse. Cela peut paraître curieux aujourd'hui, mais c'est ainsi.

121. Ce pont est l'un des monuments célèbres du Caire ; il a effectivement été construit par Baïbars mais seulement après son accession au trône.
122. Cette organisation urbanistique est typique des villes musulmanes anciennes, où chaque quartier constitue une cellule aussi autonome que possible, fermée sur l'extérieur dès le coucher du soleil.
123. A-peu-près d'Otmân, respectivement "je me purifie", "je fais mes ablutions et mes prières".
124. Pièce d'or, d'une valeur de 5 francs-or environ.
125. "Chef de marché", mot turco-persan.
126. C'est déjà une grande marque de confiance envers son visiteur qu'il ne l'ait pas renvoyée hors de la pièce.
127. Chef des armées, dans la titulature ottomane.
128. Le roi indique ici que le sort du cadi ne le concerne pas.
129. Fonctionnaire chargé de la police des marchés et, en particulier, du contrôle des marchandises, des poids et des mesures ; il en sera longuement question plus loin.
130. Il s'agit d'un haut bonnet, qui évoque un peu le *sanbenito* de l'Inquisition espagnole ; en général, les grands criminels subissaient une parade infamante avant d'être mis à mort.
131. C'était le titre officiel de ce fonctionnaire dont la tâche principale était de poursuivre les rôdeurs nocturnes ; néanmoins, dans le *Roman* en tout cas, ses fonctions semblent s'exercer de jour comme de nuit.
132. On a pu voir ailleurs que les "fils de Haydab" sont quatre-vingts et non quarante (les quarante hommes d'Otmân plus les quarante de Harhach). Le lecteur aura pu s'apercevoir que le conteur est assez inconséquent en ce qui concerne les nombres.
133. Le passage est peu clair ; le contexte semble indiquer que le chef de la police était financièrement responsable de

l'intégrité des biens des habitants. La caution en question devait, sans doute, garantir sa solvabilité à l'égard des possesseurs des biens volés.

134. Ce souci est, à l'évidence, parfaitement hypocrite – et perçu comme tel par Muqallad. Baïbars veut simplement faire comprendre à Muqallad qu'il ne s'engagera pas tant qu'il ne saura pas à quoi s'en tenir sur la réalité de ses promesses. Ce dialogue, remarquons-le au passage, est un superbe exemple de négociation "à l'orientale", tout en sous-entendus et en réticences. Quant à l'objet de la tractation, il est évidemment aussi ancien – et universel – que la police.

135. Représentant des marchands étrangers résidant dans une ville (mot persan).

136. Nom donné aux riches marchands étrangers, pratiquant le commerce à longue distance.

137. Région montagneuse, située au nord-est de Beyrouth, à majorité chrétienne.

138. Pour Zaghawîl. Otmân écorche avec délices tous les noms étrangers.

139. "Chef barbier", mot turc.

140. C'est-à-dire à la mosquée ; faire toutes ses prières à la mosquée est une marque de grande piété.

141. C'est-à-dire la connaissance mystique, réservée par Dieu à Ses élus.

142. Récit de la naissance du Prophète, que l'on fait réciter dans diverses occasions, notamment, comme ici, à titre d'action de grâce.

143. Mets à base de sarriette pilée avec des pois chiches grillés et du sésame, assaisonné de sumac. C'est la nourriture typique des ascètes.

144. "Passeur, marinier" (mot turc).

145. Le calendrier musulman est basé sur le mois lunaire qui commence à l'apparition du premier croissant de lune.

146. Puissant narcotique employé par de nombreux personnages du *Roman* ; il s'administre de façons très diverses.
147. A-peu-près pour Lawlabi.
148. Chef coutumier des ismaéliens. Voir *Les Enfances de Baïbars*.
149. Ce sont les derniers mots de la *Fâtiha*.
150. La mère adoptive de Baïbars, une veuve riche et charitable, qui fait partie de l'aristocratie damascène. Voir *Les Enfances de Baïbars*.
151. Tout musulman a censément pour premier prénom le nom du Prophète, que l'on emploie dans un style un peu cérémonieux.
152. Vice-roi de Damas, avec qui Baïbars a déjà eu maille à partir (voir *Les Enfances de Baïbars*) ; c'est un tyranneau mesquin, vaniteux et corrompu.
153. "Adorateur de la Croix", nom stéréotypé porté par de nombreux chrétiens dans le *Roman*.
154. Forme arabe de Démétrios, fréquente chez les orthodoxes.
155. Terme injurieux en *lingua franca* ; nous n'en avons découvert ni le sens exact, ni l'origine.
156. Voir ci-dessus, note 90.
157. C'est-à-dire, à nouveau, Zaghawîl.
158. C'est le nom que prendra Baïbars en montant sur le trône.
159. Le conteur semble avoir momentanément oublié qu'Aïbak parle un jargon spécial… Cela lui arrive de temps en temps.
160. Le *mohtasib* est le seul officier chargé de l'ordre public qui soit expressément reconnu par la loi islamique *(charî'a)* et dont les attributions soient clairement définies par elle. Les autres, considérés comme délégués du pouvoir central, n'ont pas à proprement parler de statut juridique défini.

161. C'est, en quelque sorte, le "prix de la protection" (modeste en l'occurrence) qu'il est d'usage de verser à un "brave" pour s'assurer de son soutien. Voir ce que nous disions plus haut, note 103.
162. Onomatopée imitant le bruit des pets et dont le sens approximatif est : "Va te faire f..." La plaisanterie est archi-classique.
163. Il faut supposer que le domestique en question apporte un message qui vient d'arriver par pigeon voyageur. Ce mode de communication était particulièrement bien organisé en Orient à l'époque des croisades.
164. Grosse bourgade dans le delta du Nil.
165. Les paroles du cadi sont ambiguës, à dessein : il espère, évidemment, que c'est Baïbars qui périra. La réplique du roi constitue, si l'on peut dire, la réponse du berger à la bergère.
166. Un peu plus tôt, le conteur a précisé que Baïbars disposait de quatre mille mamelouks ; voir ce que nous disions plus haut, note 132. Au demeurant, ces chiffres sont parfaitement fantaisistes. A l'époque mamelouke, un émir pouvait commander, au maximum, à cent mamelouks (auxquels il fallait ajouter les palefreniers, valets d'armes, etc.). L'armée royale elle-même en comptait rarement plus de six à sept mille.
167. Expression proverbiale, fondée sur un passage du Coran (VII, 73-77) ; il s'agit du peuple du prophète Sâlih, qui fut détruit pour avoir égorgé une chamelle consacrée à Dieu.
168. La Kaaba de La Mecque.
169. Le texte est particulièrement obscur et notre traduction hypothétique. La nature exacte de la fraude à laquelle se livre le cheikh Hasan reste assez mystérieuse ; l'essentiel est, évidemment, qu'elle soit à la fois malhonnête et rentable...
170. Allusion à un épisode précédent (voir *Fleur des Truands*), où Baïbars, pour rappeler à Otmân toutes les actions auxquelles il a renoncé en se repentant, a associé chacune

d'entre elles à un des boutons de son cache-poussière : tant qu'il restera boutonné, Otmân s'abstiendra de la commettre.
171. Représentant officiel des descendants du Prophète ; dans le *Roman*, il est toujours mentionné en même temps que le cadi et le mufti, avec qui il constitue l'élite des notables à l'échelon local.
172. Région d'Asie centrale, sur le cours inférieur de l'Amou-Darya, à l'est de la mer d'Aral. Dans le *Roman*, Baïbars en est originaire.
173. Les mesures prises par Baïbars à l'encontre des Bédouins n'ont pas été mentionnées précédemment. Ces inconséquences mineures sont fréquentes dans le *Roman*, ne serait-ce qu'en raison de sa longueur.
174. C'est le père de Baïbars. Voir *Les Enfances de Baïbars.*
175. Allusion à un épisode précédent, où Baïbars et Otmân ont eu maille à partir avec d'autres Bédouins. Voir *Fleur des Truands.*
176. Ce personnage n'est pas encore apparu ; il s'agit d'un officier mamelouk au service de Baïbars. Son nom est vraisemblablement une déformation d'Aqtay, nom fréquent chez les mamelouks historiques, et auquel était traditionnellement associé le surnom honorifique Fâres El-Dîn ("Chevalier de la Religion").
177. Calembours habituels d'Otmân.
178. Espèce de haut bonnet caractéristique des Bédouins d'Egypte. D'une manière générale, la coiffure était jadis considérée en Orient comme symbolisant l'honneur et la dignité de celui qui la portait ; on jurait volontiers par elle et, inversement, y porter atteinte était considéré comme une injure extrêmement grave.
179. Les Bédouins du *Roman* parlent une langue spéciale, très nettement différenciée de celle des autres personnages, aussi bien par le vocabulaire que par la prononciation. Cette

particularité n'apparaît guère dans la traduction, dans la mesure où il n'existe aucun "dialecte" du français qui y corresponde, même vaguement.
180. Interjection considérée comme typique du parler bédouin.
181. Exclamation par laquelle un artiste accueille les dons particulièrement généreux.
182. Jeu de mots d'Otmân sur Khidr ; ce nom est dérivé d'une racine qui a ce sens.
183. En turc : "Viens ici."
184. Les noms portés par les Bédouins sont en général assez différents de ceux des sédentaires. Ils appartiennent souvent à un fonds archaïque antérieur à l'islam.
185. Il s'agit d'un saint Intercesseur particulièrement vénéré par les Bédouins d'Egypte.
186. En turc : "A moi les mamelouks ! A moi la Communauté de Muhammad !"
187. Nous tentons de rendre ici le style extrêmement particulier employé par la littérature populaire arabe dans les évocations de batailles, et qui ne forme ni une narration suivie, ni une description cohérente, mais plutôt une série d'instantanés pris au cœur de la mêlée.

TABLE

BABEL

extrait de catalogue

320. ALAIN GHEERBRANT
La Transversale

321. THIERRY JONQUET
Du passé faisons table rase

322. CLAUDE PUJADE-RENAUD
La Nuit la neige

323. *
Mai 68 à l'usage des moins de vingt ans

324. FITZ-JAMES O'BRIEN
Qu'était-ce ?

325. ÉLISÉE RECLUS
Histoire d'une montagne

326. *
Dame Merveille et autres contes d'Egypte

327. ROMAN DE BAÏBARS / 1
Les Enfances de Baïbars

328. ROMAN DE BAÏBARS / 2
Fleur des Truands

329. ROMAN DE BAÏBARS / 3
Les Bas-Fonds du Caire

330. ROMAN DE BAÏBARS / 4
La Chevauchée des fils d'Ismaïl

COÉDITION ACTES SUD – LEMÉAC

Ouvrage réalisé
par l'Atelier graphique Actes Sud.
Achevé d'imprimer
en avril 1998
par Bussière Camedan Imprimeries
à Saint-Amand-Montrond (Cher)
sur papier des
Papeteries de Jeand'heurs
pour le compte
d'ACTES SUD
Le Méjan
Place Nina-Berberova
13200 Arles.

N° d'éditeur : 2887
Dépôt légal
1re édition : mai 1998
N° impr. : 982322/1